JN111959

MASTER ARCHIVE
MOBILESUIT
FA-78-1
FULL ARMOR
GUNDAM

CONTENTS

■Text
大脇千尋 ("PROJECT F.S.W.S." & all variations)
大里 元 / 西岡浩二郎 ("Structure and System of Full Armor Gundam")
橋村 空 (some captions)

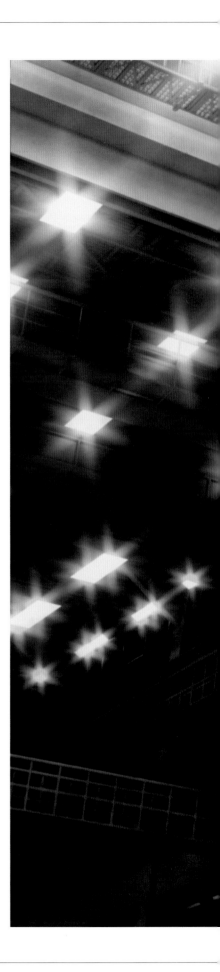

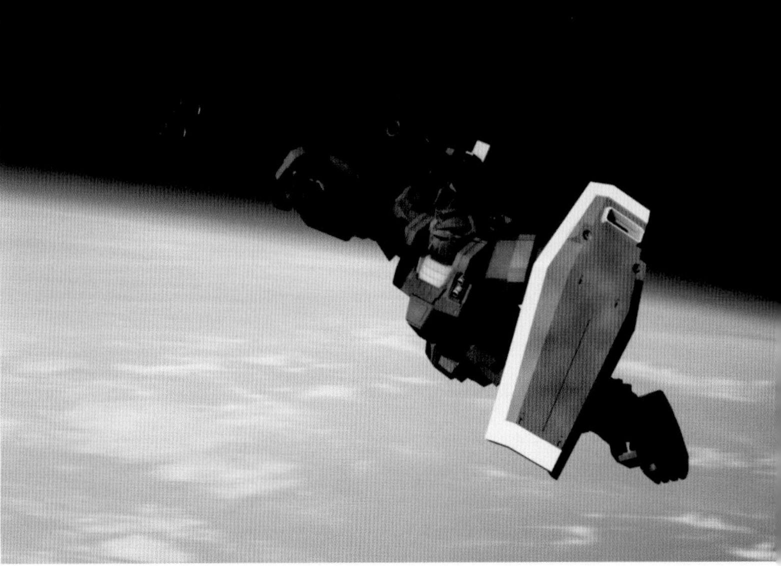

FSWS 計画

PROJECT F.S.W.S.

「FSWS計画」——それは、一年戦争中から戦後にかけて進められたRX-78〈ガンダム〉の強化プロジェクトであり、FA-78-1〈フルアーマー・ガンダム〉に代表されるいくつかの機体を世に送り出した。FSWSはFederal Suit Weapon SystemやFull-armor System and Weapon Systemの略称と言われている。しかしながら、最高ランクであるAAA級の機密指定を受けていたこともあって、現在までに明らかとなっている情報はあまりに少ない。機密レベルの引き下げに伴って軍部より公開された写真資料についても、その一部がシミュレーター映像の切り出し画像であったことが後に指摘されるなど、実在性が疑わしい機体も散見されるほどの状況だ。本書では、こうした限られた資料を精査しつつ、FSWS計画機の全貌に迫るものである。

「FSWS計画」は、連邦軍モビルスーツRX-78〈ガンダム〉の強化プロジェクトの呼称であるが、最高機密指定を受けていたとされ、その詳細については不明なことが多い。それはFSWSという計画名の略号をどう解釈するか、なにを略したものなのかすら不明瞭であることからもわかるだろう。

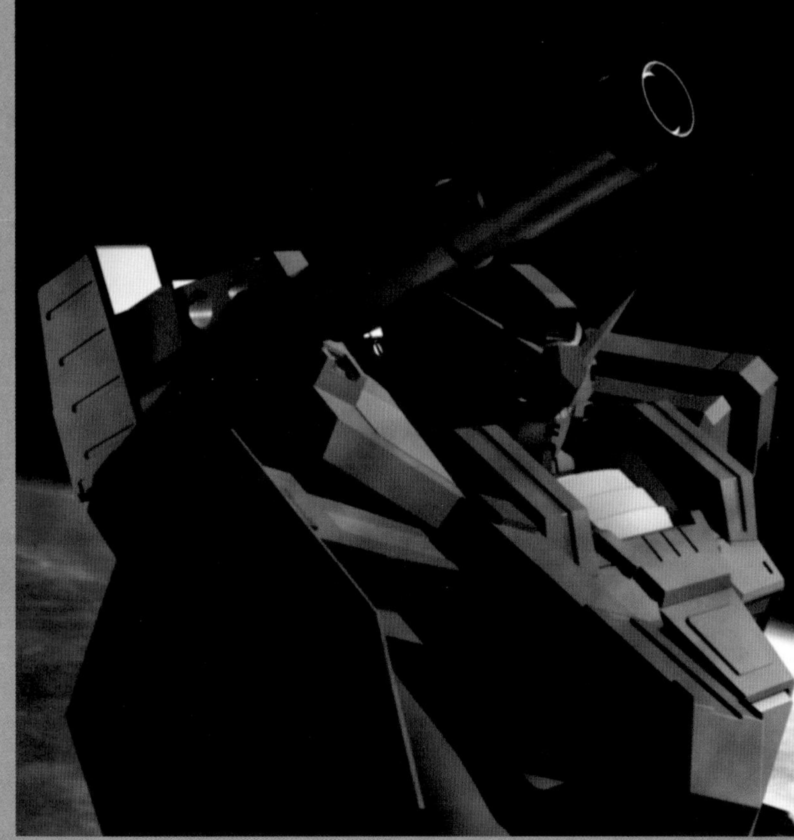

RX-78-2 GUNDAM

【ガンダム】
型式番号　RX-78-2
頭頂高　18.0m
本体重量　43.4t
全備重量　60.0t
装甲材質　ルナ・チタニウム合金
出力　1,380kW（65,000馬力）
推力　24,000kg×2、3,750kg×2
総推力　55,500kg
センサー有効半径　5,700m
武装　60mmバルカン砲×2
ビーム・ライフル
ハイパー・バズーカ
ビーム・サーベル×2
シールド
スーパー・ナパーム
ガンダム・ハンマー
ハイパー・ハンマー

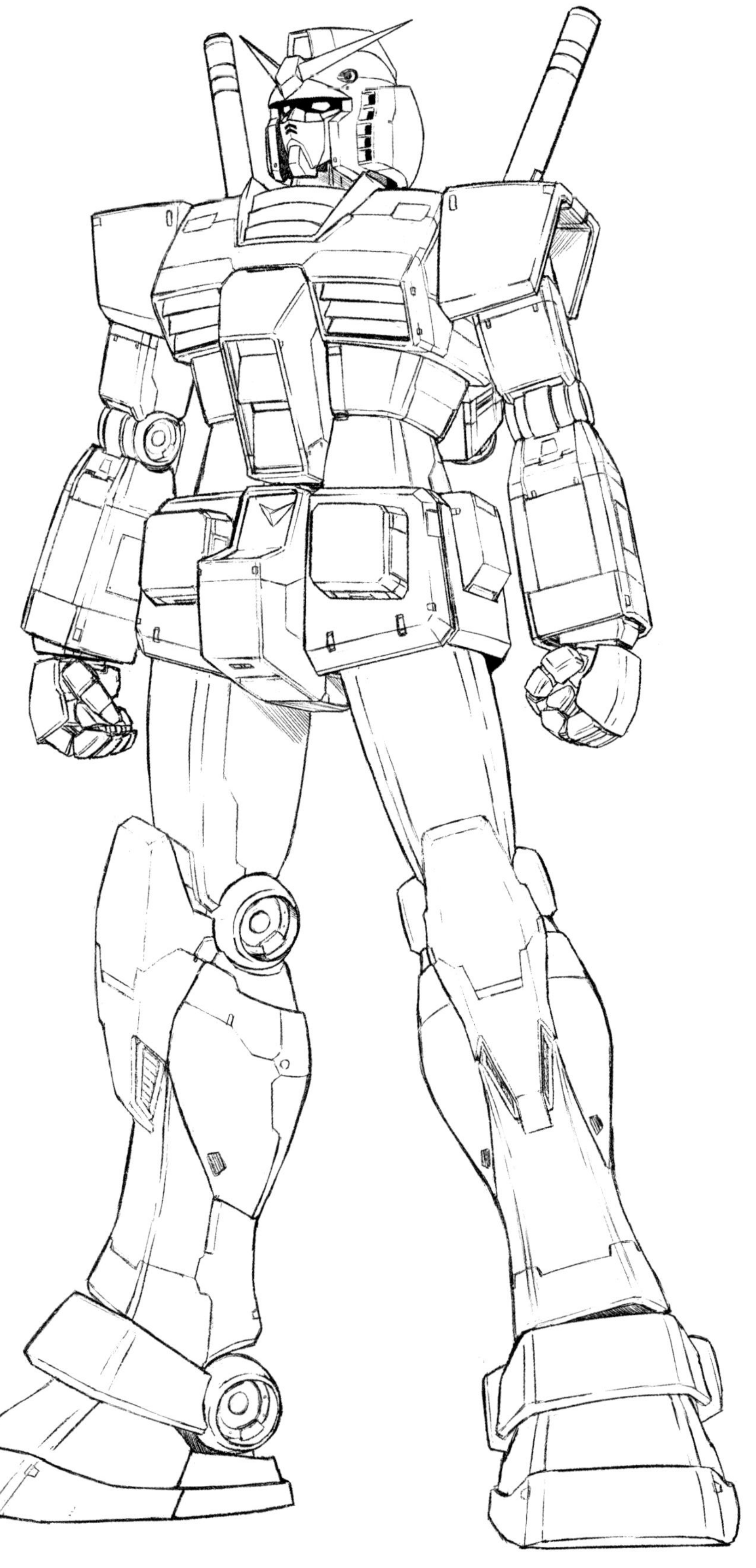

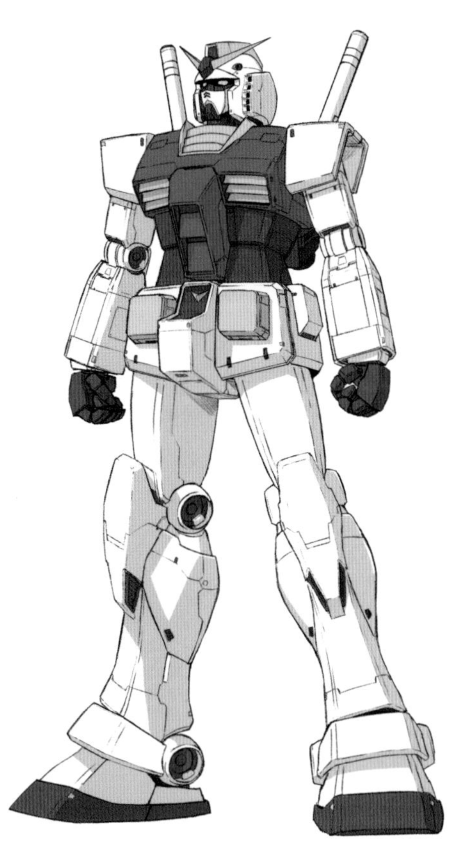

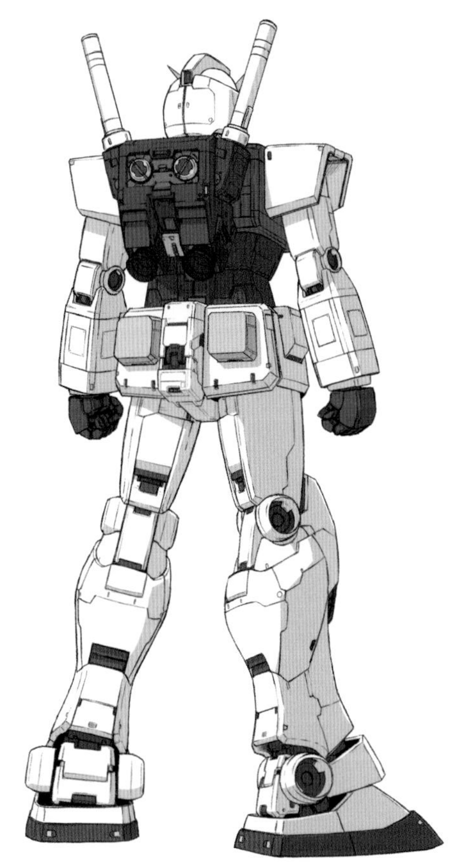

【開発の概略】

RX-78〈ガンダム〉を生み出したことで知られる「V作戦」は、モビルスーツ（以下、MS）の実用化を目指すだけでなく、母艦を含む運用システム全般の構築を目的とした極めて広範なプロジェクトであった。したがって、真の意味で目的が完遂されるまでには、かなりの期間を要するであろうことは当初から織り込み済みであり、その産物であるところのRX計画機の量産や改良は、V作戦とは別軸で並行的に進められていた。当然、RX-78の強化発展を目的としたいくつかの開発計画についても、最初期のバージョンであるRX-78-1の設計段階から検討が開始されており、後に様々な派生機を生み出している。

俗に「フルアーマー・オペレーション」と呼ばれる開発計画についても、この例に含まれる。ただし、AAA級の機密指定の対象となっていたRX-78系の強化計画ともなれば、同等の機密レベルが設定されることも必定である。したがって、プロジェクトの成立時期や経緯については特に情報が少ないのだが、関係者の証言を総合するとおおよそ次のような流れになるものと思われる。

先述のとおり、RX-78の強化発展を巡る方法論の検討については、RX-78-1の基礎設計段階から動いており、複数の開発拠点で同時並行的に進められていた。この内、宇宙要塞「ルナII」に併設されていた兵器工場に所属するグループが、3つのコンセプトを連邦軍兵器開発局に提示したことが、後のFSWS計画へと繋がっていく。仮にA～C案と名付けて、それぞれの特徴を見ていこう。

まずA案は、装甲と兵装を一体化させた増加装甲パーツをAパーツ（上半身）中心に装備するというもので、防御力と火力の底上げを狙った試案であった。対するB案は、脚部にFF-X7Bst〈コア・ブースター〉並みのロケット・エンジンを装着しようというものであったらしい。これにより緊急脱出時の加速力を担保しつつ、武装面ではビーム・ライフル・ユニットに加え、腕部にビーム・サーベルを一体化させることで格闘戦能力の向上を図る計画であったという。そして、残るC案は、Bパーツ（下半身）をほぼ全面的にブースター・ユニットで覆うという斬新なもので、主武装として固定式ビーム砲を計4門搭載。爆発的加速力と火力の両立を目指しているという点において、公国軍のモビルアーマー（以下、MA）に親しいコンセプトを有する試案であったとされている。

RX-78-2 GUNDAM

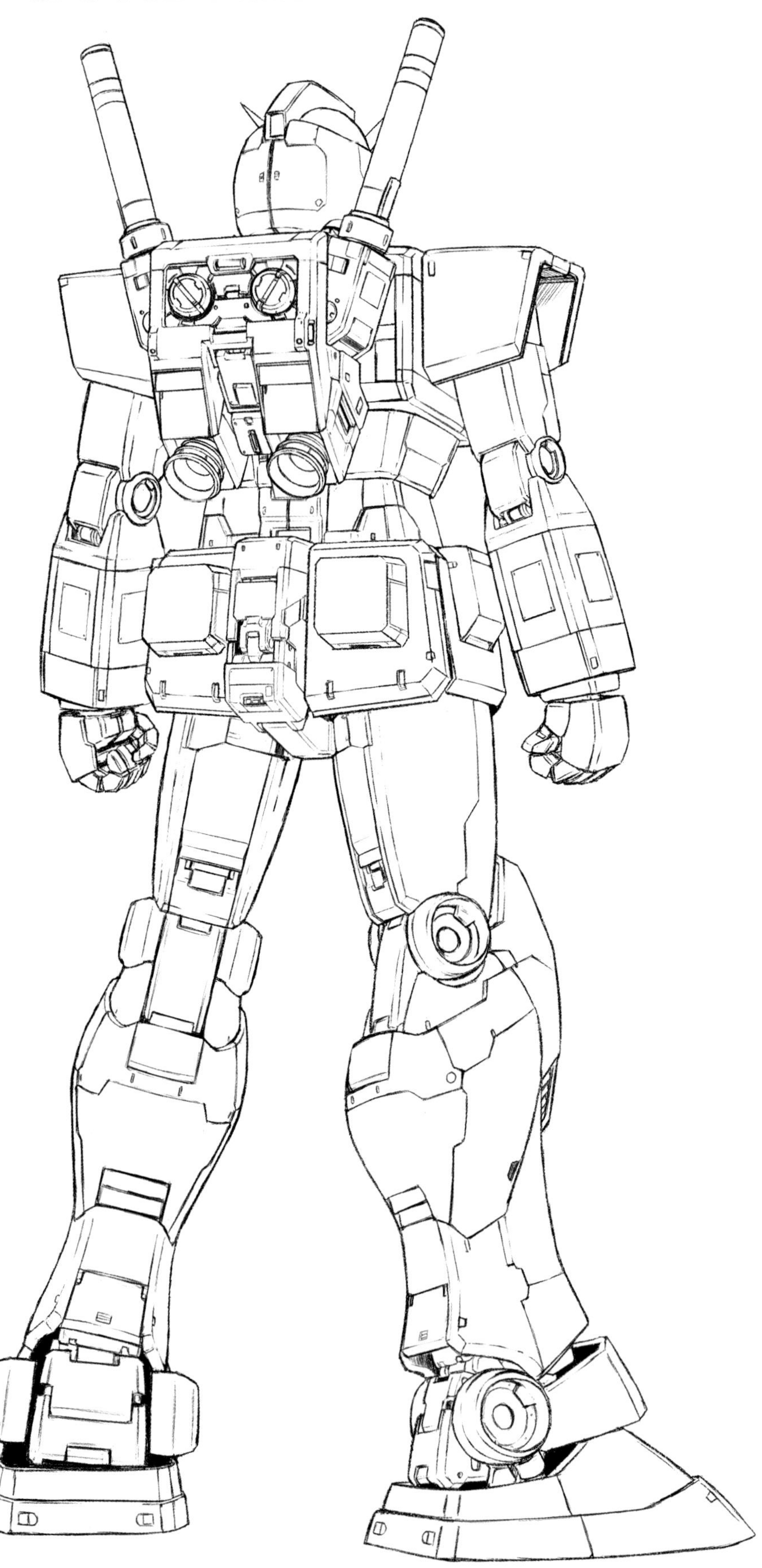

結果的にこれら3案の内、部内コンペティションを勝ち抜いたのは、〈ガンダム・アーマードタイプ〉という仮称で呼ばれていたA案であり、この試案から後にFA-78-1〈フルアーマー・ガンダム〉が開発されることになる。なお、開発計画の承認に伴い予算を計上する際には、増加装甲パーツにFederal Suit Weapon System（地球連邦軍武装システム／MS汎用武装システム）というひどく曖昧な名称を与えた上で、RGM-79〈ジム〉系の生産ライン稼働に合わせて立ち上がった局地戦用機や特殊任務機の開発計画に混ぜ込む形で目立たぬように処理したという逸話が残っている。このプロジェクトが、後に「FSWS計画」という開発コードを与えられたのも、その頭文字を取ってのことだという。ただし、「FSWS」が真に意味するところは、Full-armour System and Weapon System（増加装甲システム及び兵装システム）であったとも言われており、事実、戦後に流出した一部の資料にも、そのような記述が見て取れる。おそらく、前者が予算処理上の名目上の呼称で、後者こそが開発陣らの意図した本当の語源であったのだろう。

なお、一般的にFSWS計画は、大戦末期に軍部が密かに進めていた少数精鋭部隊構想※と関連付けて語られることが多い。強襲揚陸艦〈ホワイトベース〉が成り行きによって独立部隊として運用され、特にRX-78-2〈ガンダム〉が伝説的とも形容される戦果を挙げたことで、高練度パイロットを選抜した精鋭部隊の有用性を説く声が高まり、結果的に高スペックMSの需要が認められて開発計画が承認されたのだという論説である。しかしながら、近年の研究によると先述のとおり増加装甲パーツの検討自体は、サイド7での偶発的な実戦投入よりも前に始まっていたことが濃厚であり、戦局の変化に伴って精鋭部隊構想が立ち上がり、そこに「考えうる最高の機体」として開発計画が俎上に上がっていた後のFSWS計画機が割り当てられたというのが、より正確な表現のようである。特にホワイトベース隊が記録した戦果の大半が、アムロ・レイ少尉乗機のRX-78-2単機によって成し遂げられているという事実が、G-P.A.R.T.S.＝G-Practical Advanced Research for Tactical System（ガンダムを中核とする戦術システムのための実用的先端研究）やC.F.V.＝Core Fighter Variation（コアファイター・バリエーション）といったプロジェクトが目指す補助兵器の有用性に疑問符を付ける形になっていたことも、RX-78単体の戦闘能力向上を企図したプランの背中を押した。こうした偶然が重なることで、日増しにFSWS計画の期待感は高まりを見せていったのである。

※少数精鋭部隊構想
元民間人の徴用兵であったアムロ・レイ少尉が、その突出した戦果から「ニュータイプ」と呼ばれはじめた頃から、地球連邦軍内では、類まれな戦闘センスを有するパイロットに対して配属先や装備の優遇措置を行うべきではないかと議論されるようになった。「フルアーマー・オペレーション」と関連付けられる高練度パイロットによる特殊部隊の構想についても、こうした流れの中で生じたものとされ、しばしば「ニュータイプ部隊」という表現が用いられる。しかしながら、同時期にジオン公国軍――特に突撃機動軍――が進めていた、サイコミュ搭載機の配備を軸とした本格的なニュータイプ部隊の試みと比較すると、地球連邦軍のそれは数段、遅れていたと言わざるを得ない。FA-78-1にしても、サイコミュの搭載は検討もされておらず、せいぜいレスポンスを改善するためのマグネット・コーティング処理の導入を行っていた程度である。そのため、ここでは「ニュータイプ部隊」ではなく、あえて「少数精鋭部隊」との表現を用いるに留めた。

FA-78-1 FULL ARMOR GUNDAM

【フルアーマーガンダム】
型式番号: FA-78-1
頭頂高: 18.0m
本体重量: 62.5t
全備重量: 93.1t
装甲材質: ルナ・チタニウム合金
出力: 1,380kW
推力: 60,500kg / 55,500kg
武装: 60mmバルカン砲
2連装ビーム・ライフル
ミサイル・ベイ
360mmロケット砲
ビーム・サーベル

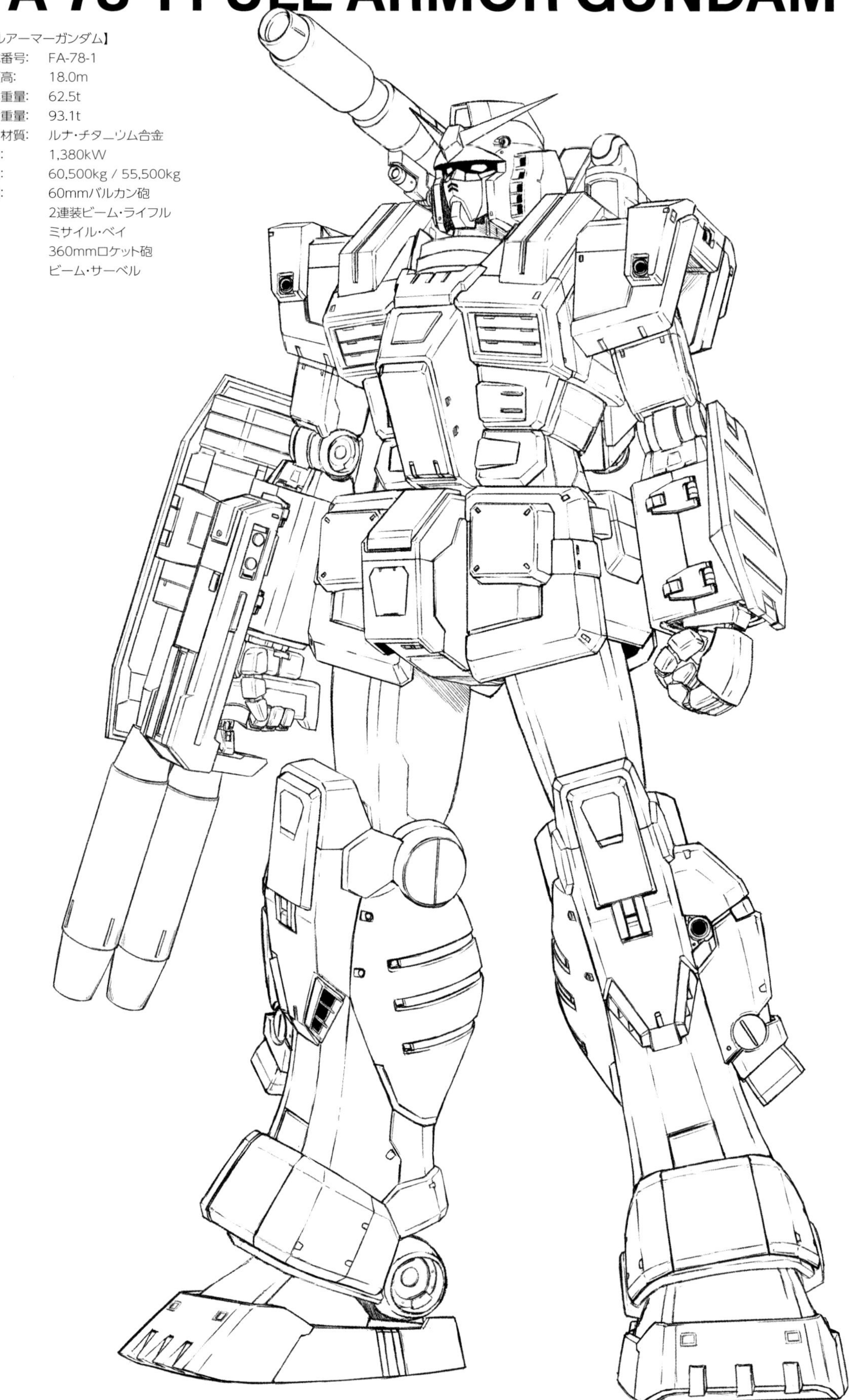

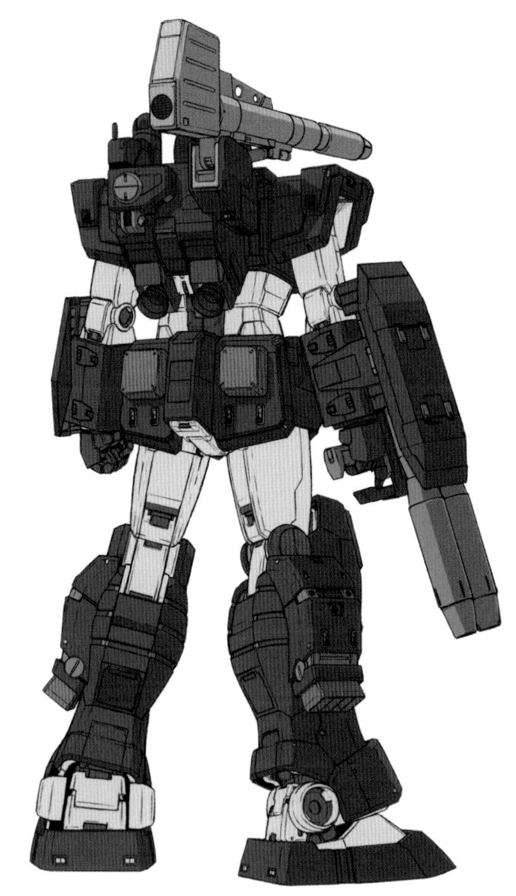

【FA-78-1〈フルアーマー・ガンダム〉】

FSWS計画の承認にあたり、軍上層部は「MSに戦艦クラスの打撃力を与える」という過大とも思える目標を設定した上で、素体となるRX-78に対しては大幅な改修を行（おこな）うことなく、増加装甲パーツによってこれを実現すべしと制約を課したという。この難題を受けてルナIIの開発チームは、先に提出していた試案をベースに、ホワイトベース隊によるRX-78-2の運用データからのフィードバックを盛り込む形で基礎設計作業を進めていった。

まず、ハイパー・チタニウム製の増加装甲を肩部、前腕部、腰部に加えて、被弾率の高かった胸部、腹部に対しても増設。さらに重量バランスの観点から、RGC-80〈ジム・キャノン〉と同様に下脚部にも増加装甲パーツを装備する方針を固めた。なお、これに伴う重量増に対応するため、接地面積を広げて安定性を確保する目的でソールを拡張しつつ、脚部側面には補助推進器を設置することとした。この辺りの設計は、部内コンペティションで競ったロケット・エンジン装着プランの発想を転用したものであろう。また、新たに設計された胸部と下脚部の増加装甲パーツに対しては、ミサイル・ベイを組み込んだ上で、ダクトを塞（ふさ）ぐことによって排熱に問題が生じないようにと強化ベンチレーターを内蔵するなど、単純な装甲に留まらない機構も取り付けられている。本機の増加装甲パーツが、しばしば装甲と兵装をパッケージングしたものと言われる所以（ゆえん）である。

ただし、このミサイルは本機の武装全体の中では、あくまで補助的な位置づけに過ぎない。主兵装とされたのは、右前腕部に半固定式で装着される2連装ビーム・ライフルの方であった。艦砲級の出力を持つ携行式ビーム兵器という意味では、すでにRX-78-2の標準装備として採用されたブラッシュ社製XBR-M-79-07Gビーム・ラ

FA-78-1 FULL ARMOR GUNDAM

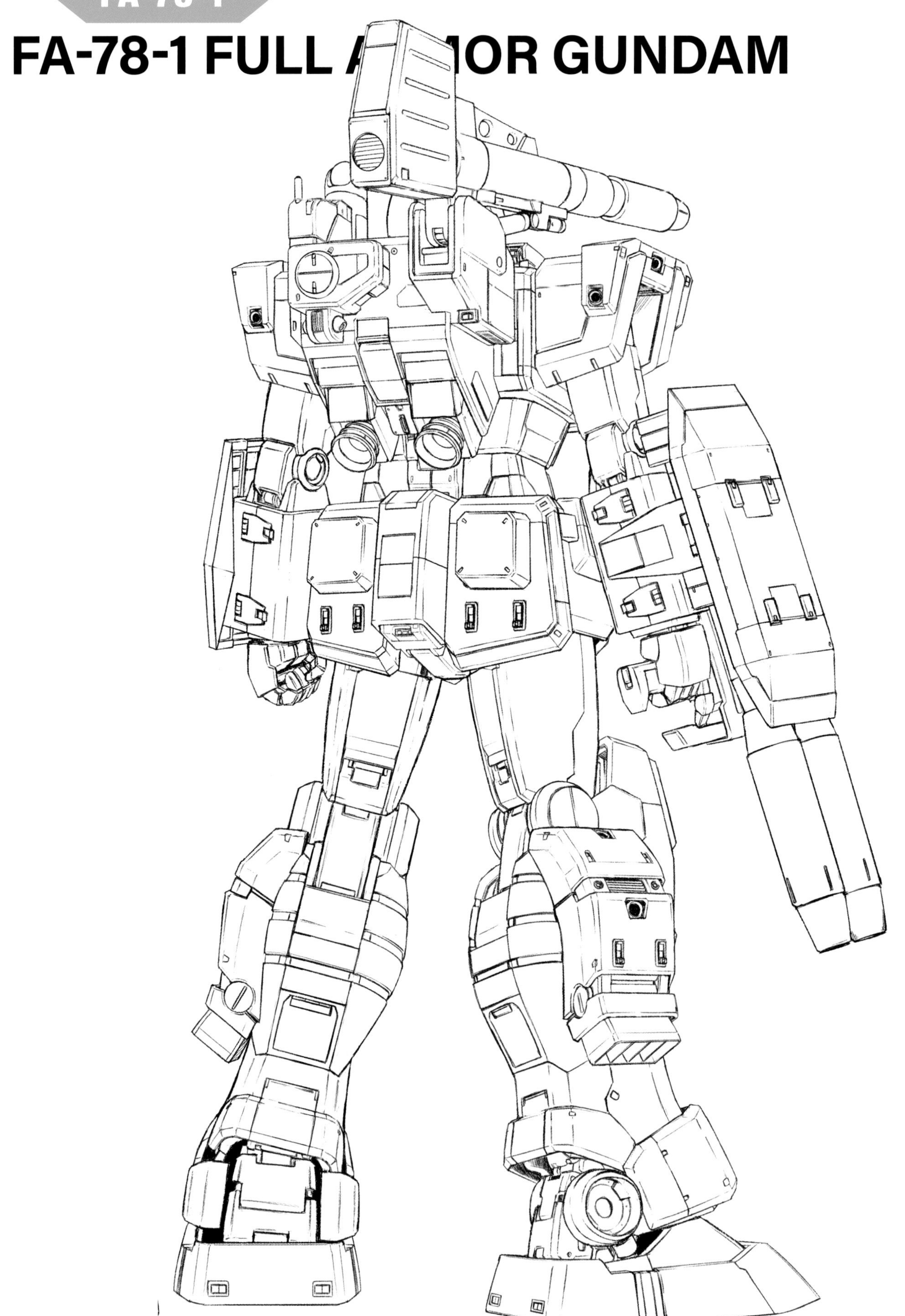

ホワイトベース隊」のRX-78-2用に配備されるFSWS装備は、このようなカラーリングとなったであろうと考えられている。

イフルが存在していたが、この武装は威力に優れる反面、連続して射撃可能な回数が15回と少なく、また撃ち尽くすと母艦などに戻りエネルギーCAPの再チャージ処置を受ける必要があるなど運用面での問題を抱えてもいた。そこで、エネルギーCAPを内蔵したバレルを2本束ねることで弾数の上限を増しつつ、予備バレルとの交換を可能とする構造を採用することで、チャージ時間の制約を取り払おうと試みたのがこの武装であった。とはいえ、問題がなかったわけではない。たとえば、技術的に未成熟だったこともあってバレルの直径は既存のビーム・ライフルを大きく上回るものとなっている。後のEパックが、片手で軽々と扱い戦闘中でのリロードも可能であったのと比べると、いかにも過渡期の実験的な装備という色合いが濃い。また、側面に保護シールドを装着したこともあって重量はかなりのものとなってしまったようだ。そこで、機体バランスを維持するため、左前腕部にはカウンターウェイトとして簡易式小型シールドが装着されることとなっている。なお、このシールドは、アタッチメントを取り付けることで、予備バレル2本を保持するホルダーとしても利用可能であったようだ。

とはいえ、このような改良を経てなお、2連装ビーム・ライフルが持つ不安要素のすべてを取り払われたわけではなかった。そのため、開発チームでは背部ランドセルを覆(おお)う増加装甲パーツに、可動式のロケット砲を1門追加することで総合的な火力の隙をなくすという手段に出ることとなる。このロケット砲は装弾数こそ5発と少ないながら口径は360mmと大きく、軍用艦艇に致命打を与えうる威力を有していたという。また、ロケット砲の反対側には、高集積タイプの長距離光学観測システムを採用した照準デバイス・ユニットを搭載。火器管制システムと連動させることで、命中精度の向上に努めてもいる。以上のように、FA-78-1の武装は強化前のRX-78-2の標準的兵装を大幅に上回る火力を誇り、大戦中に開発された地球連邦軍製MSとしては最高クラスの充実ぶりを示すものとなったのである。

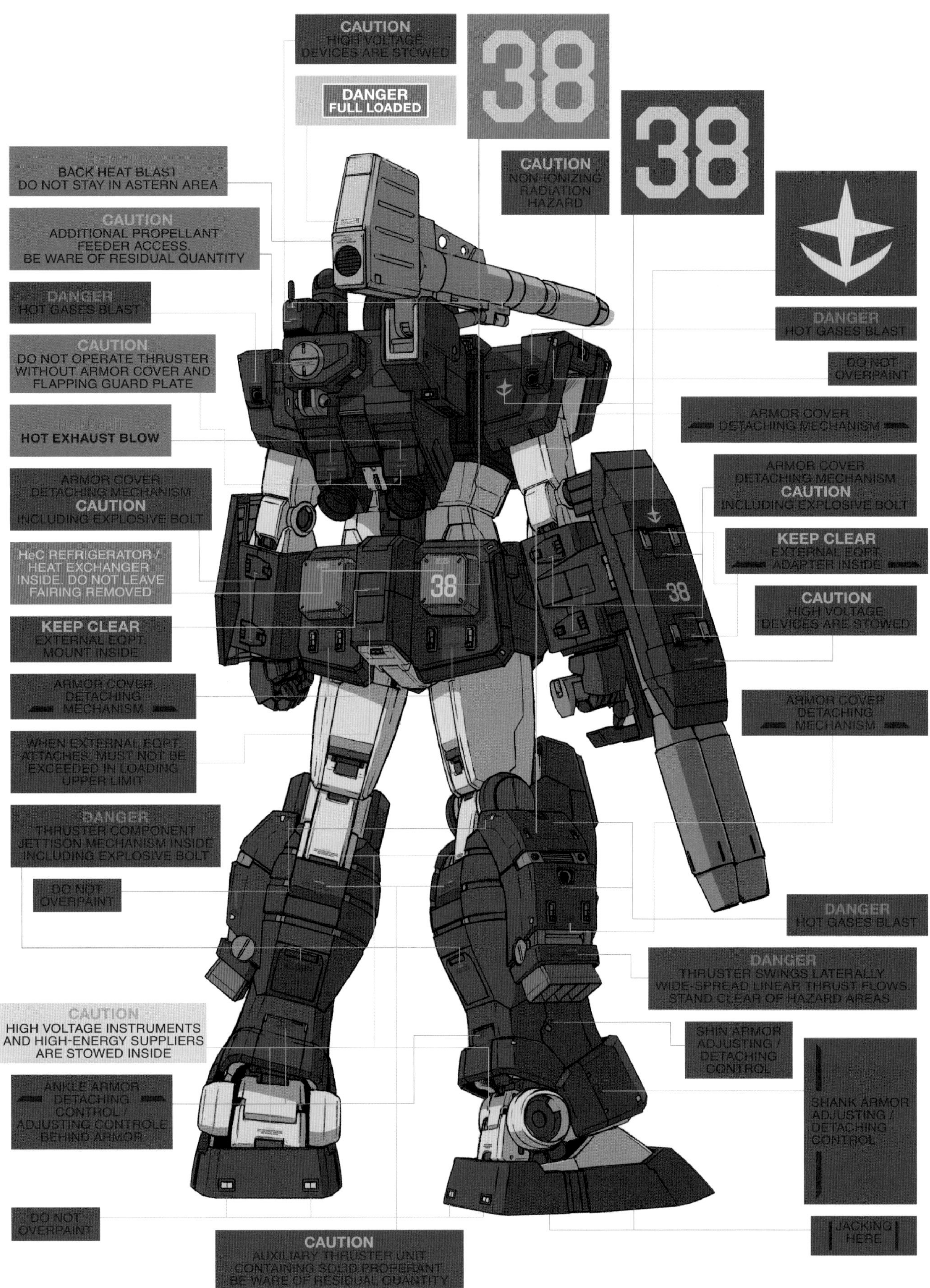
CAUTION
HIGH VOLTAGE
DEVICES ARE STOWED
DANGER
FULL LOADED
38
38
CAUTION
NON-IONIZING
RADIATION
HAZARD
BACK HEAT BLAST
DO NOT STAY IN ASTERN AREA
CAUTION
ADDITIONAL PROPELLANT
FEEDER ACCESS.
BE WARE OF RESIDUAL QUANTITY
DANGER
HOT GASES BLAST
CAUTION
DO NOT OPERATE THRUSTER
WITHOUT ARMOR COVER AND
FLAPPING GUARD PLATE
HOT EXHAUST BLOW
ARMOR COVER
DETACHING MECHANISM
CAUTION
INCLUDING EXPLOSIVE BOLT
HeC REFRIGERATOR /
HEAT EXCHANGER
INSIDE. DO NOT LEAVE
FAIRING REMOVED
KEEP CLEAR
EXTERNAL EQPT.
MOUNT INSIDE
ARMOR COVER
DETACHING
MECHANISM
WHEN EXTERNAL EQPT.
ATTACHES, MUST NOT BE
EXCEEDED IN LOADING
UPPER LIMIT
DANGER
THRUSTER COMPONENT
JETTISON MECHANISM INSIDE
INCLUDING EXPLOSIVE BOLT
DO NOT
OVERPAINT
CAUTION
HIGH VOLTAGE INSTRUMENTS
AND HIGH-ENERGY SUPPLIERS
ARE STOWED INSIDE
ANKLE ARMOR
DETACHING
CONTROL /
ADJUSTING CONTROLE
BEHIND ARMOR
DO NOT
OVERPAINT
CAUTION
AUXILIARY THRUSTER UNIT
CONTAINING SOLID PROPERANT.
BE WARE OF RESIDUAL QUANTITY
DANGER
HOT GASES BLAST
DO NOT
OVERPAINT
ARMOR COVER
DETACHING MECHANISM
ARMOR COVER
DETACHING MECHANISM
CAUTION
INCLUDING EXPLOSIVE BOLT
KEEP CLEAR
EXTERNAL EQPT.
ADAPTER INSIDE
38
38
CAUTION
HIGH VOLTAGE
DEVICES ARE STOWED
ARMOR COVER
DETACHING
MECHANISM
DANGER
HOT GASES BLAST
DANGER
THRUSTER SWINGS LATERALLY.
WIDE-SPREAD LINEAR THRUST FLOWS.
STAND CLEAR OF HAZARD AREAS
SHIN ARMOR
ADJUSTING /
DETACHING
CONTROL
SHANK ARMOR
ADJUSTING /
DETACHING
CONTROL
JACKING
HERE

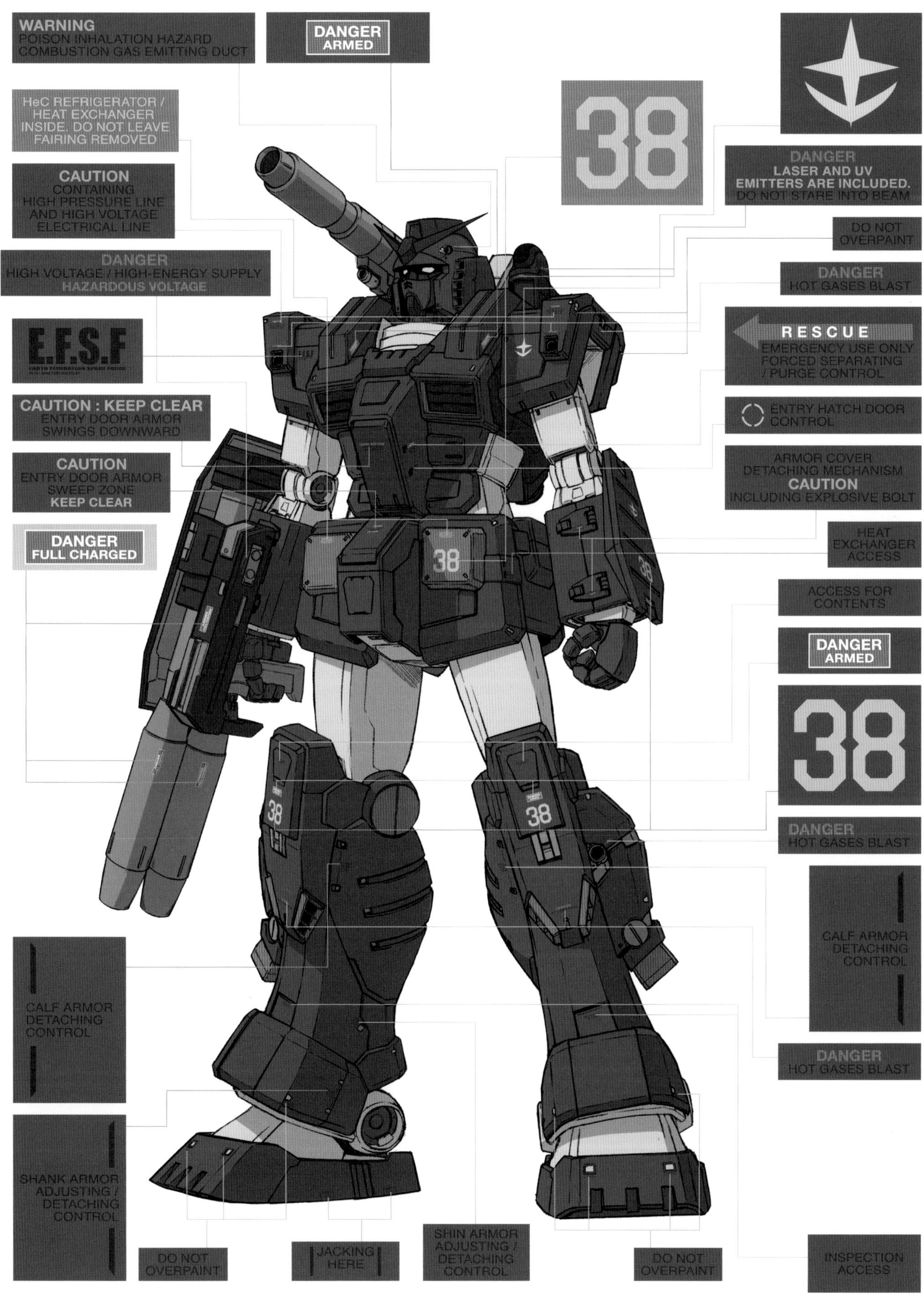
WARNING
POISON INHALATION HAZARD
COMBUSTION GAS EMITTING DUCT
DANGER
ARMED
HeC REFRIGERATOR / HEAT EXCHANGER INSIDE. DO NOT LEAVE FAIRING REMOVED
CAUTION
CONTAINING HIGH PRESSURE LINE AND HIGH VOLTAGE ELECTRICAL LINE
DANGER
HIGH VOLTAGE / HIGH-ENERGY SUPPLY
HAZARDOUS VOLTAGE
E.F.S.F
CAUTION : KEEP CLEAR
ENTRY DOOR ARMOR SWINGS DOWNWARD
CAUTION
ENTRY DOOR ARMOR SWEEP ZONE
KEEP CLEAR
DANGER
FULL CHARGED
38
DANGER
LASER AND UV EMITTERS ARE INCLUDED.
DO NOT STARE INTO BEAM
DO NOT OVERPAINT
DANGER
HOT GASES BLAST
RESCUE
EMERGENCY USE ONLY
FORCED SEPARATING / PURGE CONTROL
ENTRY HATCH DOOR CONTROL
ARMOR COVER DETACHING MECHANISM
CAUTION
INCLUDING EXPLOSIVE BOLT
HEAT EXCHANGER ACCESS
ACCESS FOR CONTENTS
DANGER
ARMED
38
DANGER
HOT GASES BLAST
CALF ARMOR DETACHING CONTROL
DANGER
HOT GASES BLAST
CALF ARMOR DETACHING CONTROL
SHANK ARMOR ADJUSTING / DETACHING CONTROL
DO NOT OVERPAINT
JACKING HERE
SHIN ARMOR ADJUSTING / DETACHING CONTROL
DO NOT OVERPAINT
INSPECTION ACCESS

【運用実績】

FSWS計画は、最高機密に指定されていたこともあって、一年戦争中に存在が明らかにされることはなかった。同じAAA級の機密指定を受けていたV作戦の産物——つまりRX計画機やペガサス級強襲揚陸艦——が、大戦末期になると積極的にプロパガンダに利用され、内外に存在をアピールされていたのとは実に対照的だ。しかしながら時が経つにつれて規制もゆるやかになり、やがて地球連邦政府発行の戦史記録集にFA-78-1の写真が掲載されるようにまでなってゆく。ところが先述のとおり、この写真がコンピューター・シミュレーションのデータから切り出されたものであったことが後に判明。少なくともU.C.0080年代前半においては、FA-78-1は実機の建造が行(おこな)われなかったのだという考え方が通説とされていた。

だが、戦後の混乱期を経て、一年戦争に関する戦史研究が方々で行われるようになると、次第にFA-78-1の実戦参加を匂わせる記録や証言の類が散見されるようになる。その大半が公的記録による裏付けの取れない怪しげな情報源に基づくものではあったが、一部には信用に足る情報も見られた。たとえば、U.C.0094年に刊行された『1年戦争全記録(ONE YEAR WAR THE COMPLETE HISTORY)』が、こうした例に該当する。同書は民間で編纂(へんさん)された書籍ながらも、主筆に元地球連邦軍大将ビク・ハボクック予備役中将を迎えるなど、数多くの軍関係者が執筆に参加していたことで知られている。そんな書籍にFA-78-1が戦時中に実戦投入されていたことを前提とする記述が確認できるのだ。それゆえ、近年では完成度はさておき、少数の実機が一年戦争末期に完成し、運用されていたとする考え方が相応の説得力を持ちつつある状況と言える。それでは、以下に代表的な「運用実績」を紹介しよう。

U.C.0079年12月24日、宇宙要塞ソロモンに対する攻略作戦が決行されたが、この戦いにおいて地球連邦軍側の切り札として、1機のFA-78-1が投入されていたとの情報がある。パイロットはサイド7出身の元戦闘機乗り、タカシ・キタモト大尉。RX-78-1仕様の素体に、ブルーで塗装

された増加装甲パーツを装着した状態で、実戦に参加したとされる。この一連の情報は、戦後に出版された架空戦記『修羅の双星』にて取り上げられたことで知名度を得たが、作中の記述については著者の創作によるところが大きく、キタモト大尉のFA-78-1についても出所不明の情報を基にしたものであり、事実と異なるとの指摘があることも付記しておく。

次の実戦参加記録は、ソロモン攻略戦直後の12月25日。場所はサイド6沖。キリング突撃機動軍中佐の命により、リボー・コロニーに対する核攻撃を敢行すべくグラナダを進発した公国軍艦隊に対し、応戦に出た連邦軍MS部隊の中に機番「38」のFA-78-1の姿が見られたとのことである。このほかにも、12月31日のア・バオア・クー攻防戦においても、FA-78-1らしき機体が目撃されている。証言者が語るところによれば、突撃機動軍のエース部隊「キマイラ」の所属機と交戦していたとのことだが、現時点で所属やパイロットは推測のみで、公式には明らかにされていない。『1年戦争全記録』によれば、地球連邦軍のトップエースのひとりであるハインツ・ベア中尉が、FA-78-1を駆ってMS 37機、艦船2隻という大戦果を挙げたとされている。同中尉が、どういった経緯でこれほどの撃墜スコアを記録したのかは判明していないが、サイド6沖やア・バオア・クー要塞近傍で確認されたFA-78-1が、彼の乗機であった可能性もまた否定し切れない。

なお、このほかにはU.C.0083年に、サイド7への奇襲を試みた公国軍残党勢力に対して、FA-78-1を含むMS部隊が迎撃に出たとの報道もある。しかしながら、この時期の地球連邦政府は——デラーズ・フリートによる一連の騒乱など——不都合な真実を隠す目的で虚々実々の情報を大量に流布していたとされるため、この件に関しても単純に鵜呑み(うの)みはできない。折しも同年には、公国軍残党勢力の排除を目的に掲げた治安維持組織「ティターンズ」が発足している。残党勢力の脅威を印象づけ、かつ精強な連邦軍MS部隊の存在感を印象づけたいという思惑が、この報道に込められていた可能性すらあるだろう。このようにFA-78-1の足取りを追う試みは、常に霧の中を歩むようなものなのである。

FA-78-1 FULL ARMOR GUNDAM
U.C.0079.10. 24. in Battle of Solomon

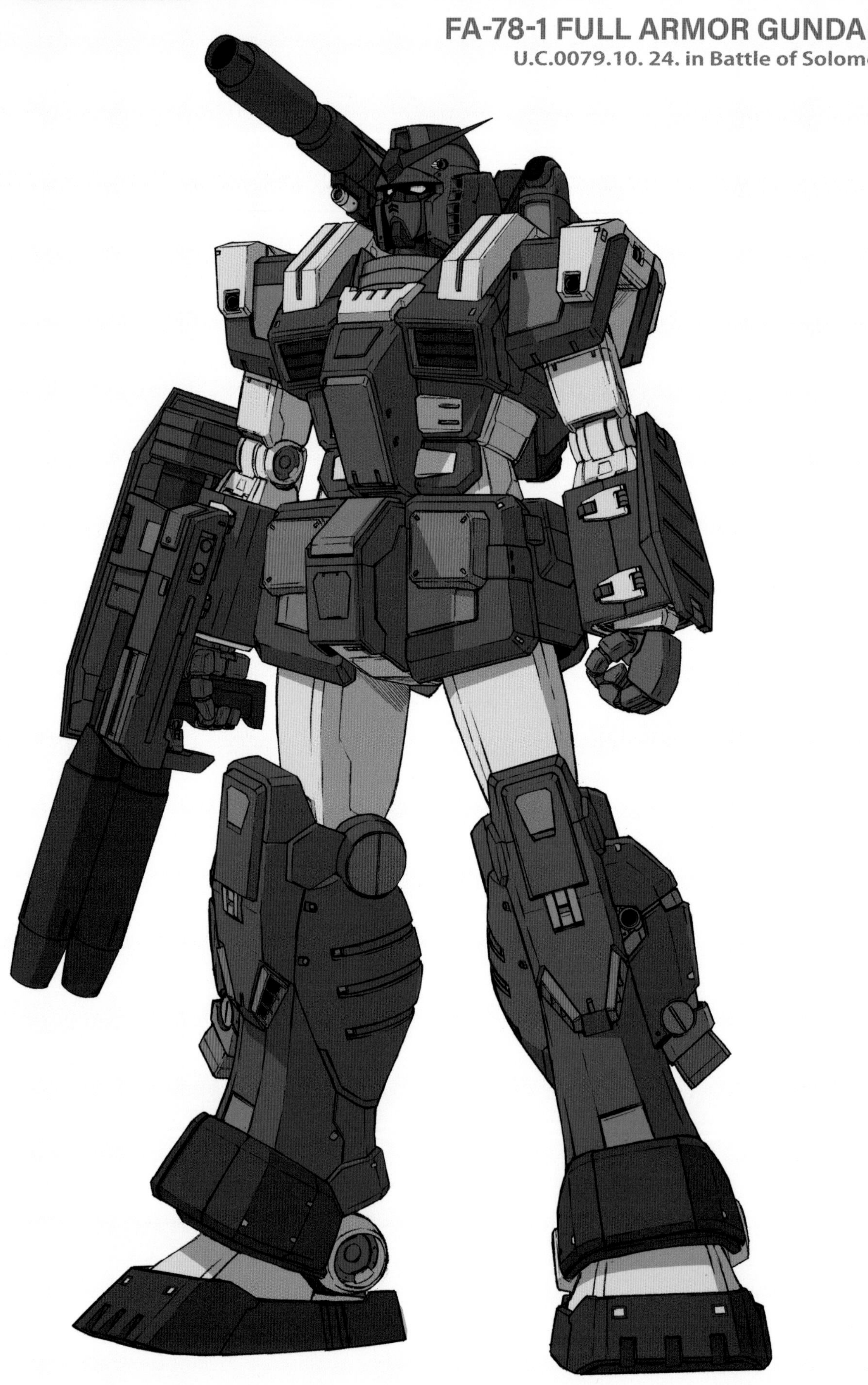

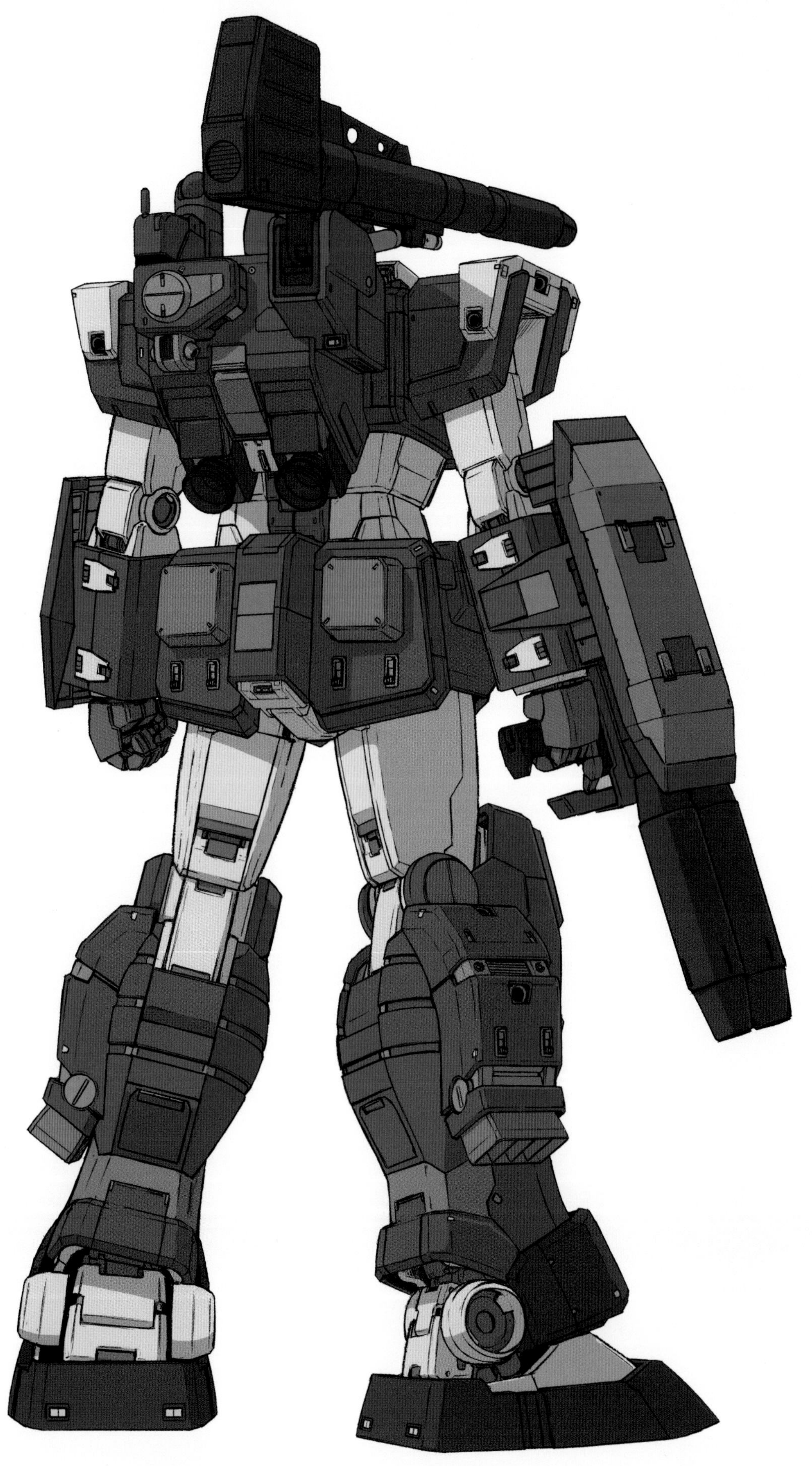

■FA-78-1〈フルアーマー・ガンダム〉

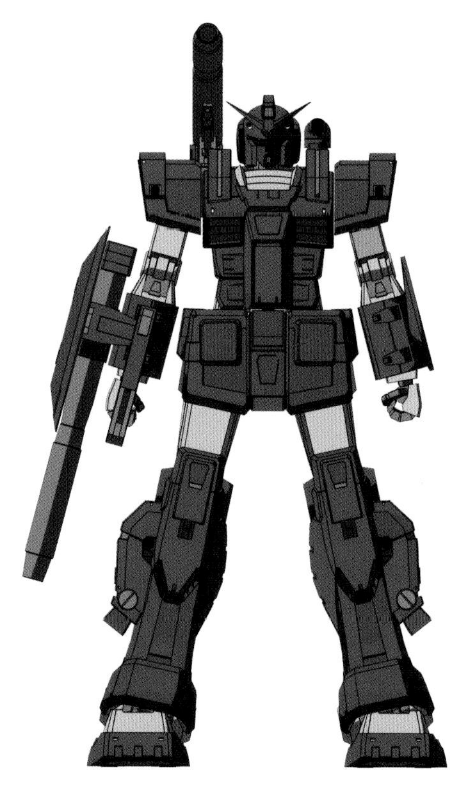

●正面

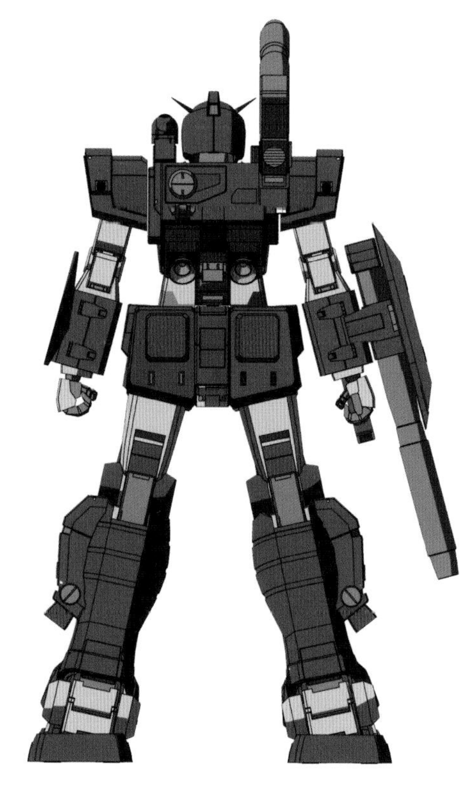

●背面

【FA-78-1の素体について】

RX-78は、通算8号機までが製造されたと考えられているが、では仮にFA-78-1の実機が建造されていたとして、それは8機のRX-78の内、いずれであったのであろうか？

この点を考えるためにも、全8機のRX-78それぞれの行方について再確認していこう。まずファーストロットである通算1号機から3号機については、ジャブロー基地で製造された後、サイド7へと運ばれている。ここで宇宙攻撃軍所属の〈ムサイ〉級軽巡洋艦〈ファルメル〉に捕捉された結果、奇襲攻撃を受けるに至り、1号機は大破喪失したと言われている。2号機は、これ以降、〈ホワイトベース〉の主戦力と運用され続ける一方で、半ばまで破壊されながらも回収された3号機は同艦によってルナIIに運ばれ、当地で下ろされている。この後、3号機は修復の上でマグネット・コーティング処理の試験に供され、RX-78-3仕様に調整された上で大戦末期にはペガサス級強襲揚陸艦〈ブランリヴァル〉の艦載機となり、そのままア・バオア・クー攻略戦に投入されたという。

そして、セカンドロットである通算4号機から8号機については、いずれも別仕様への改修を受けていたとされている。4号機はRX-78-4仕様、5号機はRX-78-5仕様に改められた上で、〈ホワイトベース〉級準同型強襲揚陸艦〈サラブレッド〉に配備。6号機はRX-78-6仕様に改修され、南米から北米へと重力戦線を転戦している。また、7号機はRX-78-7の開発に供されるも、一年戦争中に完成を見ることがなかったとされているため、これも一時的であってもFA-78-1の素体であったとは考えにくい。となると、詳細不明のまま足取りが判明していない通算8号機が、FA-78-1の「正体」であった公算が最も高いように思える。とはいえ、大破した1号機が修復されていた可能性や、ルナIIにて改修を受けた3号機が一時的にFA-78-1仕様で運用されていたケースも考えられるため、結論を出すことはできない。また、当初から補修部材を流用してFA-78-1が製造されたことで、RX-78の通算製造数にカウントされていない追加生産機が造られていた可能性すらある。FA-78-1とは異なる仕様で完成した系列機が、サイド4出身のフレミング奨学生による義勇兵で構成された部隊に配備されていたとの説もあるため、存外、この手の増産された機体が存在していたのかもしれない。

■間に合わなかったRX-78-2への装備

RX-78のための強化案としてスタートしたFSWS計画だったが、実戦に投入された際、実際にFSWS装備を架装したのは通称「G3（ジースリー）」と呼ばれる機体だった。

通算2号機であるホワイトベース隊のRX-78-2〈ガンダム〉に装備されなかった理由は諸説ある。地上に降下した後、ジャブローに向かう途中で様々な実験装備をテストしていたことから、ジャブロー到着時点で開発初期とは異なる外観となり、FSWS装備をそのまま装着することができなくなっていた。またFSWS装備の開発自体も一部遅れが出ており、そもそも間に合っていなかったとも言われる。チェンバロ作戦（ソロモン攻略戦）や星一号作戦（ア・バオア・クー攻略戦）を前にした陽動作戦への参加のために、〈ホワイトベース〉のジャブロー出発が繰り上げられたことも影響している。

しかし、これらの装備はソロモンまたはア・バオア・クー、あるいはその後に控えるサイド3侵攻までには充分間に合うだろうと考えられていた。ところが〈ホワイトベース〉の後を追って出発した輸送艦隊が、グラナダを出たジオン公国軍艦隊の迎撃命令を受け、FSWS装備はテストや調整担当の〈G3〉に架装されたまま実戦を経験することになる。この戦いの影響で、チェンバロ作戦にも間に合わなかった。その後、星一号作戦の準備が進められる中、ジオン公国軍のニュータイプ部隊と交戦した経験を持つアムロ・レイ少尉から提示された要求は、重装備による火力と防御力ではなく、反応速度と機動性の向上だった。結果、2号機にはマグネット・コーティング処理が施されている。

星一号作戦でコロニーレーザーによって艦隊が壊滅的打撃を受けた際、〈G3〉は残存戦力の再編に伴い〈ホワイトベース〉級5番艦（当時）〈ブランリヴァル〉艦載機となる。しかし、ジャック・ザ・ハロウィン隊の着艦ミスにより中破。なお、戦後におけるア・バオア・クーでの掃討戦では、Gパーツを装着して運用されていた。

旧ジオン公国軍は少ない物量を個々の戦闘力を高める方向に投じ、モビルスーツだけでなく多くのモビルアーマーを試作し実戦に投入した。それに対し地球連邦軍は、同様の「高機動」「高火力」をFSWS計画などで実現しようとした点が興味深い。あくまでもこの時代に新しく確立した機動兵器であるMSの能力を、徹底して突き詰めるべく研究していたということなのだろう。

フルアーマー・ガンダムの構造とシステム

STRUCTURE AND SYSTEM OF FULL ARMOR GUNDAM

■装甲材料

FSWSの装甲材料には、V作戦用の機体群（RX-75、-77、-78等）と同様に、月面都市で開発されたルナ・チタニウム合金が使用されていると考えられていた。V作戦やそれに関係する機体開発に優先的に供給されたルナ・チタニウム合金だが、〈コア・ファイター〉をはじめ、RGM-79にも標準装備されることになった対MS戦闘用シールドの最表層部にも同合金が使用されており、ルナⅡ※などの軌道上拠点における限定されたプラントでのみ製造可能なルナ・チタニウム合金は、ただでさえ低い生産性も相まって供給不足の傾向にあった。開戦以前に開発されたルナ・チタニウム合金の主要生産施設は、月面の資源精製プラントと、ルナⅡの二ヶ所。このうち月面プラントは一年戦争勃発の3ヶ月前に極秘裡にルナⅡへと移転し、ルナⅡ工場に統合された。これはジオン公国軍の開戦を察知しての対応ではなく、予定されていたスキーム通りのことで、まだ極秘の金属だったルナ・チタニウム合金とその工場を、良質のルナ・チタニウムが採掘できる“お膝元”のルナⅡに置いたにほかならない。0078年いっぱいをもって月面プラントは表看板通りの資源採掘とレゴリス分離精製施設として運用されるようになった。しかし、そもそもルナ・チタニウム合金は、新型戦艦の外殻装甲用素材として使用されるはずのものだった。これをMS用に生産し続けることができたのは、ルナⅡがL3という辺境にもかかわらず多数の駐留艦隊を抱え、息をひそめるように目立った動きをせずジオン公国軍を遠ざけたが故だった。

FSWS計画の増加武装／装甲パーツの開発はジャブローで進められており、RGM-79へのルナ・チタニウム合金の使用が見送られてもなお、本計画機体に対しては格別の配慮がなされ当時最高の装甲材としてルナ・チタニウム合金の使用を前提として進められていた。しかし、最終的には逼迫する戦局の中、部材の調達の難しさから〈コア・ブースター〉などにも用いられた「ハイパー・チタニウム」が、FSWSパーツの主要材料として採用されている。

一方で、艦隊防空圏への強行侵入を試みる機体として計画されていたこともあり、メガ粒子砲の攻撃にも耐えることができないか改めて検討されたという。メガ粒子砲などのビームに対してはなるべく当たらない。当たったとしても、ビームにさらされる時間を最小にするべく、機動による回避を行うというのが主な対処法だった。しかし、すでにビーム攪乱幕の開発にも成功していたため、こちらもMSに同様の対ビーム装甲を用意できるのではないかと考えられたわけだ。対ビーム防御についてはいくつかアイディアはあったとされ、外装にビーム攪乱幕に使用されるガスを混入した発泡性金属を使用して、対ビーム兵器用のスペースド・アーマーとしての機能も期待するものなどがあった。しかし、僅かなガスでは効果的な幕を展開できず、要研究開発ということで、早々にFSWSのスケジュールから外されている。

※ルナII
月などに比べると小さな設備であったため、前述の供給不足を招くのだが、ルナIIではRGM-79C〈ジム改〉の生産を行うなど、貴重な連邦軍の宇宙艦隊が配備される連邦軍の重要拠点となっていたのはこのためである。チェンバロ作戦や星一号作戦などの一年戦争末期の連邦軍の反攻作戦まで、兵器や資材を供給し続けた。

※ジオン公国の対ビーム防御
メガ粒子砲の配備を早い段階で進めていたジオン公国は対ビーム防御に対しても自覚的で、Iフィールドを防御用に展開するビーム・バリアを早い段階で導入している。もっとも、当時展開できたIフィールドの展開半径は限定的で、大型のモビルアーマーなどへの搭載に留まり、MSはもちろん本来搭載を考えていた戦艦などへの配備もブリッジ周辺など一部のウィークポイントに限られていた。しかも、こうした防御壁の穴はすでに熟知されており、バズーカなどの実体弾による攻撃、もしくはビームの威力を減衰しきれないほど肉薄すればよい、というのはMSパイロットの間では常識であり、あまり効果は上がっていなかった。

そんな中、技術的に有力だったのはサイド3出身の技術者が考案した対ビーム・コーティングによるものだったという※。しかし、このコーティング案にはスペースコロニー1基分という前代未聞の開発コストが提示され、あげく技術者が提出した全身金色のFSWS計画機のイメージ画像には、普段アルカイックスマイルで腹の読めない連邦軍高官たちをも啞然とさせたと伝えられる。結果、優先度の高い開発計画だったとはいえ、対ビーム装甲の実現は見送られることになった。なお、要求水準として掲げられていた「1.3秒」という耐久時間もシミュレーション段階で0.2秒不足していたため、これを理由として却下されている。ただし、破格のコストに関しては、上層部を諦めさせるブラフであったとも考えられるうえ、たとえ要求水準に満たない耐久時間であっても、まったく役に立たぬということもないであろうから、恐らくは短期の開発が困難であったことが理由だったのだろう。この耐ビーム・コーティング技術は戦後、アナハイム・エレクトロニクス社が技術者チームごと吸収し、第2世代以降のMSにおける耐ビーム・シールドの開発へと結びついていくことになる。

HEAD

頭部は外装式の装甲強化の他、本体そのものの装甲強化が検討されていた。そのためスポンソンや後頭部がやや膨れた開発中の画像も散見される。スポンソンがG3特有のグレーではなく、FA-78-1の増加装甲と同じダークグリーンの機体がそれなのだが、じつのところ最終強化仕様の実戦投入機の頭部も同じカラーリングであるため、やや紛らわしい。

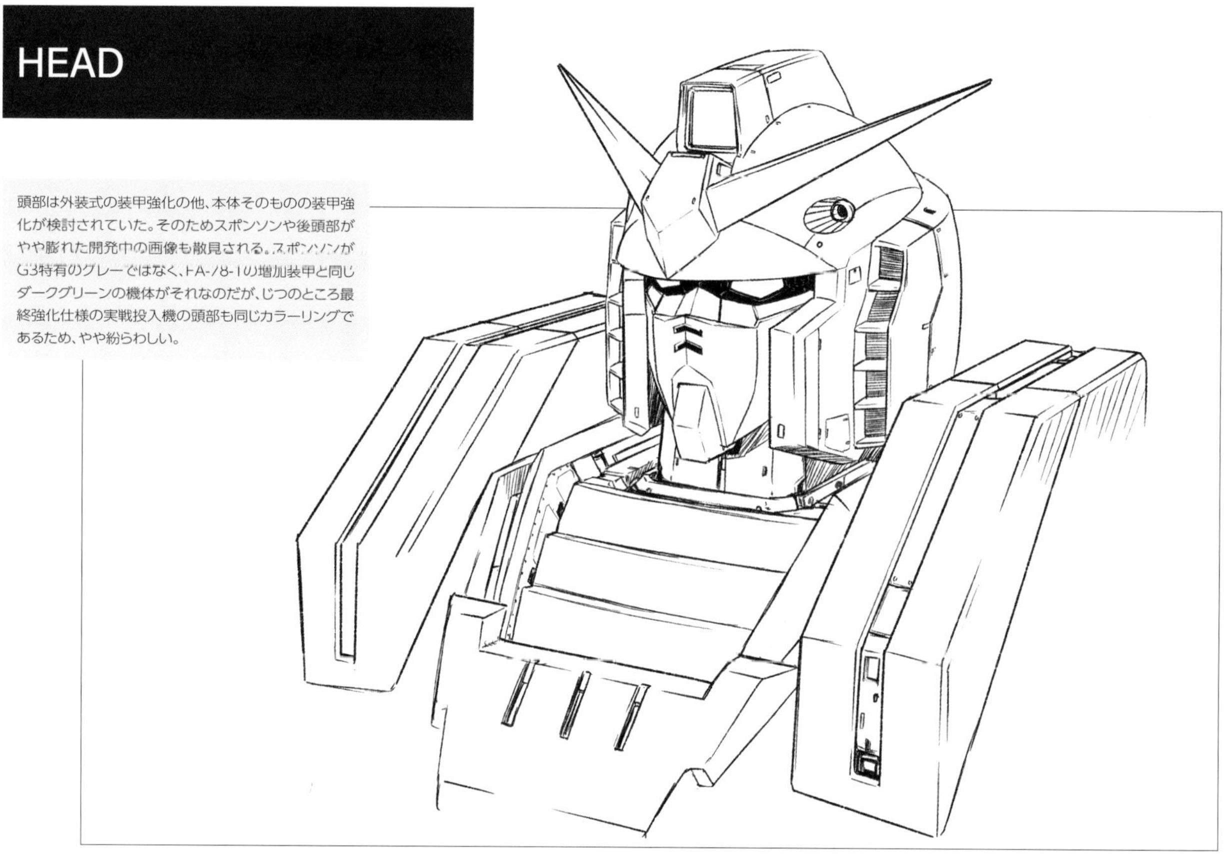

FSWS装備は素体となるRX-78に架装される。その際、頭部は剝き出しのため、本来は素体のカラーリングのままとなるはずだが、FA-78-1などのようにFSWS装備に合わせて塗装し直されるケースもあった。

※FSWS装備に合わせてカラー変更された頭部の例

※ベース機のカラーリングそのままの頭部の例

■頭部

初期のプランではセンサーの集中する頭部にも外装式のプロテクター（増加装甲）を取り付けるというものがあった。しかし、FA装備を装着する機体がRX-78-2ではなく、関節のフィールドモーターやアクチュエーターを強化したRX-78-3の改修型をベースとすると決まったため、頭部そのものの装甲を増強することが検討された。しかし、実のところルナ・チタニウム合金製の正面装甲は、MS-06系の主力兵装である120㎜ザク・マシンガンの直撃には充分に耐えることから、これは見送られている。ただし、機関砲弾収納スペースに近い側面から後面のスポンソン、頭頂部センサーのフェアリングなどはメンテナンスのために着脱が可能であったこともあり、増強の対象とされた。また、メインカメラ、ツインアイをはじめ各所のセンサーシールドも2割ほど増厚され強化が図られている。

CHEST

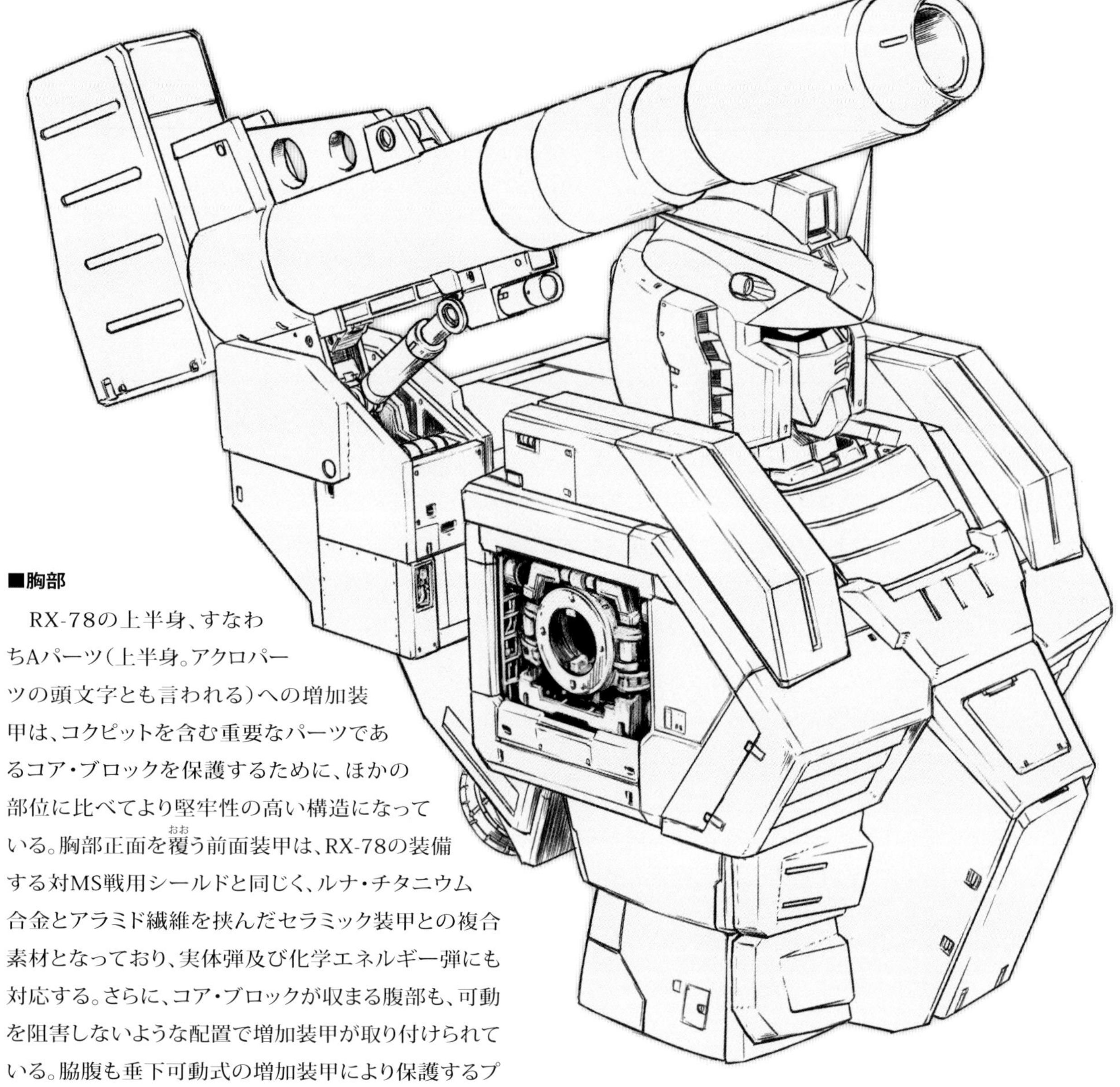

■胸部

RX-78の上半身、すなわちAパーツ(上半身。アクロパーツの頭文字とも言われる)への増加装甲は、コクピットを含む重要なパーツであるコア・ブロックを保護するために、ほかの部位に比べてより堅牢性の高い構造になっている。胸部正面を覆う前面装甲は、RX-78の装備する対MS戦用シールドと同じく、ルナ・チタニウム合金とアラミド繊維を挟んだセラミック装甲との複合素材となっており、実体弾及び化学エネルギー弾にも対応する。さらに、コア・ブロックが収まる腹部も、可動を阻害しないような配置で増加装甲が取り付けられている。脇腹も垂下可動式の増加装甲により保護するプランがあったようだが、こちらは格闘戦でもなければ被弾率が低いと判断され、不要な重量増加を回避する目的で見送られたようだ。

胸部左右にあるイン/アウトテーク兼用のダクト開口部は、排気/吸気を妨げないように配慮されており、初期はメッシュ状の隔壁による簡易のスペースド・アーマーのみだったが、最終的にはベース機体と同様のルーバー式装甲となった。また、僅かなスリットのみを開口した追加装甲パーツや、可動部を減らし強度確保と部材消費を抑えることを目的としたハニカム構造の格子状のパーツもオプションとして用意された。オプションパーツを含め、ダクト部分の装甲材にもルナ・チタニウム合金が使用されており、その内側のダクトスペースはダクトそのものを装甲化しているうえ、あらゆる入射角から砲弾が侵入しても跳弾が中に入り込むことがないように入念に計算された吸排気経路とすることでスペースド・アーマーとして機能させ、コア・ブロックや肩の関節機構などを保護している。

WEAPONS BAY

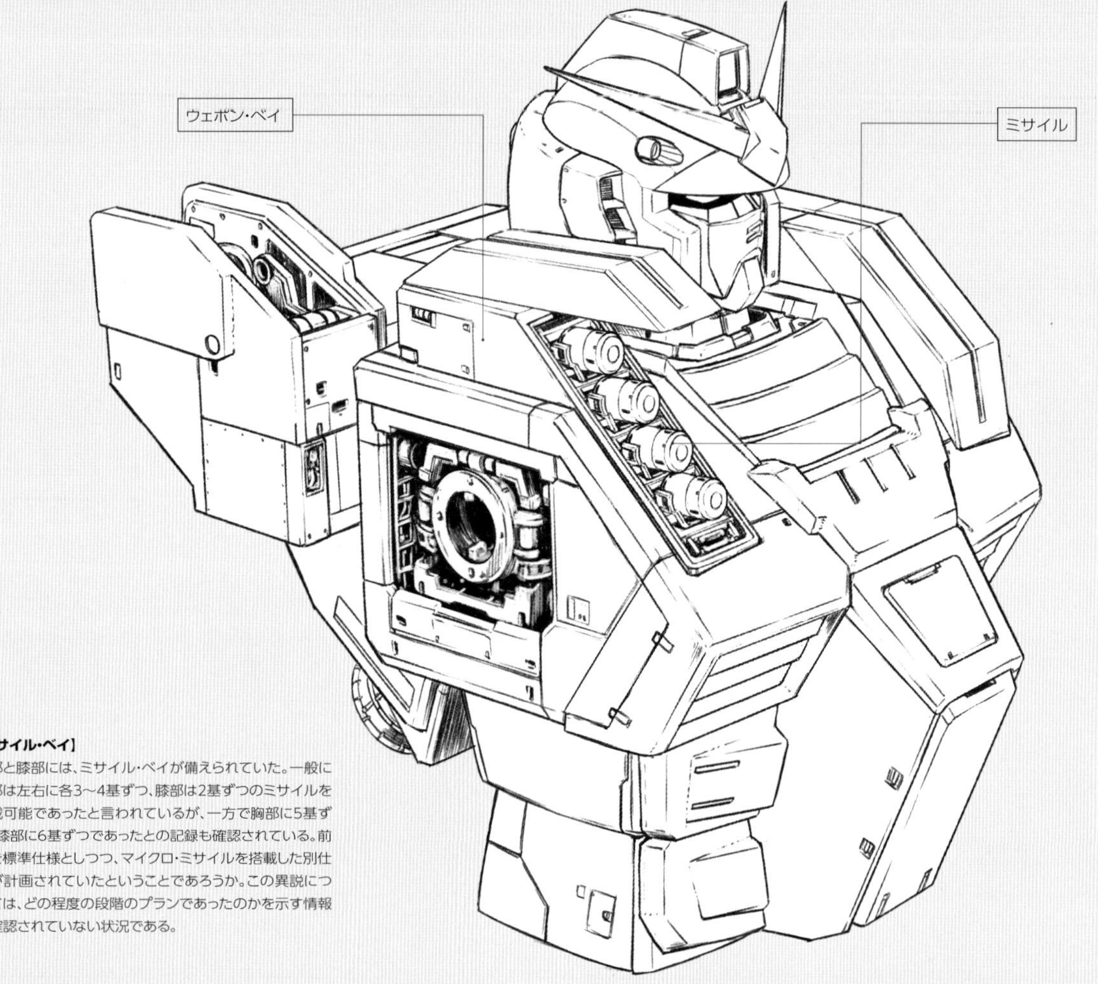

【ミサイル・ベイ】
胸部と膝部には、ミサイル・ベイが備えられていた。一般に胸部は左右に各3～4基ずつ、膝部は2基ずつのミサイルを搭載可能であったと言われているが、一方で胸部に5基ずつ、膝部に6基ずつであったとの記録も確認されている。前者を標準仕様としつつ、マイクロ・ミサイルを搭載した別仕様が計画されていたということであろうか。この異説については、どの程度の段階のプランであったのかを示す情報が確認されていない状況である。

■ウェポン・ベイ

両胸には作り付け式のウェポン・ベイが設けられた。上腕上部のいわゆる肩には姿勢制御用のスラスターを配さねばならないことから、胴体側のこの位置に設置されている。このウェポン・ベイは、かならずしも兵装を搭載することに限定した区画ではなく、ここに小型のジェネレーターや追加のセンサーを装備するなど、多用途に使用できるように、機体装甲各部と通信が可能な配管、配線のターミナルが予(あらかじ)め内蔵されていた。

ウェポン・ベイの武装候補は、メガ粒子砲やCIWS（近接防御火器）を兼ねたバルカン砲、グレネード・ランチャー、ビーム・サーベル・ラックなど多岐にわたった。初期案で最も期待されていたメガ粒子砲は、充分な出力と小型化が叶(かな)わず断念されている。この後に実体弾兵器の装備が具体的に検討され、無難な画像認識光学シーカーによる自動追尾機能を有する固体燃料推進式ミサイルの使用が決まったらしい。弾体の搭載数については諸説あり、一般に片側3～5発（両側計6～10発）が標準装備となっているものの、より小型のマイクロミサイルを片側8発、両側で16発まで搭載可能だったとする資料もある。ただし、この小型のマイクロミサイルでは非装甲目標程度でなければ有効打を与えられないため、実戦テストでも一度しか使用されなかった。このほかの一年戦争に間に合わなかった武装およびオプション装備については、戦後引き続きテストが行(おこな)われたと言われているが、現段階ではデータが公開されていない。

資料写真によれば、胸部両肩ウェポン・ベイに搭載されるミサイルの数は縦1列3～5発、縦2列6～10発と様々なパターンが確認でき、いずれが標準であるとは断定できない。

■搭載ミサイル

FA-78-1に特有の、胸部側の両肩に設置されているウェポン・ベイに主に搭載されたミサイルは、直径が30cm、全長も1mに満たない短身型の対MS用ミサイル（AMSM）だった。ほかの兵装も検討／開発されていたが、画像などで現在確認できるものはいずれもこのミサイルである。

一年戦争時の連邦軍は地上用の武器をベースとし、これらを宇宙用に改修して使うことが多かったため、宇宙でも先端のフェアリングが尖(とが)ったミサイルを使用していたが、本タイプはグリプス戦役以降のMSに搭載されたAMS-013などの対MS用ミサイルなどと同様、先端がフラットな形状をしている。先端には追尾用の光学シーカーが搭載され、姿勢制御のために外周に3基の非燃焼式スラスターを装備する。短い全長の中央部前半を炸薬が、後半を推進用のロケット・モーター本体が占め、その固体推進剤は外周部スラスターの隙間に分散配置することで全長を短く保っている。

ミサイルとしてはかなり小型で航続時間は短かったが、近距離での有視界戦闘が基本となるMS戦では充分であった。また、MSの機動性能を考慮すると命中率も決して高いとは言えない代物だったが、メイン・ウェポンの2連装ビーム・ライフルと360mmロケット砲の弾数の少なさをカバーする補助的な兵装としては充分といえた。

当初は子爆弾やスチール球をばらまくクラスタータイプの弾頭が考えられていたものの、宇宙空間では周辺への負の影響が大きいとされ、これらは重力下における弾種のみに限られることになった。ほかに検討されていた弾頭には、相手のセンサーを無力化する光輝度閃光高発熱弾、徹甲榴弾、そして前述のクラスタータイプの弾頭があった。特に、スチール球をまき散らすクラスタータイプの榴弾(りゅうだん)弾頭は、使用場所が非常に限られるうえ、敵MSを完全に破壊することはないが、センサーやスラスター、そして関節部にダメージを与えて機動力を削(そ)ぐには有効であると評価されている。

また、射出後に自機の至近で展開するビーム攪乱(かくらん)幕弾頭も研究されていた。ビーム攪乱幕弾というと、ソロモン攻略戦時に〈パブリク〉によって艦隊正面に展開された巨大な弾頭を思い浮かべるが、この場合はMS 1機を一時的に覆(おお)って敵の射撃から護(まも)れればよいため、FA-78-1のウェポン・ベイにも充分に搭載可能であった。

360mm ROCKET CANON

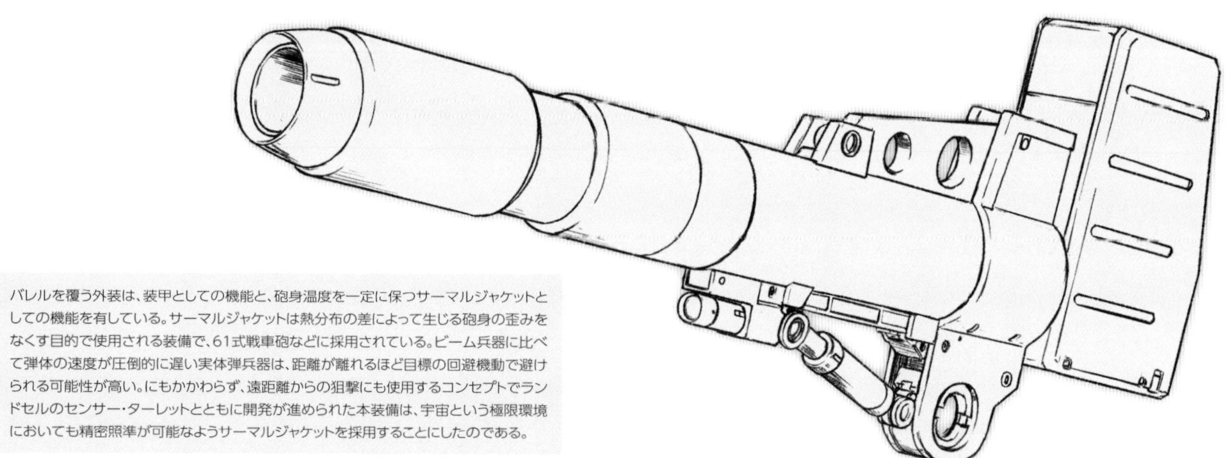

バレルを覆う外装は、装甲としての機能と、砲身温度を一定に保つサーマルジャケットとしての機能を有している。サーマルジャケットは熱分布の差によって生じる砲身の歪みをなくす目的で使用される装備で、61式戦車砲などに採用されている。ビーム兵器に比べて弾体の速度が圧倒的に遅い実体弾兵器は、距離が離れるほど目標の回避機動で避けられる可能性が高い。にもかかわらず、遠距離からの狙撃にも使用するコンセプトでランドセルのセンサー・ターレットとともに開発が進められた本装備は、宇宙という極限環境においても精密照準が可能なようサーマルジャケットを採用することにしたのである。

■360mmロケット砲

ビーム兵器の装備を推し進めた連邦軍ではあったが、安価かつ対艦、対MSに対しても有効な実体弾兵器としてロケット弾のランチャーを装備することになった。戦艦や大型艦艇、さらにはジオン公国軍が開発していた大型高機動兵器（モビルアーマー。以下、MA）などに対抗するにあたり、長距離エネルギー兵器はビーム攪乱(かくらん)幕などにより防がれる恐れもあることから、ビーム兵器一辺倒ではなく、こうした実体弾兵器も装備しておくべきとの判断だった。

設計・製作には連邦軍に古くからロケット兵装を納品するブラッシュ社が、連邦軍開発局と協力して開発を進めていたものを使用している。開発にあたっては、サイド3のH＆L社が開発したMS用バズーカの鹵獲(ろかく)品を参考にしたという。これは開戦前から多方面で利用されていた360mm口径のロケット弾を使用する発射器であったため、多彩な弾頭がすでにラインナップされていたことにメリットを見出したためだった。

ブラッシュ社は、自社の人間用ロケット砲をMSサイズにそのまま拡大することを設計の基本方針として選んだが、この鹵獲品は単純にそうした場合に生じる問題に対し、どのようにしてそれを解決したかという恰好(かっこう)の見本でもあったことから、大いに参考としたようである。

同時期にRX-78用にと開発が進められていた口径380mmのハイパー・バズーカに比べれば、その洗練度においてやや劣る印象が持たれる外観だが、特殊作戦を前提としていたFA-78-1にとっては、任務に応じて各種弾頭を利用できるメリットは大きかった。また開発当時、RX-78の装備していた対MS戦用シールドが、MS-09〈ドム〉装備の大型バズーカ（正式名称はジャイアント・バズ）の弾頭によって破壊されたとの報告が入ったことが、採用の決定打となっている。ただでさえ押していたスケジュールの中で、敵の防御兵装をものともせずに、MS本体ごと破壊できる兵装が求められていたことが背景にある。むろんビーム・ライフルなどのビーム兵器があればそれで済む話だが、別項でも述べている通り、こうしたMS用ビーム兵器はまだ開発されて日が浅く、MS本体のエネルギーを多く消費し負荷がかかる。そのため戦闘中に、予期せぬどんな問題が発生するか分からないという不安があった。そこで、実体弾兵器でもそれに迫る威力の兵器を、予備として装備させることが必須とされたのである。

FA-78-1用の360㎜ロケット砲は、前述のセンサー・ターレットと歩調を合わせる形で開発が進められていくことになる。なお、ロケット砲という名称が使用されているが、本装備は厳密には発射器（ランチャー）であり、ロケット弾自身の推進薬によって弾体が飛翔していく。これは、製造を担当したヤシマ重工が発射器と砲を区別せず、いずれも砲（キャノン）として商品名を管理していたことに由来する。

砲身はバレルと、バレルを包む外装からなる多層構造となっているが、見た目ほどの重量はない。RX-77などのビーム系砲身とは異なり、ただのランチャーであるがゆ

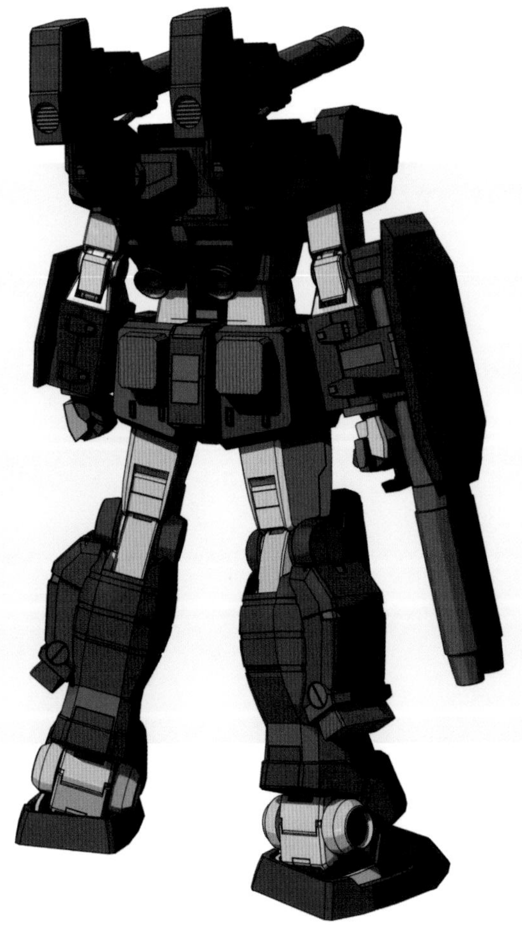

■ランドセルの両サイドへ360mmロケット砲を装備したタイプ。

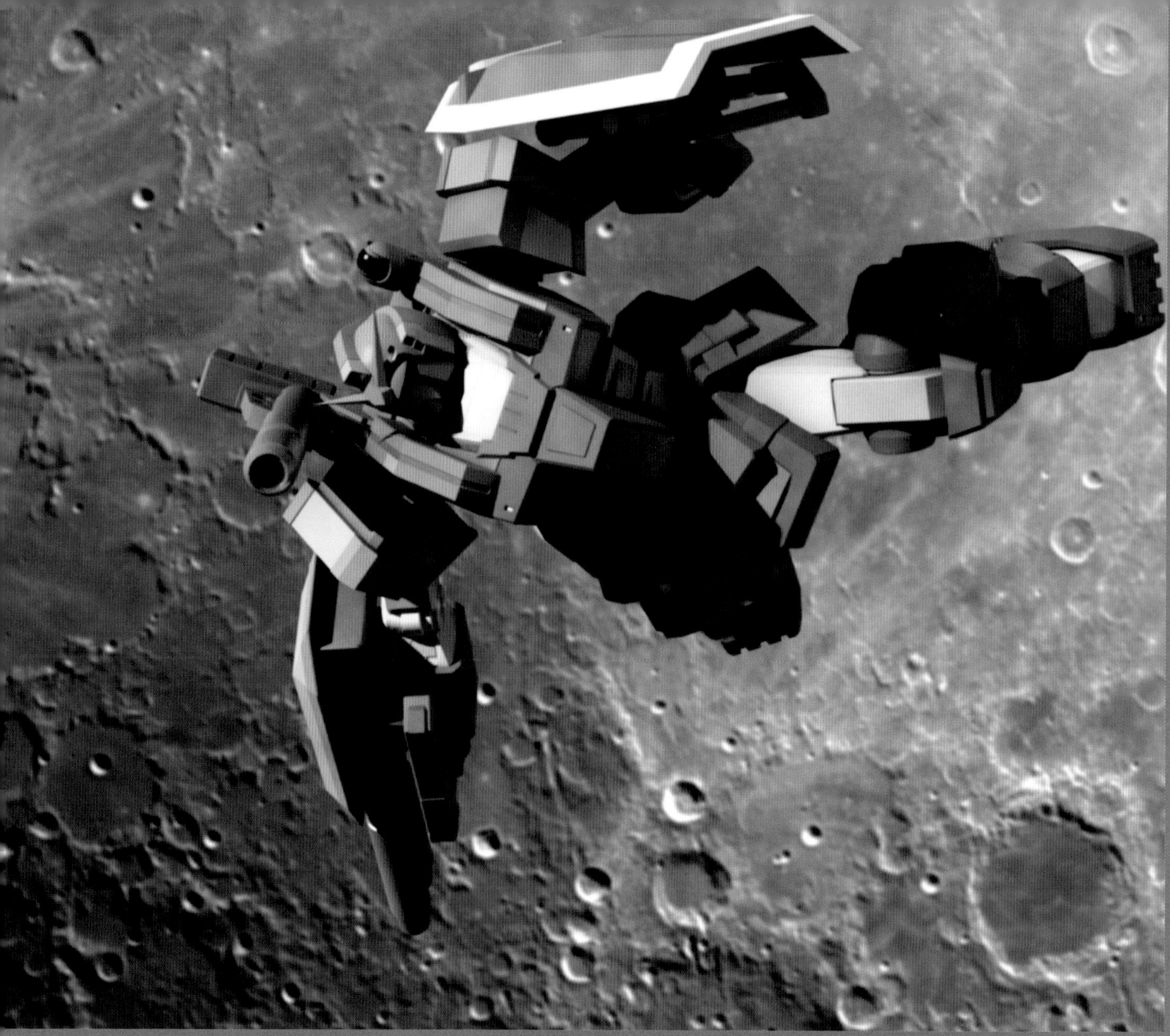

■関節用フィールドモーター

重量増に伴い関節のチューンナップも考慮されていた。最終的にベース機体にはモスク・ハン博士の開発したマグネット・コーティングが施された機体RX-78-3が使用されることになったが、マグネット・コーティングは反応速度向上のためのチューンナップだったため、これとは別に入力ゲインを向上させ、それに耐えうるアクチュエーターと関節に置き換え、重量増加に負けない運動性能を持たせるべく各部の駆動プログラムにも調整が加えられることになった。とはいえ、これは簡単なことではなかった。実験開発機でもあったRX-78の関節ユニットはこうしたパーツ交換も想定した構造になっていたものの、より高性能の関節パーツやアクチュエーターを用意するとなると、開発者としても頭の痛い話だった。ところが、いざ各増加パーツのスペックが定まったところでシミュレーションにかけてみると、もともとのRX-78の基本スペックがずば抜けていたため、重量増に対してもアクチュエーターの交換など必要なく、関節部のフィールドモーターもマグネット・コーティングを行うだけで充分であることが分かった。しかも、その後ベース機体にマグネット・コーティング処理済みのRX-78-3を使用することが決まったことで、関節周りの問題はすべてクリアとなった。

えに砲身自体に特殊な機構を必要としないためである。RX-77のもの比べると単位長あたり実に40%程度の重さしかなく、高機動時にかかる慣性によって歪みを生じない程度の強度しかない、最大限軽量化された設計となっている。

バレル内はライフリングのない滑腔砲身となっており、多彩な弾種に対応可能としている。滑腔砲は発射時に弾体にかかる抵抗が少ないため、初速も向上する。

バレル長820mmの砲身は、ハイパー・バズーカの約1/2と短いが、小型軽量なうえに砲身をランドセルに直付け装備したことで、腕部を別の用途に使用できるなどのメリットがある。増設した照準デバイスのおかげでFCSの能力に余裕があり、必要であれば左手にハイパー・バズーカを装備するという選択肢があったことも大きい。発射薬を使用しないためマズルブレーキなどを持たず、ハイパー・バズーカ同様に後方に噴射炎を逃がす無反動砲となっている。

有効射程は重力圏内で最大3,000メートル。宇宙空間では事実上無制限な射程を持っているが、宇宙条約により射点座標より6,000メートル以上離れた場合は弾頭にセイフティ機能が働き、流れ弾がコロニーなどに着弾しても起爆しないよう安全装置が組み込まれている。むろん作戦により、これらのセイフティ機構はキャンセル可能で、対艦隊戦や対要塞戦などにおいては任意に安全距離を変更して使用した。

砲身は、MSの直立状態で仰俯角が5度から120度、方位角は正面に対し左右10度の範囲で射角を変更できる。また照準デバイスとの連携により、可動角度内でカバーできる目標を自動追尾する(ただし、宇宙空間では互いの慣性ベクトルと相対速度を考慮する必要があるため、必ずしも見かけ通りの目標方向へ向くものではない)。射角変更には、MSの関節などにも使用される動きの速いリニア・サーボ・アクチュエーターが採用され、砲身の傾きをレーザーで測定し、目標の機動に合わせリアルタイムで砲身の角度を調整可能である。

弾倉(マガジン)には360mm弾頭5発を収納。バレルへ自動装填する機能を有し、再装填時間は約2.3秒の連続射撃を実現している。ただし連続発射は砲身が加熱しやすいため、連発すると命中精度は低下する。ロケット弾発射時の初期加速は低速・高速モードを選択できた。高速モードでは文字通り最大加速でロケットモーターを噴射させ、弾体を最大速度まで一気に加速させることが可能。低速モードでは、弾体を発射後に慣性航行させ、敵のセンサーに感知されずに目標近くまで接近し、指定されたポイントに達した段階で再度ロケットモーターに点火、ターゲットへ短時間で肉迫してこれを撃破する。誘導弾ではないため、当てるにはコンピューターの未来予測、そしてパイロットの経験と勘が必要である。

360㎜ロケット砲には様々な種類の弾頭が用意されており、作戦に応じて最適な弾頭を選択して出撃できる利点があったが、弾頭を一列に収納するストレートタイプのマガジンのため、発射ごとに異なる弾頭を任意に選ぶことはできない。出撃中に異なる種類の弾頭を搭載したマガジンへ交換可能なよう、ランドセルに自動装填システムを装備することも検討されたが、開発に時間がかかるため見送られている。主兵装はあくまでビーム・ライフルであり、ロケット砲はあくまでも予備という考えがあったからでもあるようだ。

全弾発射後は、可動機構より先の本体部分を切り離すことが可能となっている。マガジンのロケット弾を撃ち切った際、ロケット砲がデッドウェイトとならないようにするためだが、計画初期にはオプションで砲本体にグリップを装着し、腕部で保持して使用することも想定されていたようだ。この仕様が実装されていれば、携行した予備のロケット砲本体に交換することも理論上は可能であったろう。そのほか、可動部分もランドセルの増加装甲とともに投棄可能となっている。

SENSOR TURRET

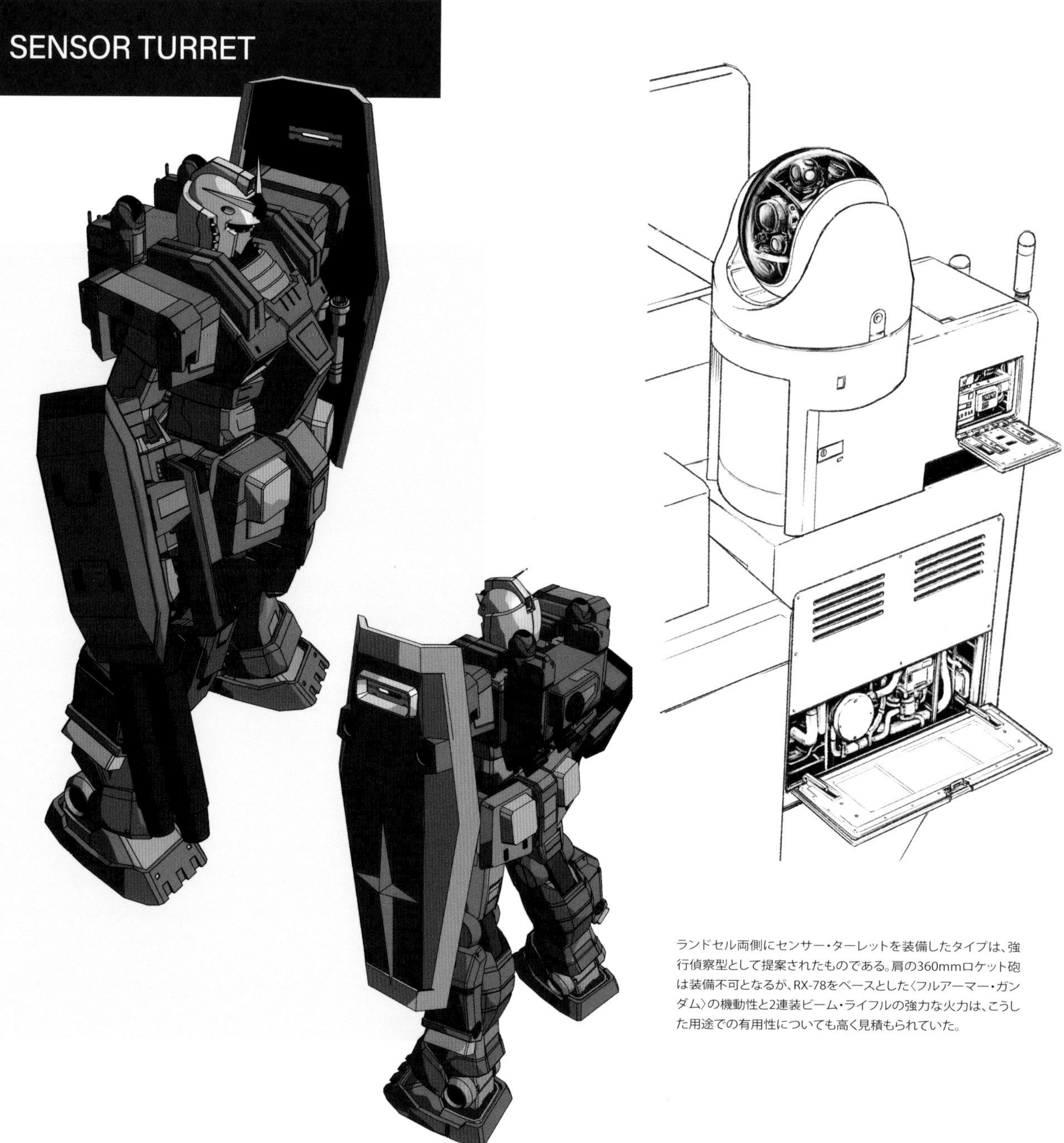

ランドセル両側にセンサー・ターレットを装備したタイプは、強行偵察型として提案されたものである。肩の360mmロケット砲は装備不可となるが、RX-78をベースとした〈フルアーマー・ガンダム〉の機動性と2連装ビーム・ライフルの強力な火力は、こうした用途での有用性についても高く見積もられていた。

■センサー・ターレット（ランドセル）

ランドセルに追加装備されたセンサー・ターレットには、頭部のセンサー群とは別に、光学系を中心としてレーザー、赤外線などの各種センサーが搭載されている。この独立したセンサーは360mm砲の照準システムであると誤解されがちだが、メインカメラとは別系統としてターゲットを自動でロックし続けるなど、FA-78-1ならではの火器管制および索敵能力を構築するシステムとなっている。

母艦となる〈ホワイトベース〉や支援機であるRX-75〈ガンタンク〉、RX-77〈ガンキャノン〉などとのデータ・リンクを前提とした教育型コンピューターを搭載するRX-78の火器管制システムは、非常に優秀な学習結果を見せ、格闘戦や近距離の高速戦闘はもとより、長距離の狙撃も可能である。あげく終戦近くの成熟期にはパイロットの直感的判断や補正があったとはいえ、視野外の目標にも射撃を行（おこな）い撃墜するまでになっている※。しかし、特に防御においてはパイロットの判断で回避運動を行う側面が強く、このためパイロットからは回避の応答速度が遅いと指摘されるに至っている。火器管制能力だけでなく、回避に繋(つな)げるための索敵能力の向上が強く求められていたのである。

RX-78のFCSも当然のように複数の目標を同時にロックし、それぞれを連続的に追尾することが可能ではあったが、頭部前後に装備されたセンサー群だけでは、視野角の問題から一部の目標が追尾不能になる場合がある。また、複数兵装の同時射撃管制も不可能だった。戦闘機動を行(おこな)いながら両手に装備したビーム・ライフルを同時射撃するのは、ジェネレーターの出力的にも困難であったため、そもそも当時は複数兵装の同時使用が考慮されていなかったのだ。そのため、FA-78-1で2連装ビーム・ライフル、ランドセルのロケット砲、肩部と膝部のウェポン・ベイのミサイルといった兵装を同時に2つ以上使用するには、FCSを改良する必要があった。とはいうものの、すでに学習が進んでいたRX-78のコンピューターを、その成果を活かした状態でアップデートする時間はない。そのため、これをサポートする装置として、より高性能な目となるセンサー及び必要な情報を精査し演算するコンピューターを別に用意したのであった。

RX-78の場合、ツインアイを照準や格闘時の間合いをはかるためのセンサーとし、額のメインと後頭部のカメラは、そのほかの汎用センサーを内蔵した統合索敵装置としていた。だが側面には死角もあり、コンピューターによる敵の"行動予測"が不可欠だった。さらに、ロックオンと射撃は同時に1つの目標に対して行えるのみである。一方、FA-78-1では上記センサーに加えて、ランドセルに追加されたセンサー・ターレット及びFCSにより、多くの目標を追尾・ロックオンが可能なばかりか、複数装備の射撃管制を行うことでそれらのすべて、ないし一部への同時攻撃能力も獲得している。捕捉した目標群の動きを継続監視し、また、その情報をメインコンピューターにフィードバックする機能もある。ただし学習機能はなく、あくまでメインコンピューターのサポートに徹している。

FA-78-1の運用想定では、敵の防衛網であるフロントラインを強行突破し、目標に接近するため、前後左右上下あらゆる方位から同時多発的な攻撃を受けることが予想された。その際、RX-78本体のコンピューターは機体制御、及び主兵装である2連装ビーム・ライフルの管制に集中させ、追加されたセンサーとFCSはそのほかの火器管制用として独立運用することで、攻撃力と生存性の向上を図った。

RX-78の教育型コンピューターは、すでにこの優秀なセンサー群をあくまでサポートとする仕様を柔軟に受け入れることができるまでに成熟しており、数日のシミュレーションだけで連携することができたという。それ以降は実働テストや訓練、そして余裕のない当時の状況を反映したように実戦テストにまで駆り出され、さらに磨きがかけられていった。

最終的にRX-78-2は、MS本体のセンサーと2連装ビーム・ライフルの照準センサー、そしてランドセルの増加装備であるセンサー・ターレットを総合的に活用し、非常に高度な長距離射撃が可能となった。具体的な数値はマスクされているが、有効射程距離の80%に位置する固定目標に対し、実に58.7%もの命中率向上が実現したというから、大きな進歩である。これは、目標艦艇のウィークポイントに対する狙撃が現実的となるだけでなく、MS戦においても大きなアドバンテージとなりうるものだった。

※RX-78-2の教育型コンピューター
星一号作戦に参加したRX-78-2〈ガンダム〉のFF-X7〈コア・ファイター〉から回収された戦闘記録によれば、メインカメラやツインアイなど主要なセンサーを頭部ごと失い、機体各所のサブセンサーのみが稼動している状態で、敵MSをオートパイロットにより撃墜したという。しかも、敵機の搭乗者はニュータイプだというから、並のベテランパイロット以上の金星といえるだろう。ただし、ニュータイプに詳しい研究者によれば、コンピューター任せのオートパイロットによる機体からの射撃は、相手の"殺気"を感じることができない分、むしろニュータイプには避けにくいのだとする意見もある。

RANSEL ARMOR

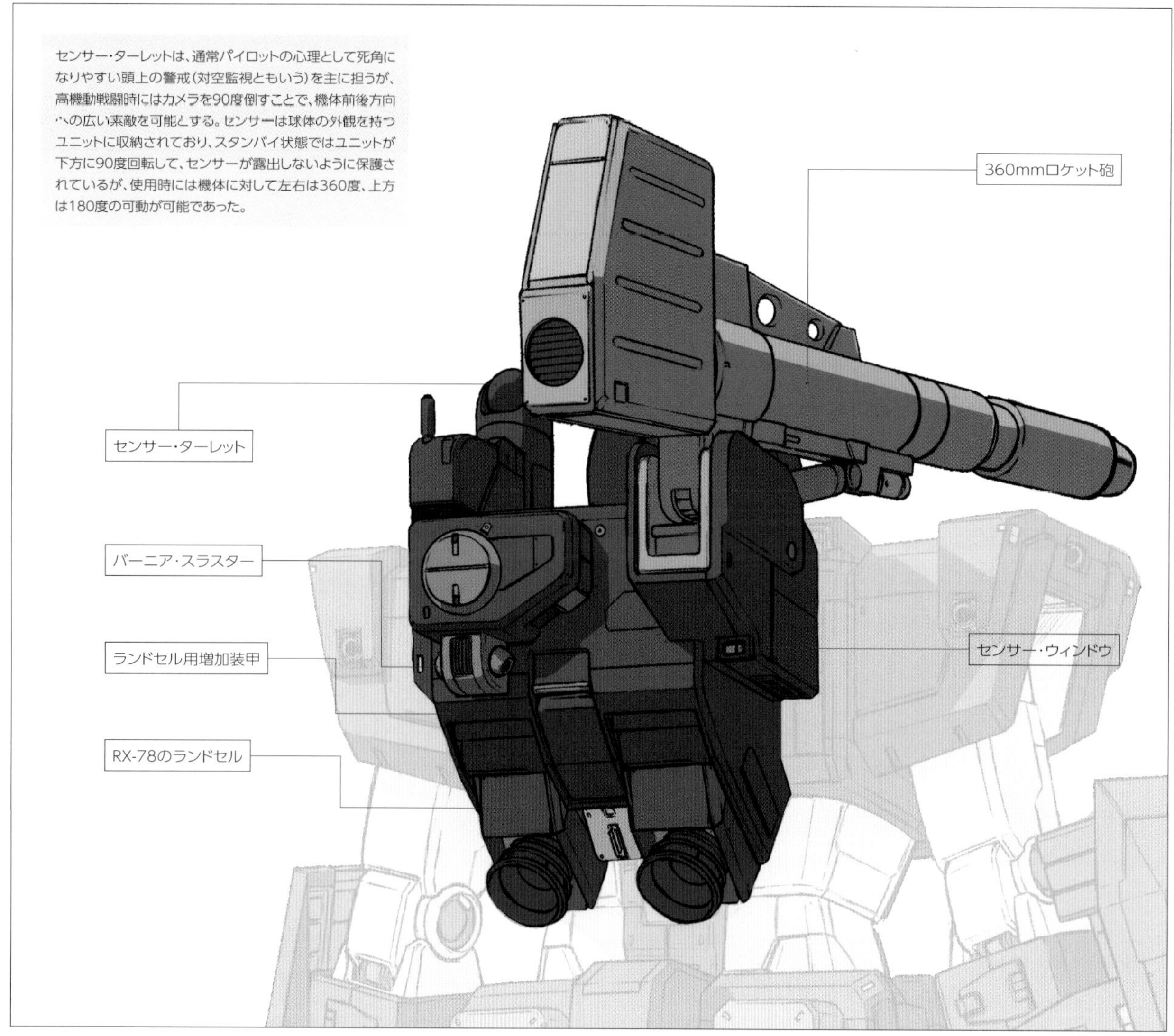

センサー・ターレットは、通常パイロットの心理として死角になりやすい頭上の警戒（対空監視ともいう）を主に担うが、高機動戦闘時にはカメラを90度倒すことで、機体前後方向への広い索敵を可能とする。センサーは球体の外観を持つユニットに収納されており、スタンバイ状態ではユニットが下方に90度回転して、センサーが露出しないように保護されているが、使用時には機体に対して左右は360度、上方は180度の可動が可能であった。

■ランドセル用増加装甲

背面の防御も重点的保護対象となっていることから、ランドセル用の増加装甲も用意されることになった。また、ロケット砲（将来的にはビーム・キャノン）と索敵・照準デバイスを装備するためのプラットフォームとしても機能する。当初はビーム・キャノンを装備する都合上、ベース機からの高出力エネルギー供給を見越したソケットが用意されていた。しかし、ビーム・キャノンの搭載がいったんペンディングとなった結果、後の実際に装備する際には改めてランドセルと増加装備の設計を一から見直すことになったのである。

その際、照準デバイスが全方位警戒センサーとしての機能をも持たされることになったことで、ランドセル側ではデータリンクのためのコネクターがアップデートされた可動式の360mmロケット砲と、それを管制する照準デバイスを搭載する構造は、RX-77-3〈ガンキャノン重装型〉やRX-77-4〈ガンキャノンII〉のそれと類似点が指摘されている。FSWS計画に限ったことではないが、同時並行的に様々な計画が進められていたこともあり、そこから得られたノウハウは相互に提供され、凝縮されていったのである。

SHOULDER ARMOR

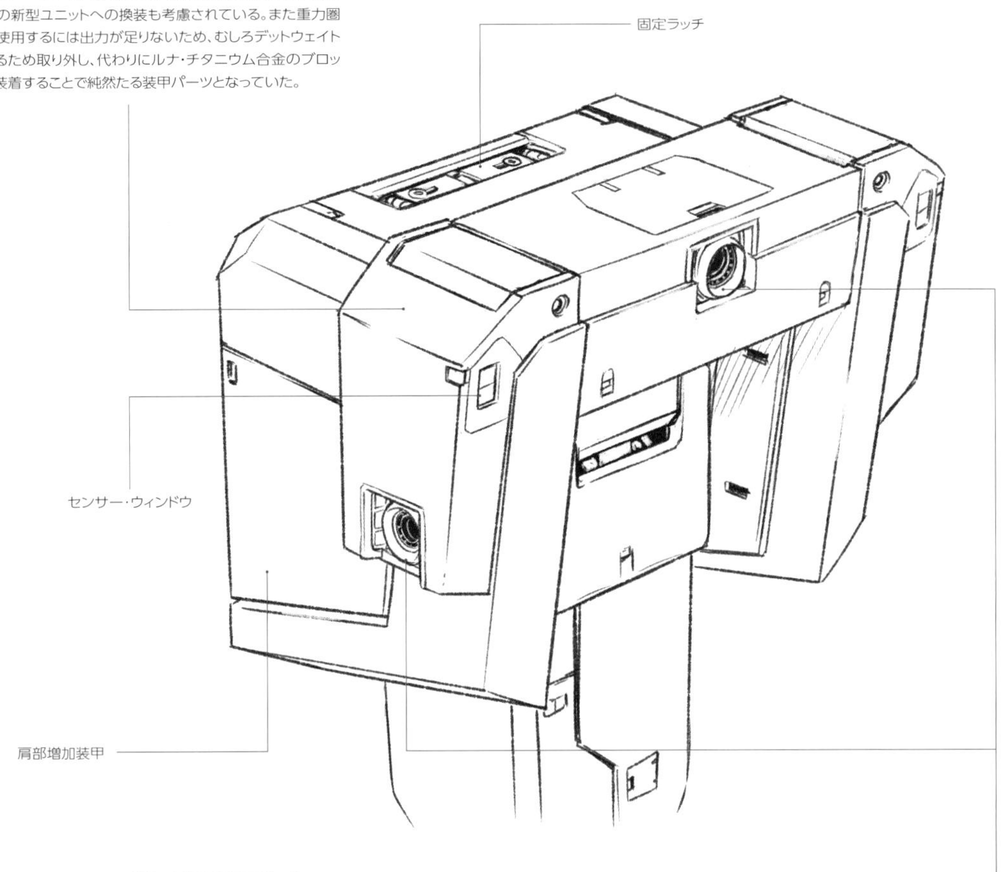

【スラスター・ユニット】
スラスター・ユニットは取り外し可能な仕様で、将来的に開発予定の新型ユニットへの換装も考慮されている。また重力圏内で使用するには出力が足りないため、むしろデットウェイトとなるため取り外し、代わりにルナ・チタニウム合金のブロックを装着することで純然たる装甲パーツとなっていた。
固定ラッチ
センサー・ウィンドウ
肩部増加装甲
【バーニア・スラスター】
初期のMSには見られなかった肩側面のスラスター配置は、機動性の大幅な向上に寄与することが判った。すでに完成していたRX-78-2などにも、後付で搭載されることになる。生産ラインを構築している最中だった連邦軍は、こうした対応も早かった。一方ジオン公国では、こうした対応を新型機のライン構築の際に行うしかなく、MS-06などではランドセルなどの増加装備で対応した。統合配備計画実施の折に生産されるようになったFz型でようやく基本仕様として織り込まれるようになっている。
FSWS計画では有効性が確認される以前より、肩側面スラスターによる機動力向上を意図した研究開発や試験が繰り返され、RX-78-2に対しても側面スラスターの搭載をフィードバックすることとした。ただし、遅れて開発が進められたRX-78-NT-1などと比べて、ややスラスター・ユニットは小型である。これは限定されたスペースに後付けされたため、スラスター用のプロペラントスペースが確保できず、大型のものを装備する余裕がなかったことによる。

■肩部アーマー

肩関節をカバーするためのアーマーも、FSWS計画で強化対象に指定されている。胸部同様に被弾率の高い箇所であること、そして武器を取りまわす腕部の要であることから、損傷を避けたい箇所であるためだ(極端に言えば、脚部などは多少破損してもミッションの継続が可能である)。またMSが実際に運用されるようになった一年戦争の終盤には、ランドセルのメイン・スラスターに対し、遠位部である肩先端に姿勢制御用スラスターを配置することが機動に有利であることが判り、後発のFSWS計画でスラスターの搭載が推し進められた。その結果、両肩の増加アーマーそれぞれに、前後・外側・側面1基ずつ(合計3基)のスラスターがレイアウトされた。両肩計6基のスラスターをAMBACと併用することで、機動性向上を実現している。

肩部にスラスターを増設したことにより、ロールレートは最大60％の向上を実現。攻撃からの回避運動をはじめ、細やかな機体制御が可能となった。なお60％とは、本来増加装備の影響で低下したものを補った上での数値であるため、ベース機体のRX-78-2との比較では20％程度の向上に留まる。もっとも、比較対象となっているのは、アムロ・レイ少尉(当時)の搭乗するRX-78-2がジャブローにおいて改装を受けた時点(U.C.0079年12月頃)のデータであり、RX-78-2自体もかなり最適化が進んでいたと考えられることから、20％の向上といえどかなりの改善であったことは間違いない。

ARM ARMOR

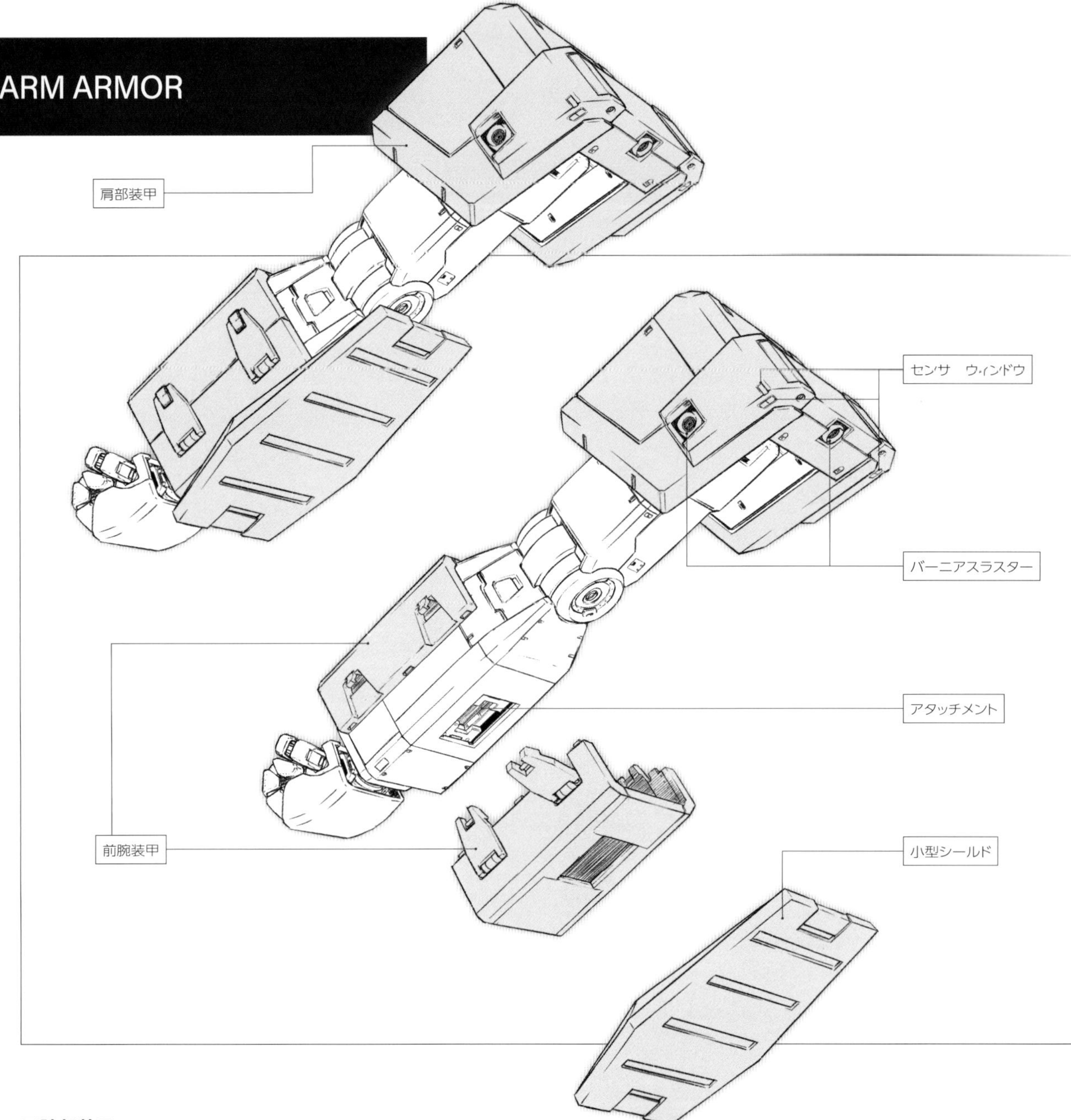

■腕部装甲

重要な射撃武器プラットフォームである腕部の機構を防護するため、前腕部には増加装甲が装備された。上腕ではなく前腕を優先しているのは、ボクシングのガード姿勢のように能動的かつ柔軟な防御姿勢を取ることを理想としていたためだ。

また、前腕部にはRX-78系共通対MS標準シールドを装備するためのアタッチメントがあるが、これはそのほかの固定武装のための構造強化部分（ウェポン・ラッチ）でもある。

左腕装甲には、さらに小型のシールドが標準装備されたが、これは対MSシールドを裏打ちして補強する2重の装甲として機能するように配置されている。この小型シールドには、対MSシールドと同様にウェポン・ラックとしての機能も持たされており、リチャージこそできないが、2本のビーム・サーベルを懸架するサーベル・ラックを装着することができた。また、対MSシールドを装備しない場合にもウェポン・ラックとして予備のビーム・ライフルやビーム・スプレーガンを懸架できた。しかし、標準装備（2連装ビーム・ライフルと360㎜ロケット砲）が対MSシールドの内側にも懸架できたことから、これらの非標準兵装は、対MSシールドが用意できないといった事態でもなければ使われることはなかった。

地上でテストを行うFA-78-1の極めて貴重な資料写真。

TWIN BEAM RIFLE

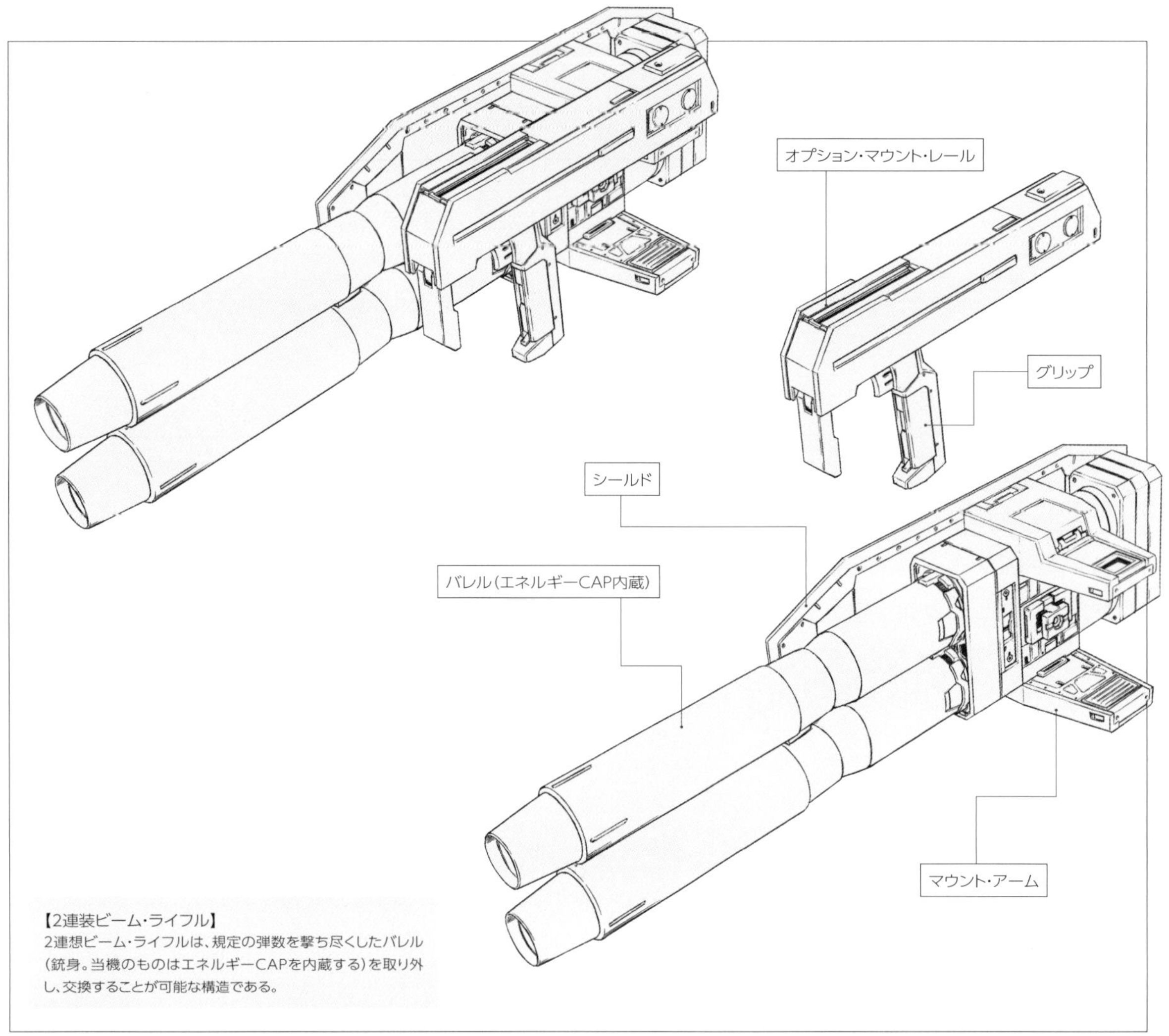

【2連装ビーム・ライフル】
2連想ビーム・ライフルは、規定の弾数を撃ち尽くしたバレル（銃身。当機のものはエネルギーCAPを内蔵する）を取り外し、交換することが可能な構造である。

■2連装ビーム・ライフル

エネルギーCAPを内蔵した砲身2門を備え、FA-78-1の根幹をなす武装である。その威力は一斉射で重巡洋艦〈チベ〉級の装甲を貫いて内部のジェネレーターを破壊することを想定している。2門の砲身による射撃は、当初同時発射を前提としていたが、セレクターにより交互に1門ずつ射撃を行（おこな）うことも可能だった。

砲身はRX-78用ビーム・ライフルの開発に成功したブラッシュ社が引き続き開発を担っており、急造ながらロングレンジ・ビーム・ライフルの砲身を転用して出力の向上を果たしつつ、エネルギーCAPの大容量化にも成功し、1門につき20発の連続射撃が可能であった。

また、重要な装備であることから、ライフルには標準で小型のシールドが装備されている。RX-78系の標準装備であるシールドと同じく、ルナ・チタニウム合金とセラミックの積層構造を採用しており、ビームの照射にもそれなりの防御力を発揮する。

オプションでボウワ社製の照準器も用意されたが、ランドセルのセンサー・ターレットに搭載されたFCSの性能が充分に高く、超長距離射撃でもなければ必要なかったため、実戦テスト中に一度失われて以降、補充されなかった。

予備のバレルは左腕の小型シールドに懸架できる。また、グリップの保持によって射撃の安定を図っているが、基本的には腕部装甲に装着されるためマニピュレーターによる操作を必要とせず射撃可能で、RX-78の標準ビーム・ライフルを予備武装として携行することも可能だった。
専用のホルダーキットをシールドフレームに取りつけ、予備バレルは銃口を上にして上部のホールへ通す。バレルは下部の2ヶ所の可動式ホルダーで固定される。

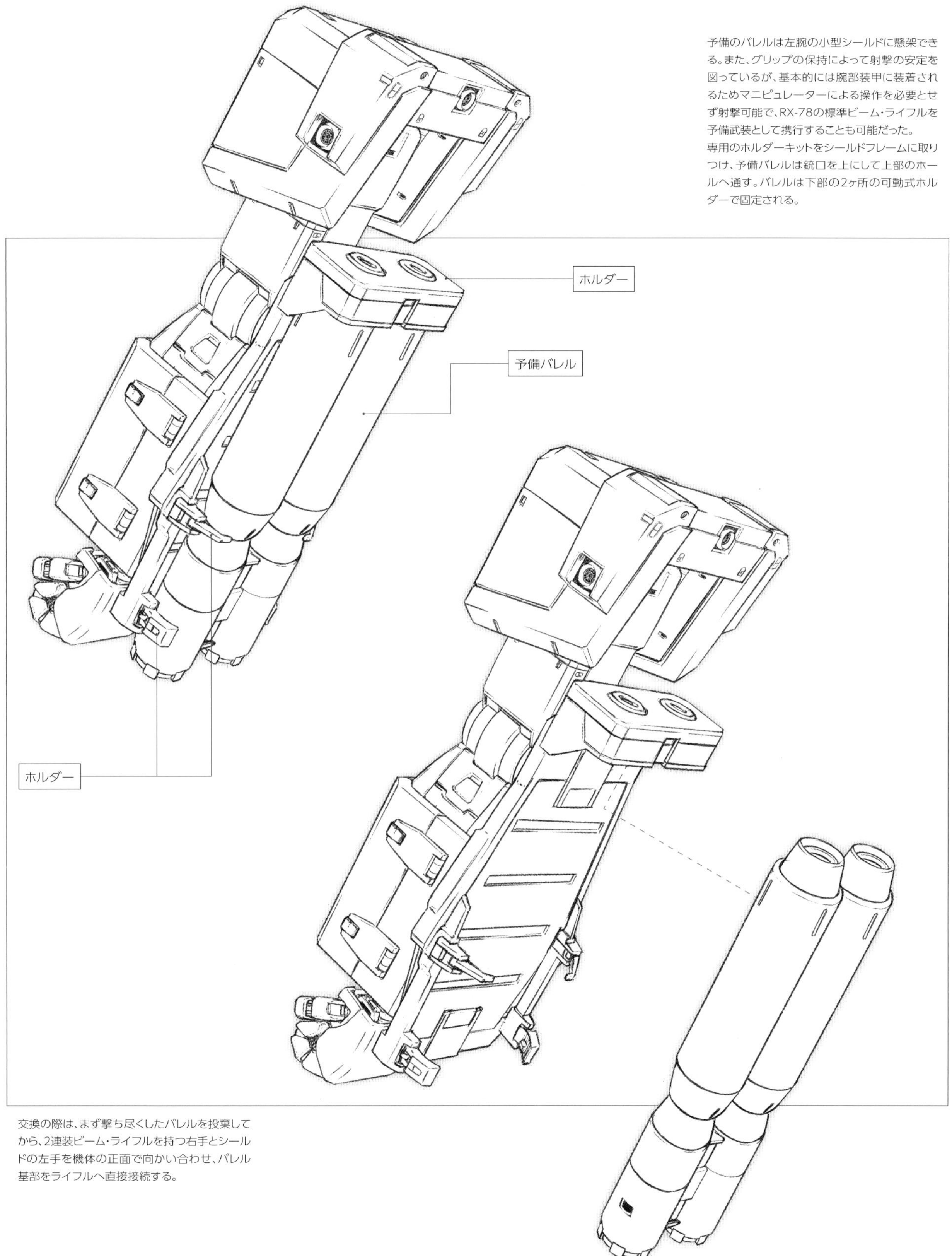

交換の際は、まず撃ち尽くしたバレルを投棄してから、2連装ビーム・ライフルを持つ右手とシールドの左手を機体の正面で向かい合わせ、バレル基部をライフルへ直接接続する。

LOWER BODY ARMOR

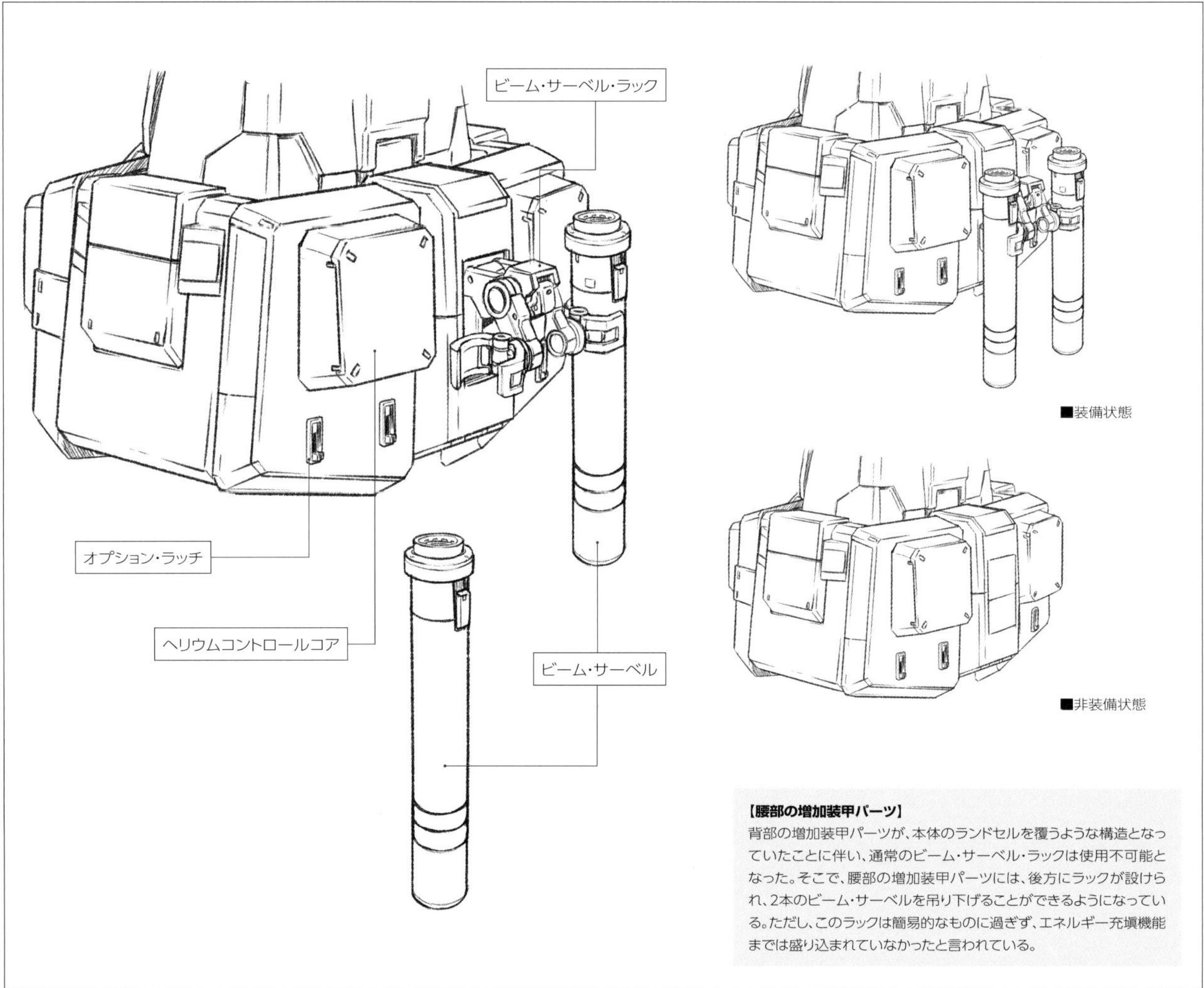

【腰部の増加装甲パーツ】
背部の増加装甲パーツが、本体のランドセルを覆うような構造となっていたことに伴い、通常のビーム・サーベル・ラックは使用不可能となった。そこで、腰部の増加装甲パーツには、後方にラックが設けられ、2本のビーム・サーベルを吊り下げることができるようになっている。ただし、このラックは簡易的なものに過ぎず、エネルギー充填機能までは盛り込まれていなかったと言われている。

■下半身（腰部）

Bパーツ（下半身。ベイサルパーツの頭文字とも言われる）へのフルアーマー装備は、股関節保護のための懸垂式装甲、ウェポン・ベイとメイン・スラスターのマウントを兼ねた下脚装甲、そして足部へのスリッパ状強化装甲である。

腰部の懸垂（けんすい）式装甲には、単なる装甲強化にとどまらず、予備プロペラントや冷却媒体のキャニスターが内蔵されている。これは増加装備を取り付けるベース機体がRX-78-3に変更され、機体自体にも改修が加えられることになったことが影響している。将来的に360㎜ロケット砲をビーム・キャノンに換装することを考慮し、ヘリウムコントロールコア・ユニットの大型化を図ったのである。

また、当初はベース機体の腰部ウェポン・マウントを塞（ふさ）ぐ形になってしまっていたが、増加装甲側に同様のマウントを装備したタイプも確認されている。ここをサーベルラックとすることで、360mm砲や照準デバイスを優先した関係で撤去されたビーム・サーベルを懸架していたが、電源コネクターがないため、リチャージのできない使い捨てともいえる仕様だった。ほかにも、バズーカやライフルなどの携行火器をマウントできたはずだが、装備した画像は確認されていない。なお、この腰部ラックを使用すると、背部のバーニアスラスターの使用可能角度が制限されることもあり、ウェポン・ラックの下部にはサブスラスターも設けられ、加速度向上に寄与している。

HELIUM CONTROL CORE

フロントとリアのスカート・アーマーに、左右それぞれ1つずつ、ヘリウムコントロールコアが取りつけられているのがRX-78の特徴であり、その外観はFSWS外装でも踏襲されている。

■ヘリウムコントロールコア

FSWS装備のために、ベース機体のヘリウムコントロールコアは強化されている。このヘリウムコントロールコアは実験開発機であるRX-78シリーズ特有のもので、ジェネレーターに想定以上の動作を要求する際に、Iフィールドで構成されているジェネレーターの炉壁を安定動作させる、いわば苦肉の策ともいうべきユニットである。ジオン公国のMS群でも唯一、YMS-08Aが開発段階でこのユニットを使用しているが、ご存じの通りこの高機動型MSは試作機が作られたのみで制式採用に至っていない。まっとうなジェネレーター技師に言わせれば、「そんなものに頼って機器を動作させるのはいかがなものか」というわけだ。しかし、実際にこうしたユニットの存在があってこそ、稀代のMS、RX-78は成功をおさめ、その余力を持ってFSWS計画という強化案も考えられるようになったのだから、わからないものである。

RX-78とRGM-79〈ジム〉は同じ規格のジェネレーターを採用しており、その出力は変わらないが、腰部に増設されたこれらヘリウムコントロールコアによって、発揮できる出力特性はまったく異なる。RX-78は一時的な高出力やスペック上の最大出力を安定的に維持することが可能である。しかし、そうした余剰(よじょう)出力を使いこなすのはパイロット次第であり、無理な使い方をしたツケはメンテナンスに跳ね返ってくる。機体の特性を理解した専用スタッフのバックアップがなければ、継続的な運用は難しい。FA-78-1も、そうした経験豊富なスタッフがつきっきりで作戦ごとに機体を徹底的にメンテナンスすることが運用の前提となっている。ほかのFSWS計画機では、さらにマージンを確保する必要があると考えられた。追加装甲の重量増加にともなう出力増強はもちろん、2連装のビーム・ライフルの安定的運用、さらに将来的にはビーム・キャノンや2基目の2連装ビーム・ライフルの増設も計画されていたからである。

これら計画機のヘリウムコントロールコアは、最終的にRX-78-2に搭載されたユニットを40%ほど効率強化したものに換装することになっていた。当初は増加装甲を必要に応じて投棄することが考えられていたため、ヘリウムコントロールコアの部分をくりぬいた増加装甲が考えられていたが、その後コアのユニットも増加装甲の内側に収めることになり、コントロールコアを一体化させた増加装甲を開発することになった。

なお、コントロールコアユニットが被弾などによって機能喪失しても、先に述べたジェネレーターの高度な運用ができなくなるだけで、機体そのものに直接的なダメージはない。また、コントロールコアは頻繁(ひんぱん)に冷却材を廃棄しなければならないため、外装近くに配置する必要があることから、比較的被弾率が低く、四肢の可動の妨げにならない腰部にレイアウトされた。ここには、併せて大気圏突入用の冷却材タンクも配置され、緊急時にはこのガスもヘリウムコントロールコアのために使用できる。

なお、一年戦争以降、Iフィールド関連の技術がさらに進み、こうしたユニットに頼らずとも柔軟にジェネレーターを動作させることが可能になった。このため、現在では失われた技術になりつつある。RX-78系の流れを汲むRGMシリーズでも、特殊部隊仕様のRGM-79NやRGM-79Qなどにわずかに採用されたのみである。

LEG THRUSTER

■脚部スラスター

脚部の増加装甲パーツの側面には、「格闘戦用バーニア」とも呼ばれる補助推進ユニットが装着されている。一説によれば、一脚当たりの推力はコア・ブースターのメイン・スラスターに匹敵するほどであったとされ、緊急時の戦線離脱はもちろん、MA並みの高機動戦闘も可能であったとさえ伝えられている。ただし、近年公開された仕様書上のスペックでは、FA-78-1のスラスター総推力は60,500kgとされ、RX-78-2の総推力55,500kgに対する上積み分は5,000kgに留まっていることから、前述のような機動性を確保できていたのかについては、少しばかり議論の余地がありそうだ。コア・ブースターのメイン・スラスターは、1発当たり10,000kg近い推力を誇っており、数字上の齟齬が見られるためである。推進器周りの開発に遅れが生じていたとの証言も残されていることから、仕様書の値は基礎設計段階のものであるとも考えられる。後に出力向上が図られている可能性も否定できないではないが、いずれにせよ推測の域を出るものではないだろう。

スラスター・ユニットは、下脚部を保護する増加装甲の上から、別ユニットとして装備する構造が採用されている。これはFA-78を本格的に生産配備する際、より高出力化された新型スラスターへの換装が容易に行えるように、という意図があったとされる。

なお、こうしたデータとの齟齬の背景には、まだ出てきていない資料があるからだという意見もある。たとえば総推力60,500kgというデータと、コア・ブースターに匹敵するという報告の間には1週間ほどのずれがある。このくらいなら同じ機材について書かれていると考えがちだが、当時の兵器開発の現場は朝に不可能だと考えられていたことが午後には実現していた、といったことは日常茶飯事だったという。また、実戦テストなどというものが当たり前に行われていたことから、技術者が戦闘に巻き込まれて死亡し、正確なデータが反映されないまま開発が続けられていったケースもある。大量生産されたRGM-79でも、数をそろえることが優先された結果、工場や生産時期の違いで仕様に細かな差違があった。開発に際し、当然極限の状況下でもテストを行ったであろうから、リミッターをはずした緊急最大出力と定格出力の差だとも考えられよう。FA-78-1の脚部スラスターについては、後述する陸戦仕様の要求もあり、兼ねてより強化されることが前提だったため、公開されたスペックデータが古いもので、開発中にアップデートされた情報が上記の事情で反映されていない可能性もあるのだ。いずれにしても、実機による検証が不可能であるため、真相は永久にわからないままかもしれない。

脚部のスラスターは、背面の主推進器などで使用されるベル型ノズルではなく、リニア・エアロスパイク方式の角型ノズルが採用された。内側には噴射ガスを偏向・整流するための可変ベーンを備え、二次元ノズルとしての機能を有する。これは当時の連邦軍航宙機としては珍しい装備であるが、剝き出し、あるいは大きなノズルカバーを装着して運用する必要があるベル型ノズルではなく、被弾率を下げるためにシルエットをコンパクトにしつつ、内蔵式とすることで構造的に隙間なく装甲を強化できるリニア式ノズルを選択したものであろう。角型のスラスターは、ユニット基部に可動ヒンジがあり、15度の範囲で角度変更が行え、さらにノズル内の可変ベーンによる推力ベクトルの偏向も可能である。本体足部裏のスラスターや脚部の動きと合わせて機動性を向上させており、急激な軌道変更をも可能としている。

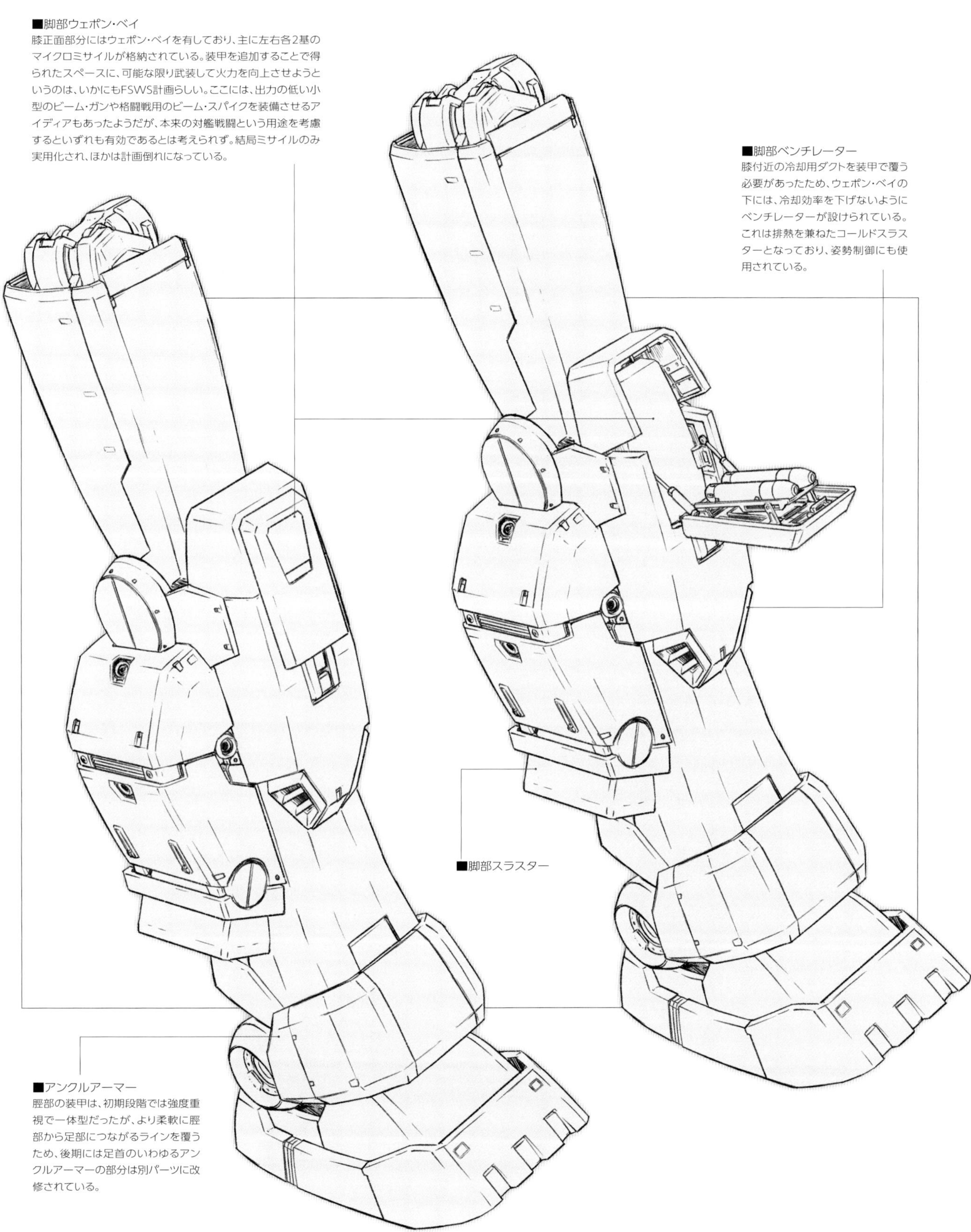
■脚部ウェポン・ベイ
膝正面部分にはウェポン・ベイを有しており、主に左右各2基のマイクロミサイルが格納されている。装甲を追加することで得られたスペースに、可能な限り武装して火力を向上させようというのは、いかにもFSWS計画らしい。ここには、出力の低い小型のビーム・ガンや格闘戦用のビーム・スパイクを装備させるアイディアもあったようだが、本来の対艦戦闘という用途を考慮するといずれも有効であるとは考えられず。結局ミサイルのみ実用化され、ほかは計画倒れになっている。
■脚部ベンチレーター
膝付近の冷却用ダクトを装甲で覆う必要があったため、ウェポン・ベイの下には、冷却効率を下げないようにベンチレーターが設けられている。これは排熱を兼ねたコールドスラスターとなっており、姿勢制御にも使用されている。
■脚部スラスター
■アンクルアーマー
脛部の装甲は、初期段階では強度重視で一体型だったが、より柔軟に脛部から足部につながるラインを覆うため、後期には足首のいわゆるアンクルアーマーの部分は別パーツに改修されている。

GROUND THRUSTER

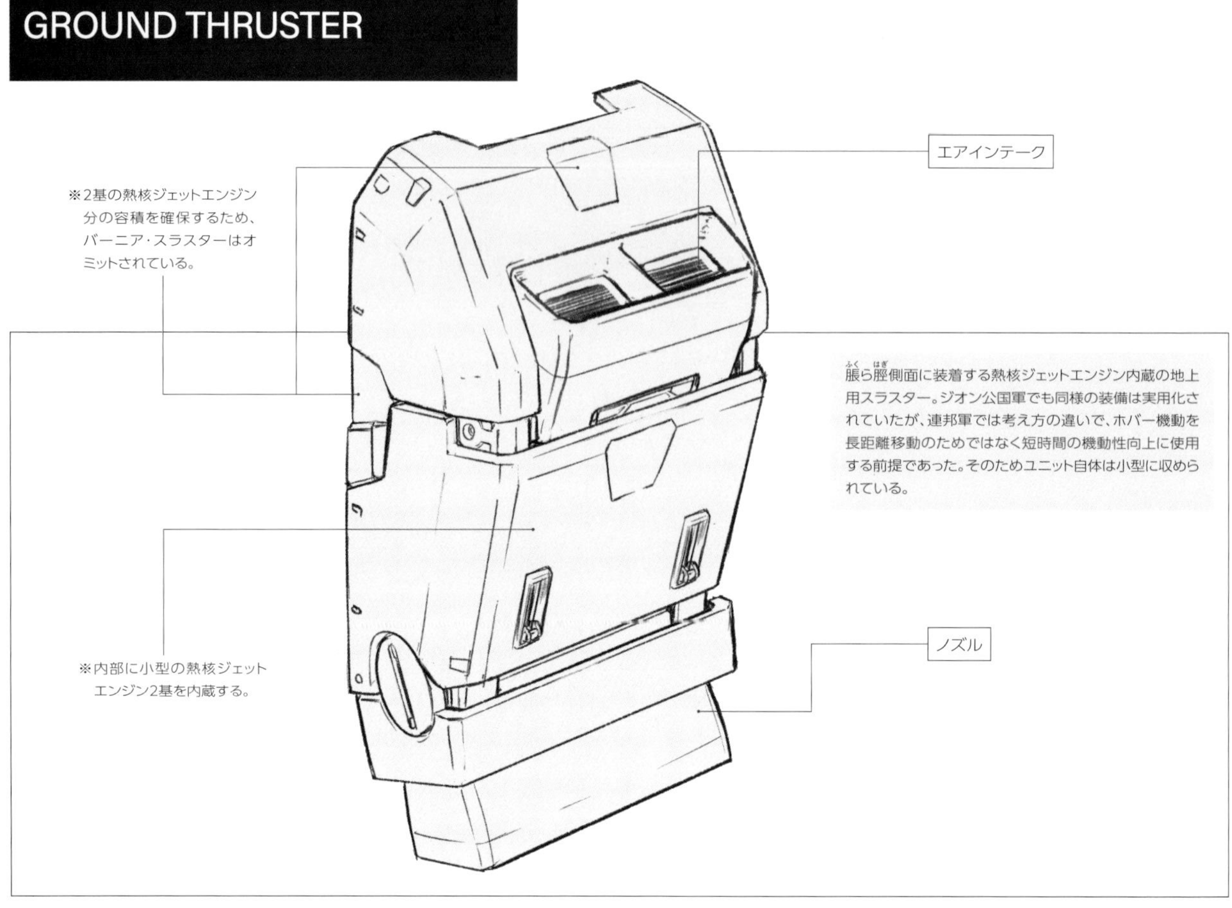

エアインテーク
※2基の熱核ジェットエンジン分の容積を確保するため、バーニア・スラスターはオミットされている。
脹ら脛側面に装着する熱核ジェットエンジン内蔵の地上用スラスター。ジオン公国軍でも同様の装備は実用化されていたが、連邦軍では考え方の違いで、ホバー機動を長距離移動のためではなく短時間の機動性向上に使用する前提であった。そのためユニット自体は小型に収められている。
ノズル
※内部に小型の熱核ジェットエンジン2基を内蔵する。

■地上用スラスター

後発の追加プランとして始動した、大気圏内運用を目的とするFSWS計画機体においては、地上用スラスター用として熱核ジェットエンジンの搭載を選択し、短時間のホバリング性能を付与することに成功している。重力下運用MSのホバリング機能については、ジオン公国軍が連邦軍に先行して、MS-07H-8〈グフ・フライトタイプ〉、MS-09〈ドム〉で実用化しており、条件付きではあったが熱核ジェットエンジンの大推力を利用することで不整地などで二足歩行よりも安定した移動を可能にした。この革新的な機能は、地上でMS戦を行う両軍のパイロットから高い評価を得ていた。

地上運用のFSWS機体に採用された脚部スラスターは宇宙用とは異なり、エンジンの上面にレイアウトされたインテークから導かれた空気を、コンプレッサー区画で圧縮して膨張室へ送り込み、そこで爆発的に膨張させたガスを下方に噴射するという方式である。脚部ノズルから噴射される高温の噴流は、宇宙用と同様な可変ベーンにより噴射方向を偏向、移動方向に対し最適な推力ベクトルを得るようになっている。極力小型とした熱核ジェットエンジンの出力は、高高度飛行を可能とするほどではないものの、FSWS機体を継続的に地上から持ち上げることが可能な程度には高出力であった。

連続噴射時間は、機材過熱の問題があり180秒程度とされていたが、ランドセル搭載のメインスラスターを前方への推進力に回すことでMS-09を上回る加速性が得られ、ホバリング時の移動速度は平坦地であれば時速120km超に達したとされる。MS-09〈ドム〉は飛行やホバー移動を模索していたジオン公国ならではの仕様で、大柄な機体に高出力のエンジンを搭載し、スカート内にエアをはらませることで浮上していたが、連邦軍側にはそもそもMSを長距離ホバー走行させるという発想がなく、一時的にMSの機動性を向上させる装備という認識だった。そのため、連続ホバリング時間およびホバリング中の安定性についてはMS-09に一日の長があったという。

SOLE ARMOR

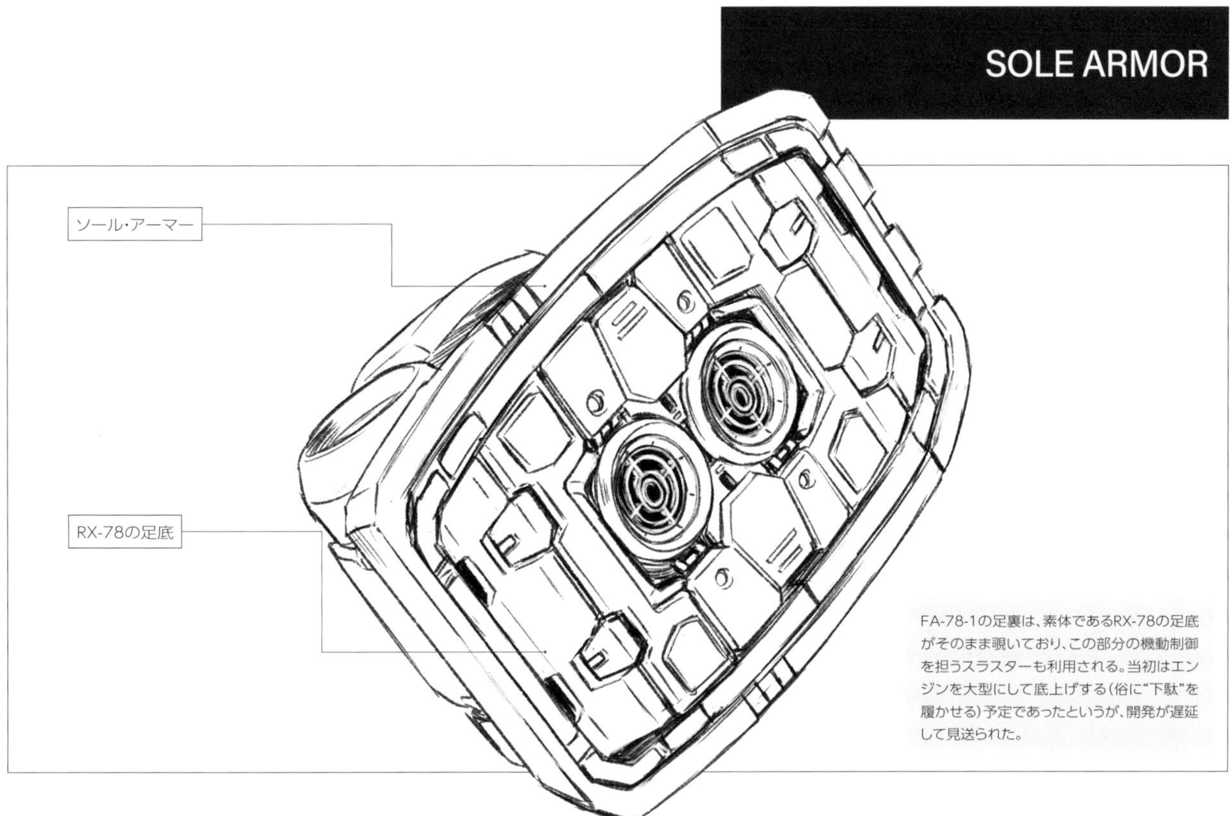

FA-78-1の足裏は、素体であるRX-78の足底がそのまま覗いており、この部分の機動制御を担うスラスターも利用される。当初はエンジンを大型にして底上げする（俗に"下駄"を履かせる）予定であったというが、開発が遅延して見送られた。

■足部アーマー

足のソール、俗に"スリッパ"と呼ばれる部分にも外装式の装甲が用意されている。しかし、これは本来はRX-78自体の脚部スラスターの大型化に合わせ、フェアリングを装着するためのアタッチメントだったという。FA-78-1の開発に際し、下腿部に追加スラスターの装備が決定していたほかに、RX-78の足裏のスラスターを出力向上型に換装するプランがあったのだが、FA-78-1は脚部スラスターを大型化することで初めて、当初予定していた推力を得られることになっていたという説もある。

実際に、大型化されたエンジンを取り付けると、脚部からスラスターの先端が突出する。これを補うためのフェアリングであり、イメージとしてはRX-78GP01-Fb〈ガンダム試作1号機〉"フルバーニアン"のソールがそれに当たろう。ただし、GP01-Fbのようなプロペラントを内蔵するものではなく、あくまでもスラスターが地面に接しないようにするための"ゲタ"であり装甲である。よく知られているFA-78-1のソール・アーマー先端がくし形になっているのは、このフェアリングを取り付けるためのジョイント部分だったからである。打突用に先端を加工したという説もあったが、それは実戦時のイレギュラーな運用が生んだ結果論でしかなく、開発者としてはスラスター・エンジンの収まっている脚部をそんな乱暴なことに使うことは、そもそも想定していなかったであろう。

しかし、当初は既存のものをベースとすることで容易に開発が終わるはずだったエンジンは、結局終戦時点でもモックアップを作るのがやっとで、FA-78-1への搭載は見送られている。この背景には、ビーム・キャノンの搭載をはじめ、ヘリウムコントロールコアの大型化などFA-78-1の仕様がなかなか決まらず、そのあおりでエンジン部分の最終仕様が決まらなかった事情があるという。そうでなくとも、エンジンの開発というのはデリケートな部分が多いため、開発スタッフも慎重に事を進めていた結果、思いのほか終戦が早く、実戦投入には間に合わなかったということのようだ。

また、四肢の末端の重量が増すと機体を振り回した際の慣性が大きくなるため、マスバランスやAMBAC制御プログラム、スラスターによる慣性制御プログラムなどを再調整する必要がある。スラスター実機の完成を待たずに、当時さかんにシミュレーションによってこの調整が急がれていたようだが、ついに日の目を見ることはなかったのだった。

【FF-X7〈コア・ファイター〉】
いわゆる「V作戦」と呼ばれるRX計画によって生まれた航宙／航空戦闘機。変形機構を有し、MSの中核をなす「コア・ブロック」となりMS内に組み込まれる。MSを駆動させるためのジェネレーター、中枢コンピューター、そしてパイロットが搭乗するコクピットを具える。そればかりでなく単独の戦闘機としても戦果を挙げ、かつ派生機や〈コア・ブースター〉といった戦闘機としての拡張プランまでもが存在する。

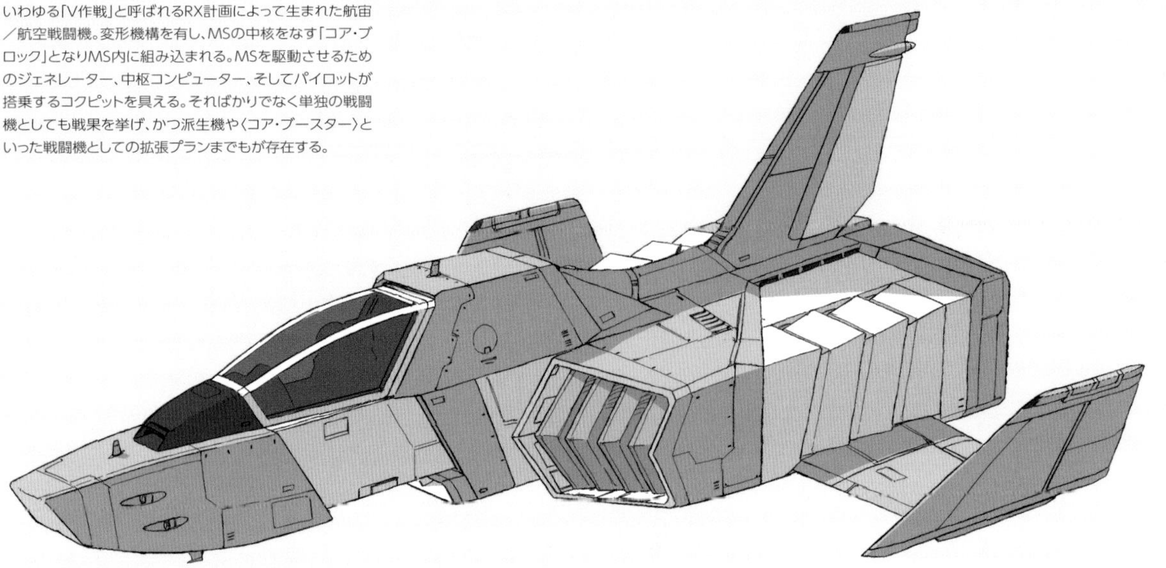

■〈コア・ファイター〉の強化プラン

FSWS計画において火力強化は最優先事項であり、複数のビーム兵器を使用可能とするためのジェネレーター出力の強化が様々な形で模索された。その中で、RX-78のコア・システムである〈コア・ファイター〉に搭載された2基のNC-3型核融合ジェネレーターを強化できないかが検討されることになった。

この話に飛び上がって驚いたのが、ハービック社のコア・ファイター開発チームだった。変形という最大の問題を乗り越え、狭い機体内にジェネレーター2基、武装から教育型コンピューター、パイロット保護のための機能などを詰め込み、1ミリたりとも動かせない完璧なレイアウトを実現したと自負していたところにこの要求である。とりあえず検証を開始したものの、武装の省略や航空戦力としての機能低下が許容されるのであれば、いっそRGM-79SC用に開発が進められていたコクピット・モジュールとジェネレーター・ブロックを徹底的にチューンナップする方が早いとの結論に至った。

とはいえ、そもそもRX-78の強化プランであるFSWS計画の骨子から言えば、戦闘機としてはともかく、脱出装置としての〈コア・ファイター〉を要素から外すことは本筋ではない。結果、〈コア・ファイター〉に関しては実戦を経て得られた細かな改良案を反映させるにとどめることとなった。開発期間が短いことも理由にはある。

具体的には、AIM-79空対空ミサイルの内蔵ランチャーをあっさりと撤去可能な仕様に変更し、プロペラントタンクや小型のヘリウムコントロールコアの導入により、定格出力をわずかではあるが向上させた。武装を撤去するなどで得た体積の余裕は、そのまま一部の構造強化にも充(あ)てられている。また、主機の運転に関する制御プログラムや、アビオニクスなどもアップデートされている。

そのほか幾つかのオプションを適用した試作機が、ジャブローにおいて急遽(きゅうきょ)6機製作され、各種のテストに供されている。1号機は機体構造強度テストのためジャブロー内の試験施設内に送られ、負荷耐久テストが行(おこな)われた。2、3号機はオーストラリアの空軍基地に送られてフライトテストを行い、4、5号機はルナIIへと搬送され重力

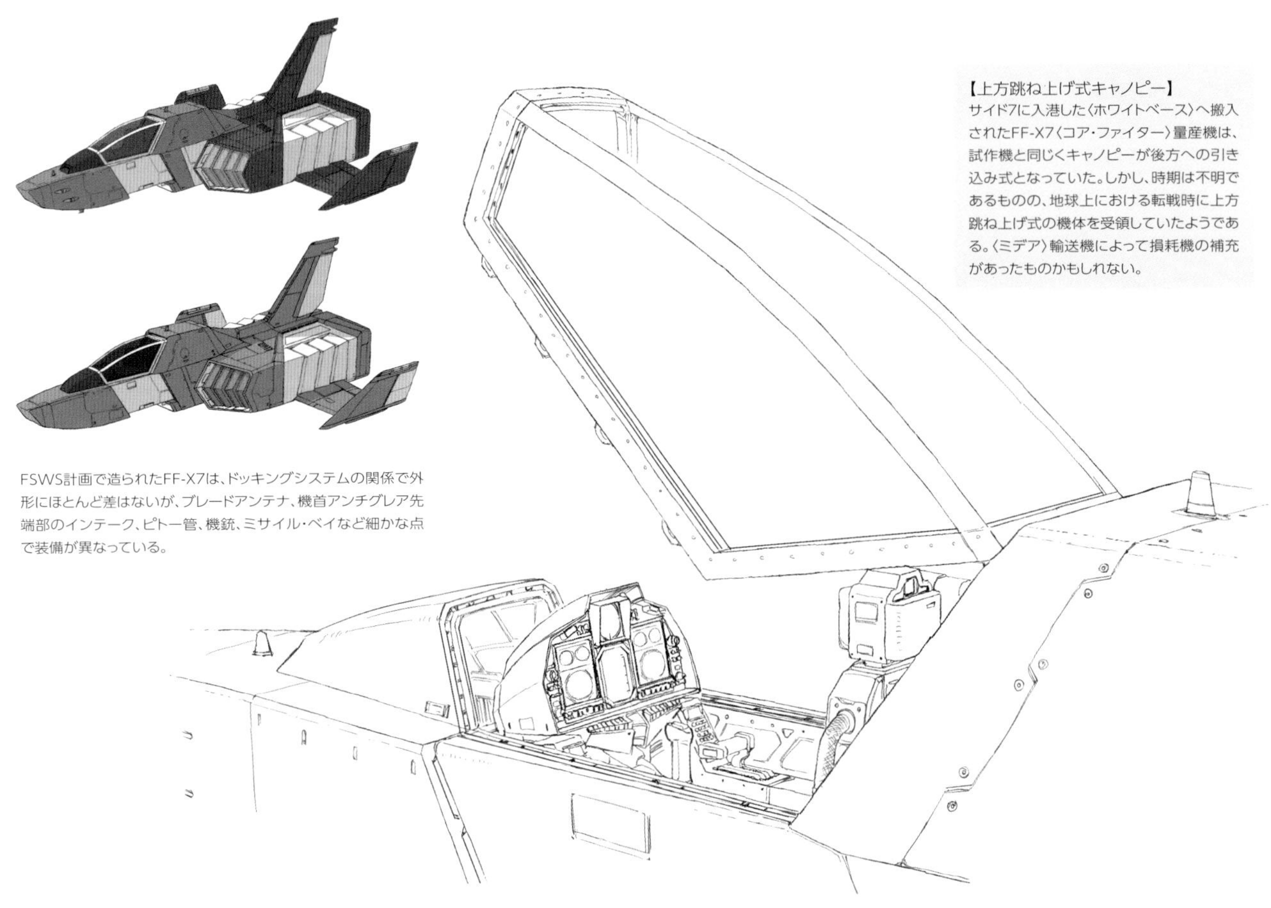

FSWS計画で造られたFF-X7は、ドッキングシステムの関係で外形にほとんど差はないが、ブレードアンテナ、機首アンチグレア先端部のインテーク、ピトー管、機銃、ミサイル・ベイなど細かな点で装備が異なっている。

【上方跳ね上げ式キャノピー】
サイド7に入港した〈ホワイトベース〉へ搬入されたFF-X7〈コア・ファイター〉量産機は、試作機と同じくキャノピーが後方への引き込み式となっていた。しかし、時期は不明であるものの、地球上における転戦時に上方跳ね上げ式の機体を受領していたようである。〈ミデア〉輸送機によって損耗機の補充があったものかもしれない。

圏外での航行能力のテストを担った。

外観に大きな変化はないが、高速安定性よりも小回りの利くほうが良いというテストパイロットからの要望を受けて機体バランスを見直した結果、やや機首が短くなった。また、キャノピーの開閉方法が跳ね上げ式になるなど構造のシンプル化が図られている。ほかにも、航宙仕様の4、5号機は降着装置をタイヤからスキッド方式に変え、スキッド底面が脚庫のドアを兼ねるようにされた。さらに2、4号機は機首の機関砲も取り払われ、パイロットの生命維持ユニットの増設に充(あ)てられている。ただし、テストパイロットの「まがりなりにも戦闘機が丸腰というのは、あまりにも不安である」という声が強く、最終的に機首の機関砲は残されることになったという。

すべての機体は滞(とどこお)りなく試験プログラムを終えたが、終戦までの間にそのまま各地での実戦に投入されている。2、3号機はテスト後にジャブローの施設へと戻されて再整備を受け、その後〈ホワイトベース〉に持ち込まれたのではないかとする未確認情報がある。というのも、サイド7で持ち込まれた〈コア・ファイター〉のキャノピーは試作型の特徴ともいえる後方への引き込み式だったはずだが、量産仕様にしかない跳ね上げ式の機体が、〈ホワイトベース〉で撮影されたとされる何葉かの写真で確認されているからである。搬入時期は明確ではないが、ジャブロー滞在時に受領したという説はほぼ否定されている。画像は明らかにオデッサ作戦前後のものだからである。

そのほか、FSWS計画で使用されたRX-78-3の〈コア・ファイター〉も、機体強度と出力向上に重点をおいた量産試作1号機が試験後に充当され、そのまま戦線に投入されている。このアップデート版〈コア・ファイター〉は、構造的に脆弱(ぜいじゃく)であったA・Bパーツとの接続部も強化されていたという。また、これら量産試作機とは別に、量産仕様の機体が終戦までの間にわずかな数生産され、ジャブロー防衛のほか、ジオン公国軍地上部隊の掃討、およびサイド3侵攻に向けた各作戦などに投入されている。

FA-78[G] FULL ARMOR GUNDAM [Ground type.]

【フルアーマーガンダム陸戦タイプ】

型式番号:	FA-78[G]
全高:	18.0m
重量:	63.4t
装甲材質:	ルナ・チタニウム合金
出力:	1,380kW
推力:	不明
武装:	頭部60mmバルカン砲×2 2連装ビーム・ライフル ロケット砲 ビーム・サーベル×2 ミサイル・ランチャー

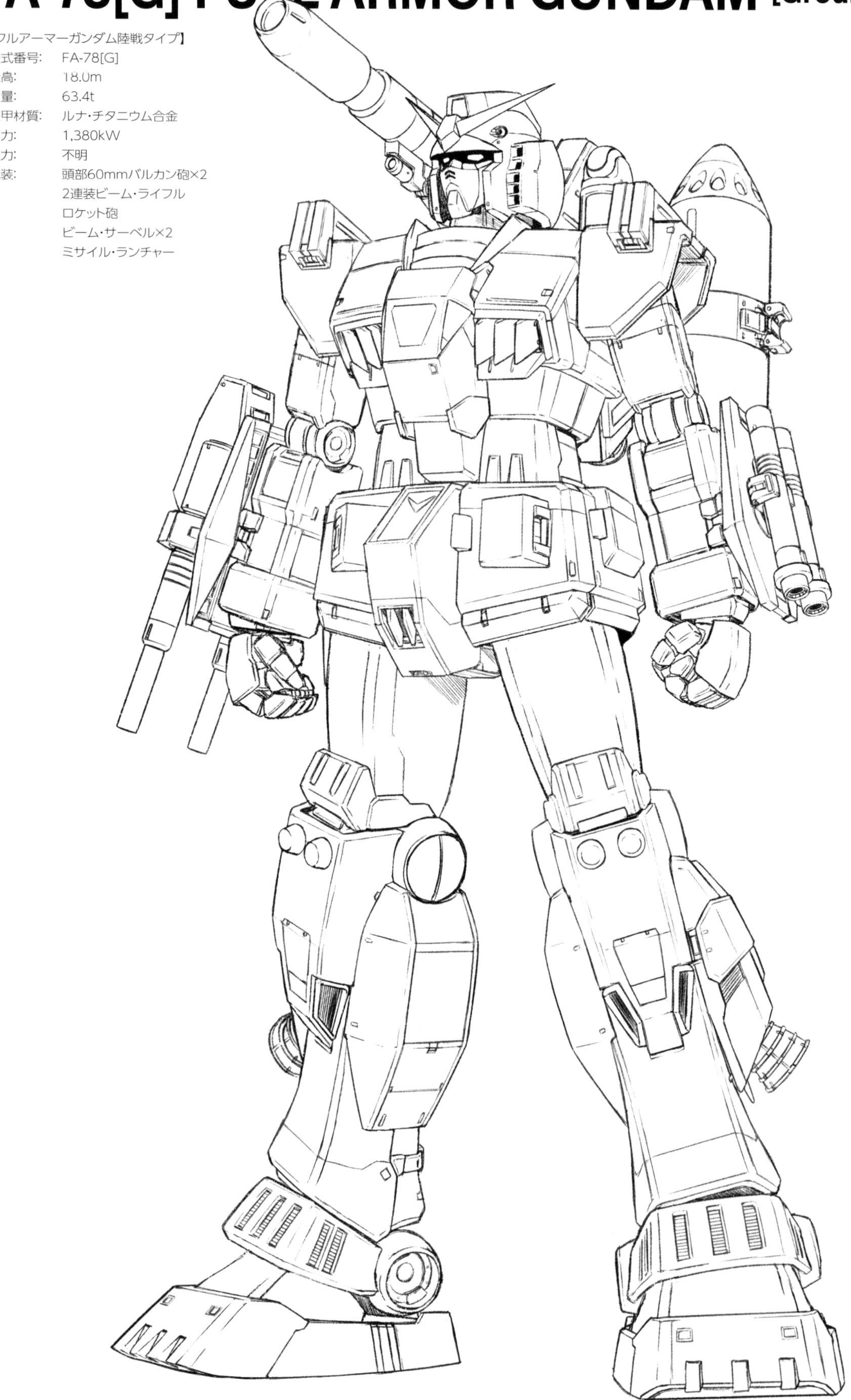

【FA-78[G]〈フルアーマー・ガンダム 陸戦タイプ〉】

U.C.0079年5月、折しもRX-78-1の開発が最終段階に移行しようとしていた頃のこと、地球連邦軍上層部の中でも特に陸戦部隊を統括する立場にある将校たちの間で、ひとつの議論が巻き起こる。地球上における反攻作戦を最重視していた彼らの中で、RX-78-1の仕様について疑問を抱いていた者たちが、より陸戦に特化したMSを開発すべしと声を挙げ始めたのである。とはいえ、ここにきて仕様を変更していてはRX-78-1のロールアウトが先送りになることは明白であり、「V作戦」全体が遅延しかねない。そこで軍上層部は、ひとつの解決策として構想段階にあった後のFA-78-1のコンセプトを転用し、増加装甲ユニットを装着したRX-78-1の陸戦仕様機を検討するように命じたのだった。

以上のような経緯を経て、兵器開発局に提案されたのがFA-78[G]〈フルアーマー・ガンダム陸戦タイプ〉である。その開発にあたっては、重力下での運用が前提となることもあり、徹底した軽量化が図られたという。装甲面積を原型機比70%程度までに削減した上で、装甲厚の低減や機能のオミットを徹底することで、重量を55%まで切り詰めることに成功している。一時は、コア・ブロック・システムの廃止までもが検討されたようであるが、この点はRX-78本体の開発スケジュールにも影響が出かねないとして却下されたとの証言も残されている。

なお、武装についてはFA-78-1と同様の360mmロケット砲を1門、右肩に配しているが、増加装甲パーツからはミサイル・ベイが取り除かれ、これに換える形でRX-77

FA-78[G] FULL ARMOR GUNDAM [Ground type.]

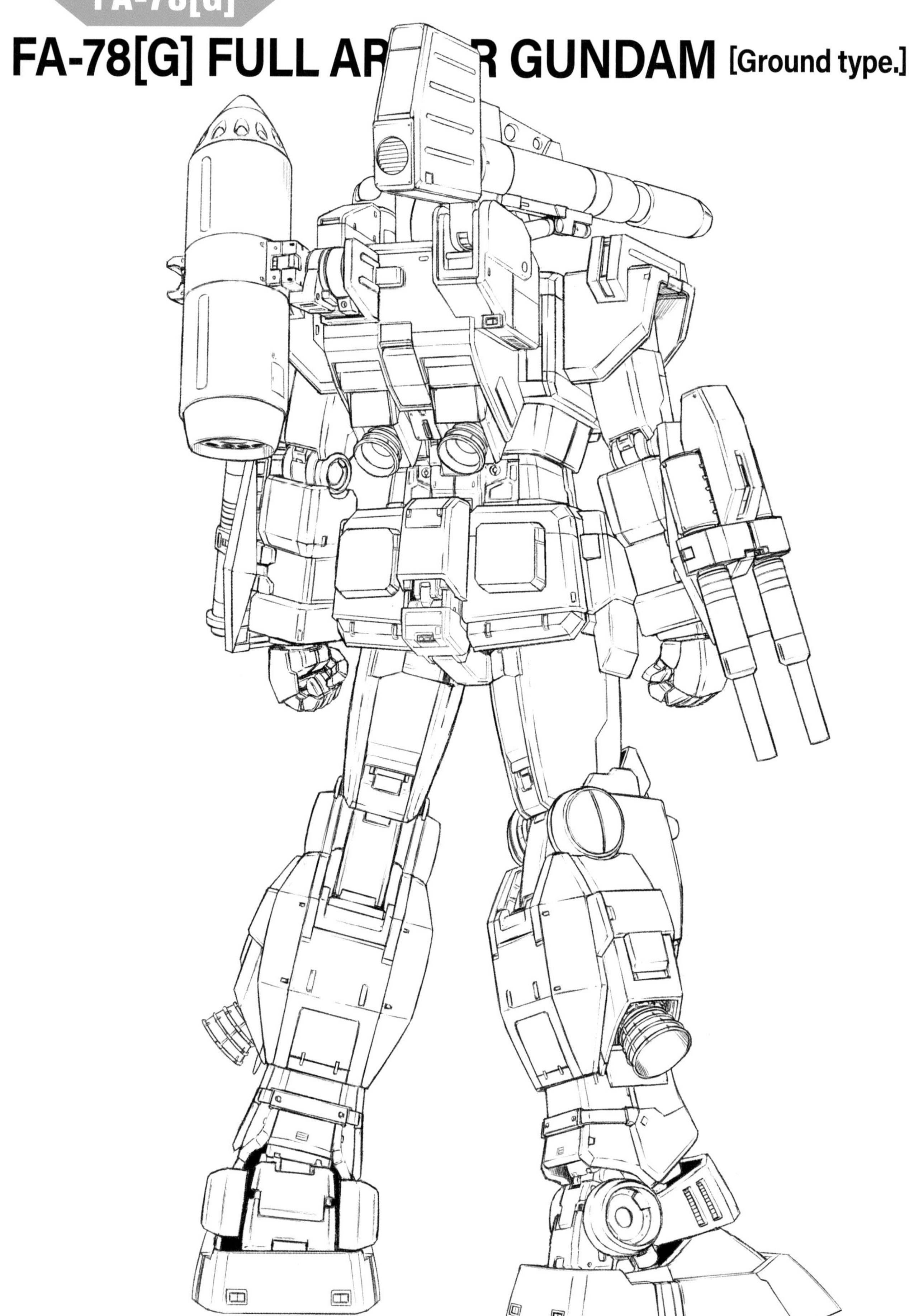

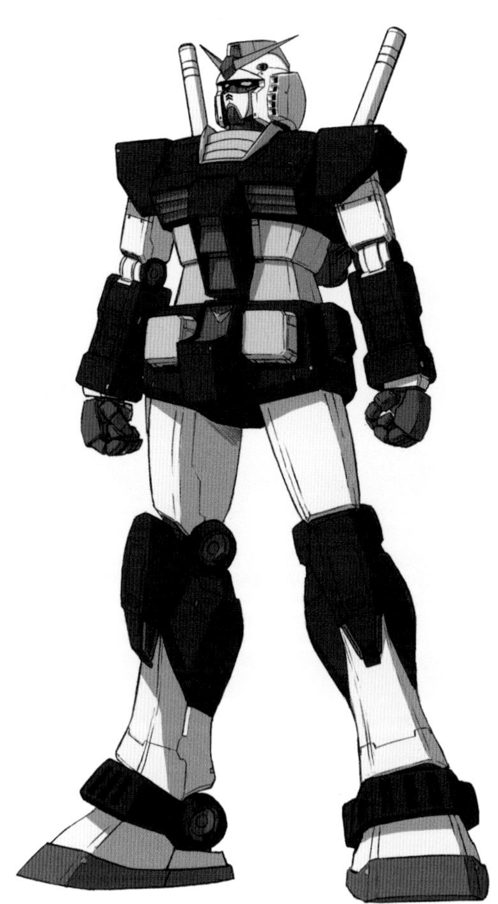

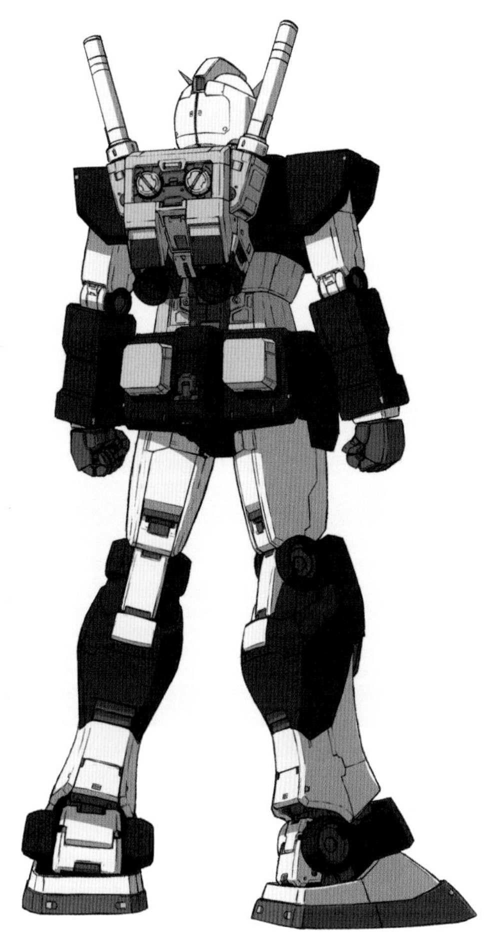

【RX-78-1〈ガンダム〉】
FA-78-1の開発にあたっては、素体となるRX-78に対しては手を加えないものとされていたが、最終的には増加装甲パーツを保持するための補強材の組み込みや、追加兵装の制御に必要なコネクター類の増設といった必要最低限の改修だけは行われたようである。また、当初はRX-78-1仕様を前提として設計作業が進められていたが、プロジェクトがFSWS計画と呼ばれるようになった時点ではRX-78-2仕様へ、最終的にはRX-78-3仕様へと順次、基準が改められていった模様である。

〈ガンキャノン〉の兵装として設計されたスプレー・ミサイル・ランチャーを左肩に搭載する計画であったようだ。また、2連装ビーム・ライフルについても、技術的難易度が高かったようで固定式バレルの低出力タイプに変更。重力バランスを維持するため、ビーム・サーベルのラックを左腕の簡易小型シールドに移設する形でまとめ上げられている。

とはいえ、この機体が日の目を見たかと言えば、そうではなかった。基礎設計が完了した時点でシミュレーター上での試験が行(おこな)われたようだが、増加装甲による防護性の強化がプラスに働かないばかりか、脚部に追加された補助推進器程度では機動性の低下は補えず、むしろ機体の生残性が低下するとの懸念が示されたのだ。RX-78-1にて実用化したガンダリウム合金製の装甲は、それだけで公国軍MSの主兵装たる120mmマシンガンの直撃に耐えうる剛性を有しており、さらなる装甲強化は、特に地上においては足枷(かせ)にしかならないと判断されたのだろう。また強化された火力についても、技術的な面で問題が指摘され、さらなる改善が求められるという厳しい判断が下されている。結果、FA-78[G]が採用されることはなく、以後の陸軍主体のRX-78強化計画ではRX-78XX〈ピクシー〉のような軽量高機動路線が採られることになるのだった。

FA-78[G] FULL ARMOR GUNDAM [GROUND TYPE.]
Cold district specification version

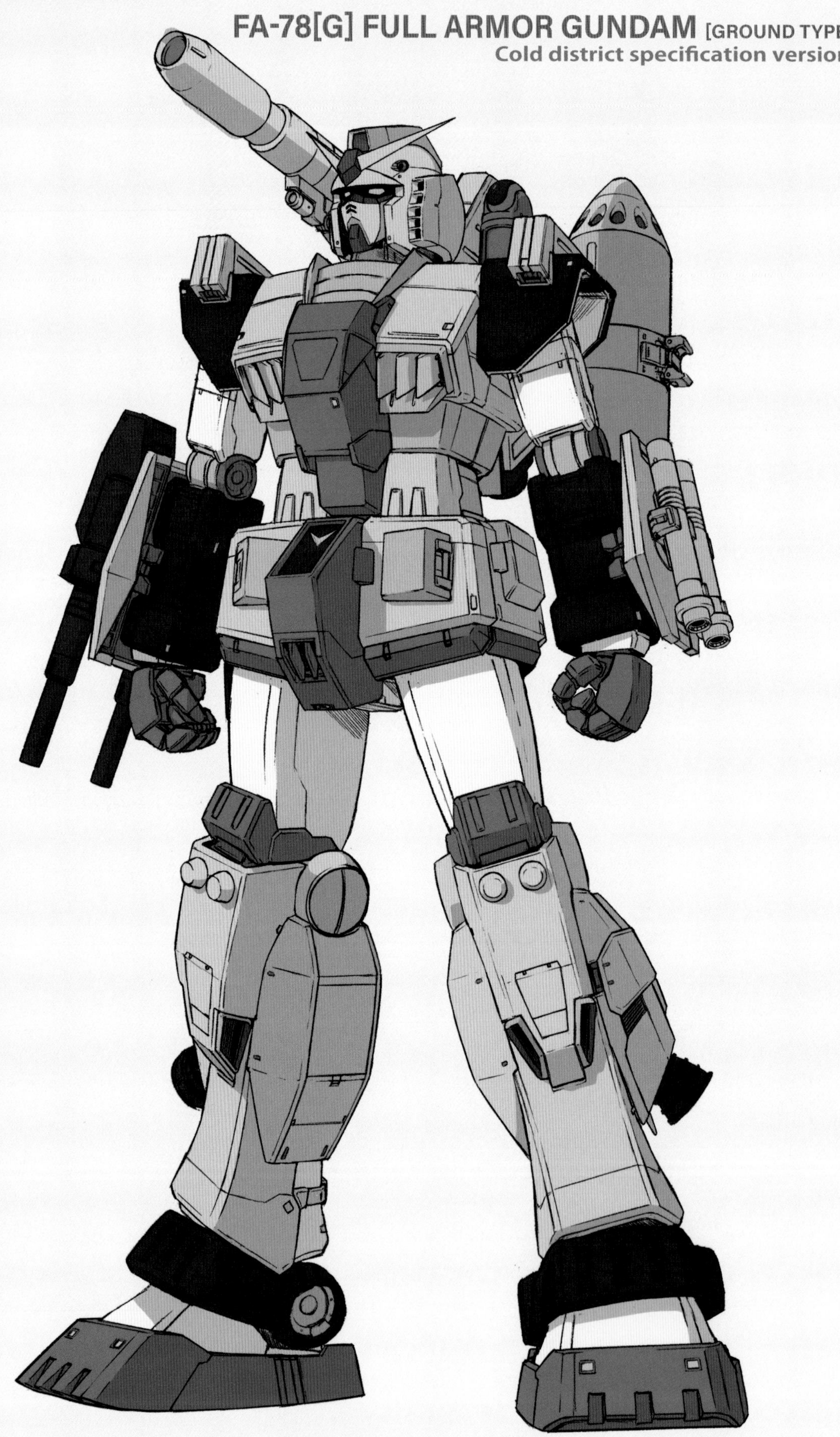

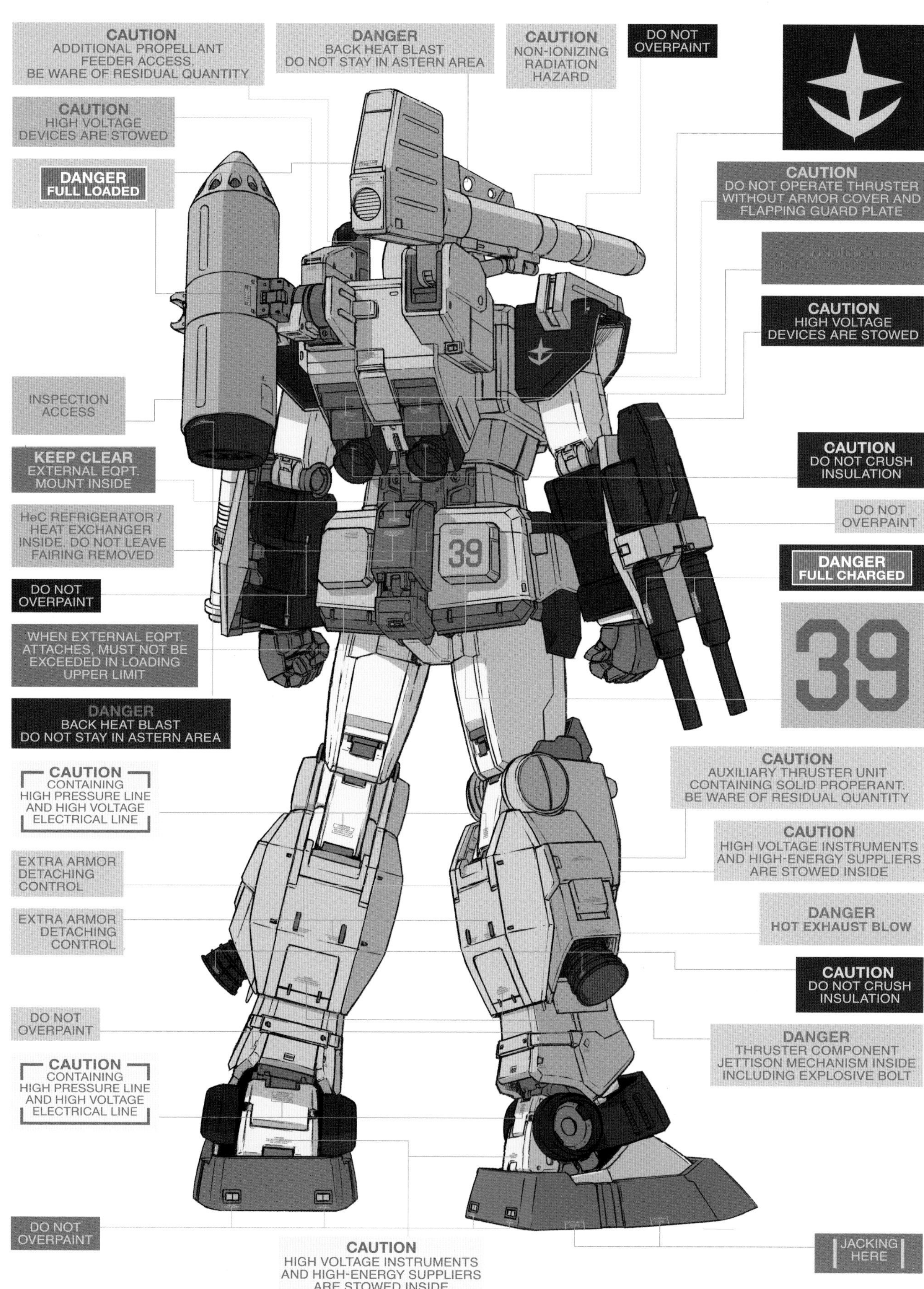

CAUTION
ADDITIONAL PROPELLANT
FEEDER ACCESS.
BE WARE OF RESIDUAL QUANTITY
DANGER
BACK HEAT BLAST
DO NOT STAY IN ASTERN AREA
CAUTION
NON-IONIZING
RADIATION
HAZARD
DO NOT
OVERPAINT
CAUTION
HIGH VOLTAGE
DEVICES ARE STOWED
DANGER
FULL LOADED
INSPECTION
ACCESS
KEEP CLEAR
EXTERNAL EQPT.
MOUNT INSIDE
HeC REFRIGERATOR /
HEAT EXCHANGER
INSIDE. DO NOT LEAVE
FAIRING REMOVED
DO NOT
OVERPAINT
WHEN EXTERNAL EQPT.
ATTACHES, MUST NOT BE
EXCEEDED IN LOADING
UPPER LIMIT
DANGER
BACK HEAT BLAST
DO NOT STAY IN ASTERN AREA
CAUTION
CONTAINING
HIGH PRESSURE LINE
AND HIGH VOLTAGE
ELECTRICAL LINE
EXTRA ARMOR
DETACHING
CONTROL
EXTRA ARMOR
DETACHING
CONTROL
DO NOT
OVERPAINT
CAUTION
CONTAINING
HIGH PRESSURE LINE
AND HIGH VOLTAGE
ELECTRICAL LINE
DO NOT
OVERPAINT
CAUTION
DO NOT OPERATE THRUSTER
WITHOUT ARMOR COVER AND
FLAPPING GUARD PLATE
CAUTION
HIGH VOLTAGE
DEVICES ARE STOWED
CAUTION
DO NOT CRUSH
INSULATION
DO NOT
OVERPAINT
DANGER
FULL CHARGED
39
39
CAUTION
AUXILIARY THRUSTER UNIT
CONTAINING SOLID PROPERANT.
BE WARE OF RESIDUAL QUANTITY
CAUTION
HIGH VOLTAGE INSTRUMENTS
AND HIGH-ENERGY SUPPLIERS
ARE STOWED INSIDE
DANGER
HOT EXHAUST BLOW
CAUTION
DO NOT CRUSH
INSULATION
DANGER
THRUSTER COMPONENT
JETTISON MECHANISM INSIDE
INCLUDING EXPLOSIVE BOLT
JACKING
HERE
CAUTION
HIGH VOLTAGE INSTRUMENTS
AND HIGH-ENERGY SUPPLIERS
ARE STOWED INSIDE

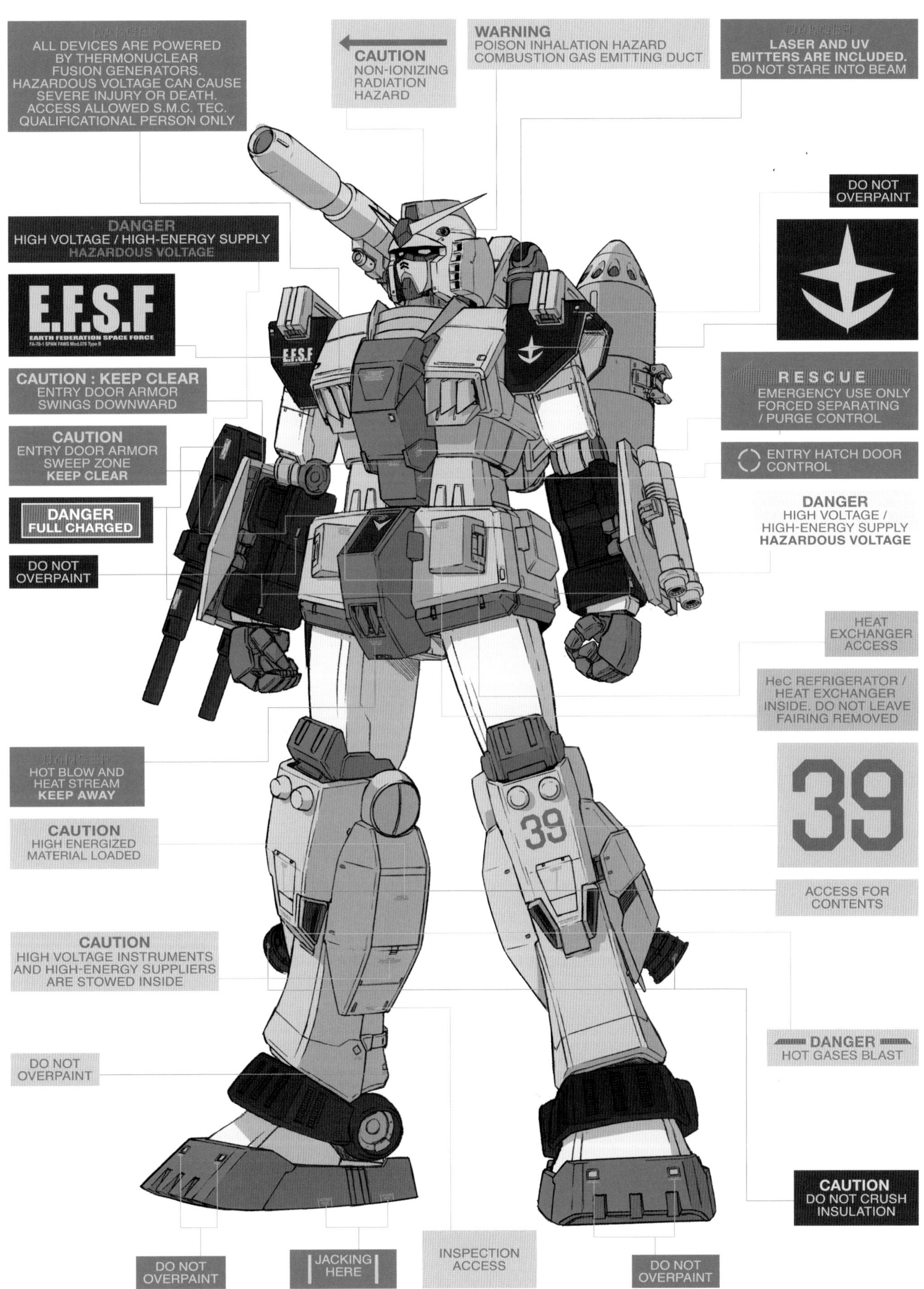
ALL DEVICES ARE POWERED BY THERMONUCLEAR FUSION GENERATORS. HAZARDOUS VOLTAGE CAN CAUSE SEVERE INJURY OR DEATH. ACCESS ALLOWED S.M.C. TEC. QUALIFICATIONAL PERSON ONLY
CAUTION
NON-IONIZING RADIATION HAZARD
WARNING
POISON INHALATION HAZARD
COMBUSTION GAS EMITTING DUCT
LASER AND UV EMITTERS ARE INCLUDED.
DO NOT STARE INTO BEAM
DO NOT OVERPAINT
DANGER
HIGH VOLTAGE / HIGH-ENERGY SUPPLY
HAZARDOUS VOLTAGE
E.F.S.F
EARTH FEDERATION SPACE FORCE
RESCUE
EMERGENCY USE ONLY
FORCED SEPARATING / PURGE CONTROL
CAUTION : KEEP CLEAR
ENTRY DOOR ARMOR SWINGS DOWNWARD
ENTRY HATCH DOOR CONTROL
CAUTION
ENTRY DOOR ARMOR SWEEP ZONE
KEEP CLEAR
DANGER
HIGH VOLTAGE / HIGH-ENERGY SUPPLY
HAZARDOUS VOLTAGE
DANGER
FULL CHARGED
DO NOT OVERPAINT
E.F.S.F
HEAT EXCHANGER ACCESS
HeC REFRIGERATOR / HEAT EXCHANGER INSIDE. DO NOT LEAVE FAIRING REMOVED
HOT BLOW AND HEAT STREAM
KEEP AWAY
39
CAUTION
HIGH ENERGIZED MATERIAL LOADED
39
ACCESS FOR CONTENTS
CAUTION
HIGH VOLTAGE INSTRUMENTS AND HIGH-ENERGY SUPPLIERS ARE STOWED INSIDE
DANGER
HOT GASES BLAST
DO NOT OVERPAINT
CAUTION
DO NOT CRUSH INSULATION
DO NOT OVERPAINT
JACKING HERE
INSPECTION ACCESS
DO NOT OVERPAINT

FA-78-1B FULL ARMOR GUNDAM [B type.]

【フルアーマーガンダム(タイプB)】

型式番号: FA-78-1B
全高: 18.0m
重量: 68.7t
装甲材質: ルナ・チタニウム合金
出力: 1,380kW
推力: 不明
武装: 60mmバルカン砲×2
3連装ビーム・ライフル
360mmロケット砲
肩部7連ミサイル
膝部6連ミサイル×2
ビーム・サーベル×2
大型ミサイル・ランチャー

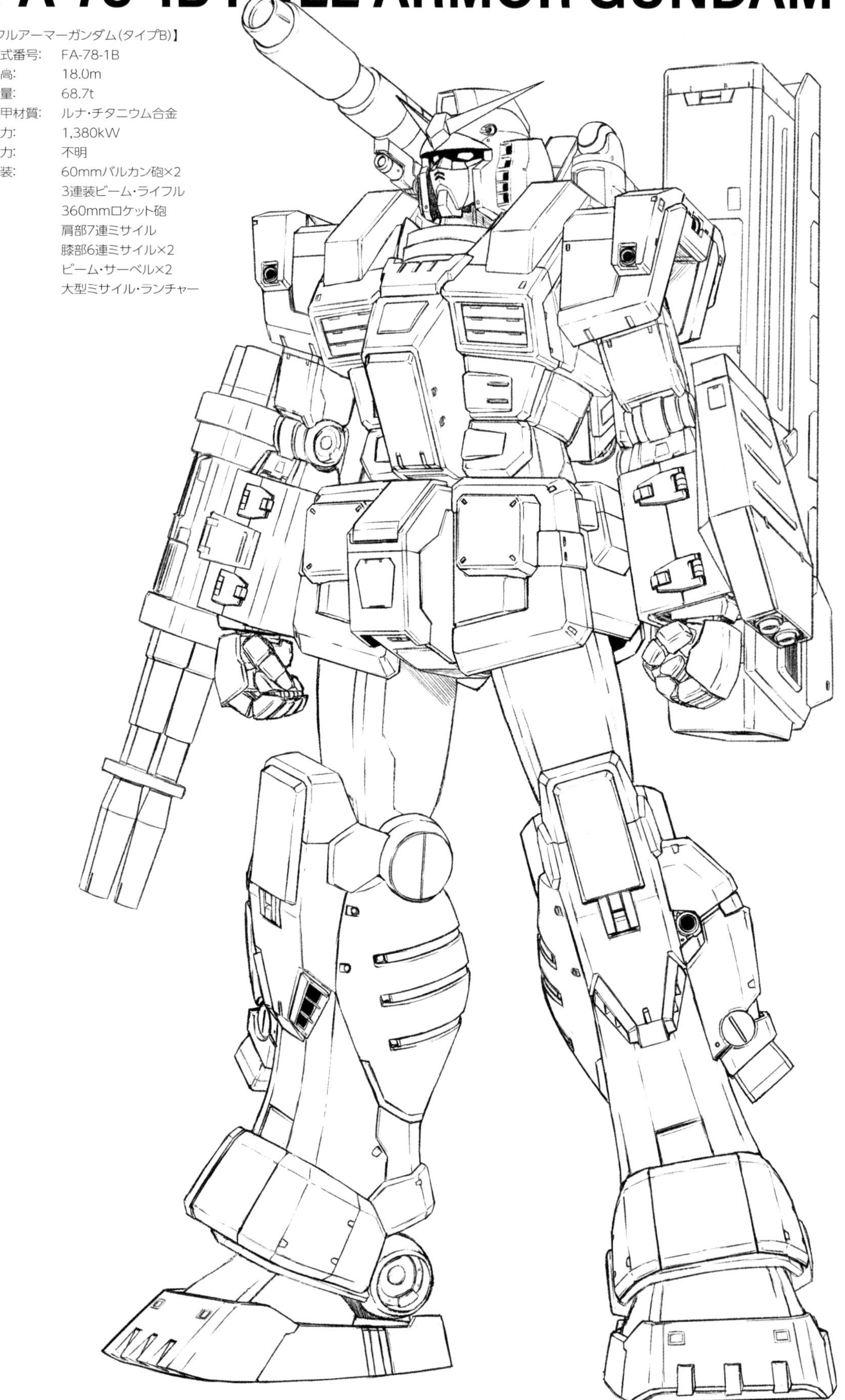

【FA-78-1B〈フルアーマー・ガンダム(タイプB)〉】

MSに「戦艦クラスの打撃力」を付与するという目標を掲げていたFA-78-1であったが、その開発プロジェクトの進展過程においては、いくつかの武装パターンが検討されることとなった。そのひとつの延長線上に位置するのが、俗に「タイプB」と呼称されるFA-78-1Bである。

戦後長らく、この機体に関しては開発計画の存在すら明らかにされてこなかったが、U.C.0089年に第二次F.S.S.(Federation Survey Service)が行った大規模な調査プロジェクトによって、一年戦争終結後に軍内でシミュレーターによる評価が行(おこな)われていたことが確認され、部分的に情報が公開される運びとなった。その際に開示された資料によると、FA-78-1Bとは、「中距離爆撃による対艦戦闘」を軸とする戦術コンセプトに基づいて設計された試案であったらしい。大戦末期のア・バオア・クー要塞攻略戦において、艦砲射撃による支援を受けられぬ状況でのMS戦が数多く発生した経験から、敵艦隊とミドルレンジでの撃ち合いが可能な火力を有した機体の必要性が指摘され、結果的にこの機体の開発計画が浮上したというのである。

基本的な設計は、素体がRX-78-3とされている点から増加装甲パーツの構造に至るまで、第1次検証を終えた時点でのFA-78-1の仕様とほとんど変わりはない。異なる点はもっぱら武装面となっているため、個別に差分となる要素を確認していこう。

まず、右腕部に据えられている主兵装であるが、2連装ビーム・ライフルから3連装ビーム・ライフルへと改められている。それも単純にバレルの数を増やしているのではなく、新技術ゆえの不安定さが指摘されていた交換式バレルから、従来型の固定式バレルへと差し戻している点も注目に値するだろう。また射撃管制システムにも手が加

FA-78-1B

FA-78 ULL AR OR GUNDAM [B type.]

えられ、バースト射撃、フルオート射撃、3連一斉射撃という3種類の射撃モードを選択可能にするなど、より柔軟な運用ができるように改良が加えられていたらしい。当然、3本のバレルから同時に射撃するとなればドライブに要する出力も増すわけであるが、その点は増加装甲パーツ側のサブ・ジェネレーターを見直し、エネルギー伝導効率を向上させることで解決する計画であったようだ。また、熱核反応炉のレーザー加速器が更新されていたとされる、RX-78-3を素体に指定していたことも、この新型兵装の導入を意識してのことであろう。

一方、左腕部の簡易小型シールドについても見直しが図られている。主兵装のバレルが固定式となったため、シールドを交換用バレルのラック替わりにする仕様は廃止され、その代わりにツイン・ビーム・サーベルが内蔵されているのだ。この装備は、おそらく初期段階で検討されていたロケット・エンジン装着プランにあった腕部一体型のビーム・サーベルから着想を得たものであろう。これはおそらく、後述する大型ミサイル・ランチャーが干渉して、腰部後方のラックに左手が届かなくなったための処置と思われる。そして、RGM-79SC〈ジム・スナイパーカスタム〉のボックス型ビーム・サーベルと異なり、2本のサーベルを並べて配置しているのは、同時に使用するためというよりは予備としての意味合いの方が強かったものと推測される。

そして、FA-78-1Bにとって最も大きな武装となるのが、背部左側に追加された大型ミサイル・ランチャーである。巨大なコンテナを思わせるこのランチャーには2門の発射管が備えられており、複数種類の弾頭が使用可能なミサイルを合計22基、装填することができたという。これこそまさしく「中距離爆撃」の要となる装備であったに違いない。

以上のように、FA-78-1Bは充実した武装を誇り、その総合火力はFA-78-1を上回るものとなった。しかしながら、当然のように重量は嵩み、本体重量は62.5tから68.7tへと増加している。これでは相応の推力強化を図らなければ機動力は低下してしまうところであるが、この機体に対してそうした対策が採られた形跡は見られない。本機が本領を発揮するのは、先述のとおりミドルレンジからの対艦攻撃であり、対MS戦にも重点を置いていたFA-78-1とは性格が異なっていたためである。また、仮に格闘戦を演じなければならないような局面に遭遇したとしても、ミサイルを撃ち尽くした後、ランチャーをパージするといった運用法も可能であり、最低限の対応はできると考えていたのではないだろうか。

なお、FA-78-1Bの実機が製造されていたのか否かについては、今に至るまで地球連邦軍は公式コメントを発しておらず、実在を示す証拠は残されていない。第二次F.S.S.にしてもU.C.0090年時点で機体データのサルベージを行い、シミュレーター上で評価試験を行ったに過ぎない。一部の武装の性能と管制システムの先進性を指して、当時の技術力では到底、実現できたとは思えないとする専門家も多く、現在では実機の建造段階まで進まずに開発計画が頓挫したとする考え方が通説となっている状況である。

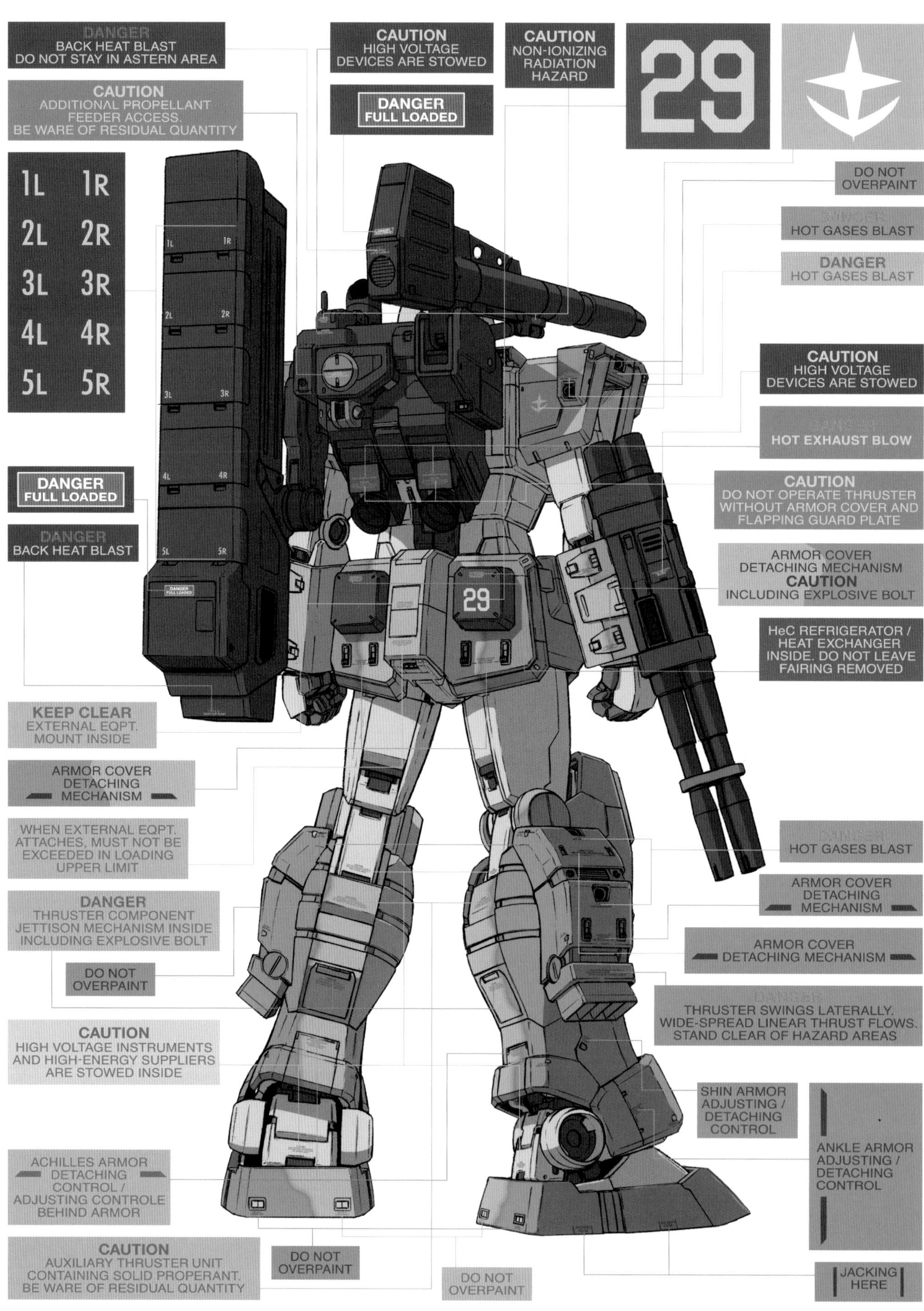

DANGER
BACK HEAT BLAST
DO NOT STAY IN ASTERN AREA
CAUTION
ADDITIONAL PROPELLANT
FEEDER ACCESS.
BE WARE OF RESIDUAL QUANTITY
CAUTION
HIGH VOLTAGE
DEVICES ARE STOWED
DANGER
FULL LOADED
CAUTION
NON-IONIZING
RADIATION
HAZARD
29
1L 1R
2L 2R
3L 3R
4L 4R
5L 5R
DO NOT
OVERPAINT
HOT GASES BLAST
DANGER
HOT GASES BLAST
CAUTION
HIGH VOLTAGE
DEVICES ARE STOWED
HOT EXHAUST BLOW
DANGER
FULL LOADED
DANGER
BACK HEAT BLAST
CAUTION
DO NOT OPERATE THRUSTER
WITHOUT ARMOR COVER AND
FLAPPING GUARD PLATE
ARMOR COVER
DETACHING MECHANISM
CAUTION
INCLUDING EXPLOSIVE BOLT
29
HeC REFRIGERATOR /
HEAT EXCHANGER
INSIDE. DO NOT LEAVE
FAIRING REMOVED
KEEP CLEAR
EXTERNAL EQPT.
MOUNT INSIDE
ARMOR COVER
DETACHING
MECHANISM
WHEN EXTERNAL EQPT.
ATTACHES, MUST NOT BE
EXCEEDED IN LOADING
UPPER LIMIT
HOT GASES BLAST
DANGER
THRUSTER COMPONENT
JETTISON MECHANISM INSIDE
INCLUDING EXPLOSIVE BOLT
ARMOR COVER
DETACHING
MECHANISM
DO NOT
OVERPAINT
ARMOR COVER
DETACHING MECHANISM
THRUSTER SWINGS LATERALLY.
WIDE-SPREAD LINEAR THRUST FLOWS.
STAND CLEAR OF HAZARD AREAS
CAUTION
HIGH VOLTAGE INSTRUMENTS
AND HIGH-ENERGY SUPPLIERS
ARE STOWED INSIDE
SHIN ARMOR
ADJUSTING /
DETACHING
CONTROL
ANKLE ARMOR
ADJUSTING /
DETACHING
CONTROL
ACHILLES ARMOR
DETACHING
CONTROL /
ADJUSTING CONTROLE
BEHIND ARMOR
CAUTION
AUXILIARY THRUSTER UNIT
CONTAINING SOLID PROPERANT.
BE WARE OF RESIDUAL QUANTITY
DO NOT
OVERPAINT
DO NOT
OVERPAINT
JACKING
HERE

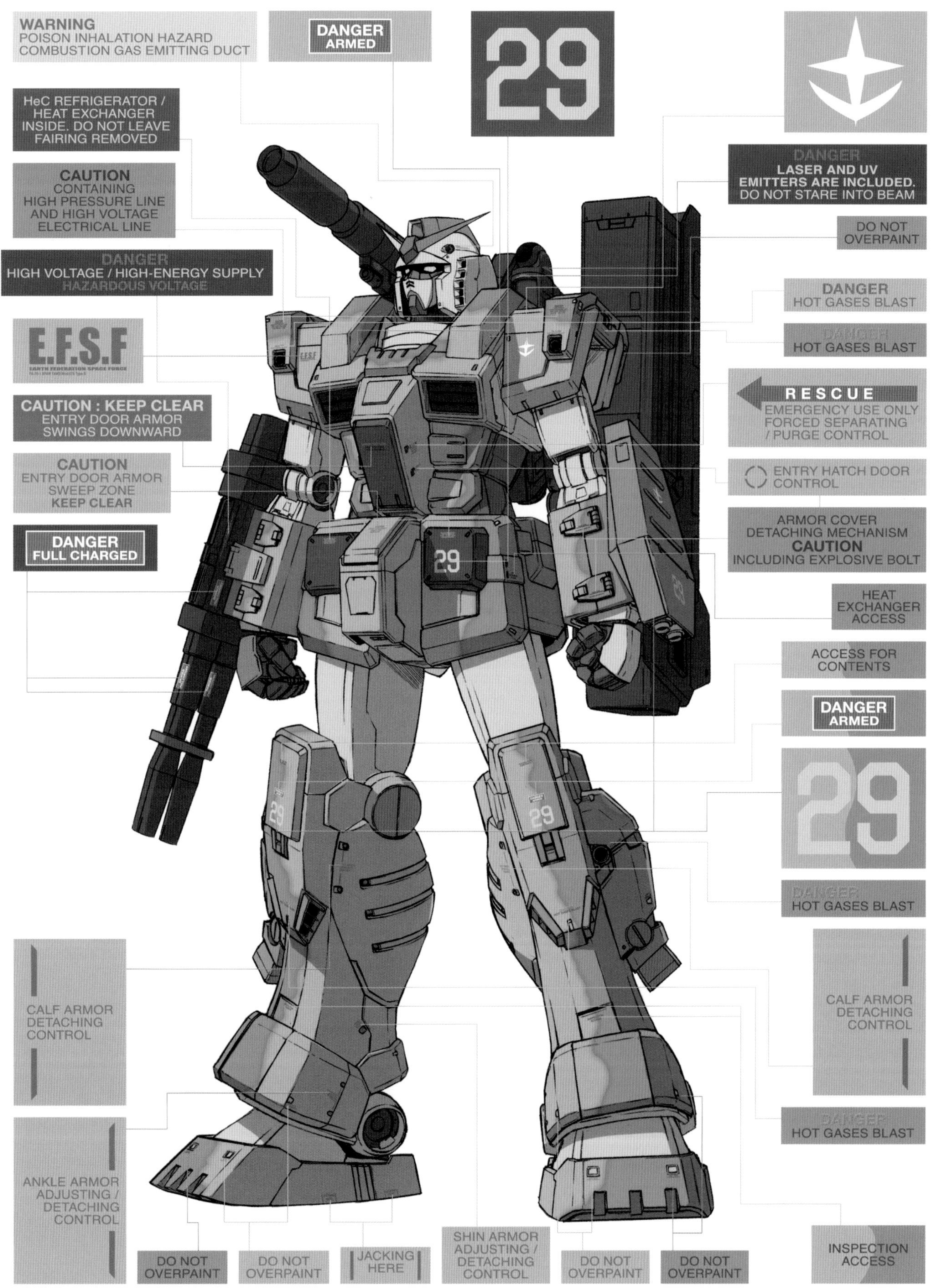
WARNING
POISON INHALATION HAZARD
COMBUSTION GAS EMITTING DUCT
DANGER
ARMED
29
HeC REFRIGERATOR / HEAT EXCHANGER INSIDE. DO NOT LEAVE FAIRING REMOVED
CAUTION
CONTAINING HIGH PRESSURE LINE AND HIGH VOLTAGE ELECTRICAL LINE
DANGER
HIGH VOLTAGE / HIGH-ENERGY SUPPLY
HAZARDOUS VOLTAGE
E.F.S.F
EARTH FEDERATION SPACE FORCE
CAUTION : KEEP CLEAR
ENTRY DOOR ARMOR SWINGS DOWNWARD
CAUTION
ENTRY DOOR ARMOR SWEEP ZONE
KEEP CLEAR
DANGER
FULL CHARGED
DANGER
LASER AND UV EMITTERS ARE INCLUDED.
DO NOT STARE INTO BEAM
DO NOT OVERPAINT
DANGER
HOT GASES BLAST
DANGER
HOT GASES BLAST
RESCUE
EMERGENCY USE ONLY
FORCED SEPARATING / PURGE CONTROL
ENTRY HATCH DOOR CONTROL
ARMOR COVER DETACHING MECHANISM
CAUTION
INCLUDING EXPLOSIVE BOLT
HEAT EXCHANGER ACCESS
ACCESS FOR CONTENTS
DANGER
ARMED
29
DANGER
HOT GASES BLAST
CALF ARMOR DETACHING CONTROL
CALF ARMOR DETACHING CONTROL
DANGER
HOT GASES BLAST
ANKLE ARMOR ADJUSTING / DETACHING CONTROL
DO NOT OVERPAINT
DO NOT OVERPAINT
JACKING HERE
SHIN ARMOR ADJUSTING / DETACHING CONTROL
DO NOT OVERPAINT
DO NOT OVERPAINT
INSPECTION ACCESS

FA-78-2 HEAVY GUNDAM

【ヘビーガンダム】
型式番号: FA-78-2
頭頂高: 18.4m
重量: 52.2t
装甲材質: ルナ・チタニウム合金
出力: 不明
推力: 不明
武装: ビーム・サーベル
ビーム・キャノン
フレーム・ランチャー
ビーム・ライフル
ハイパー・バズーカ

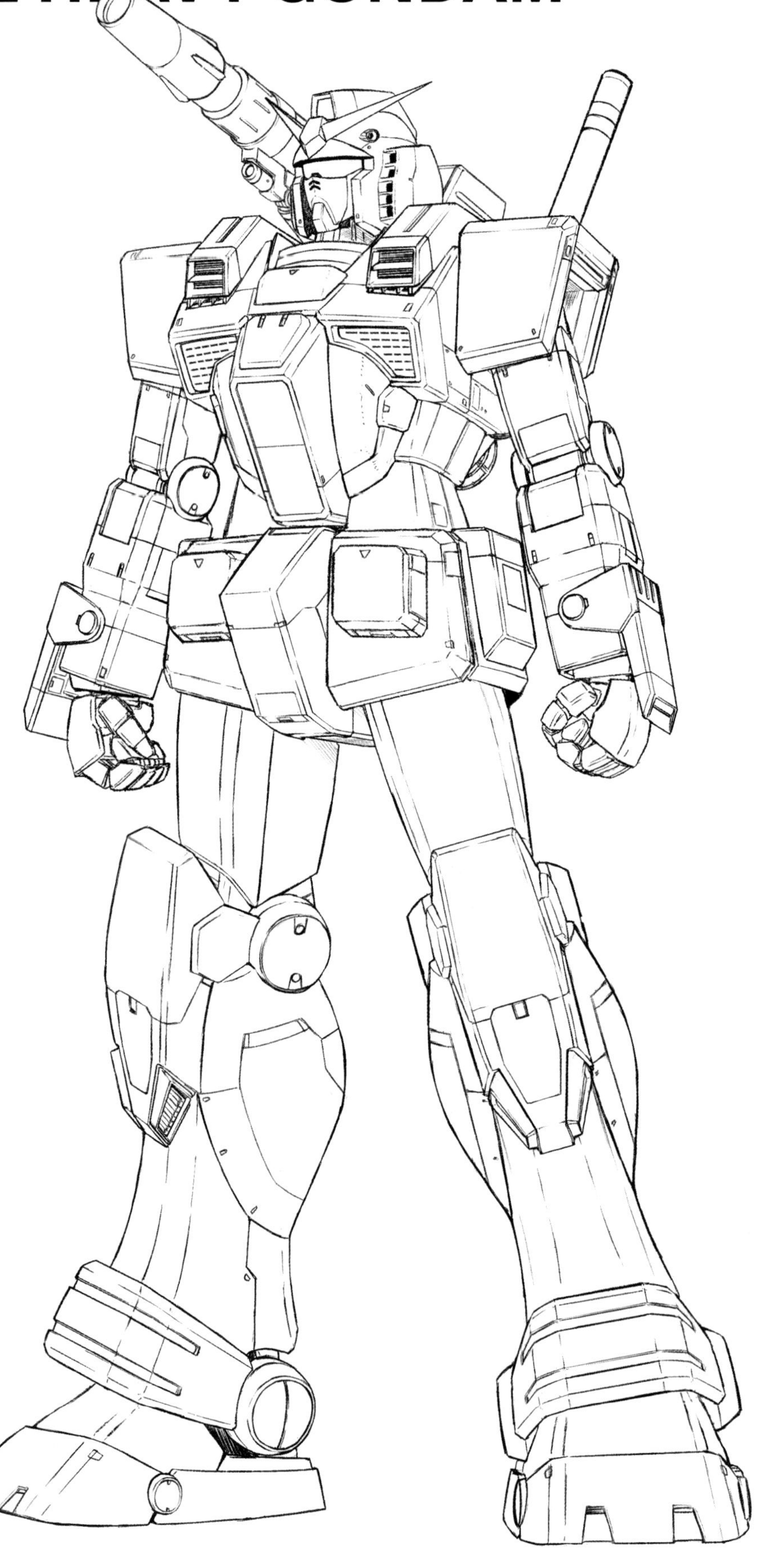

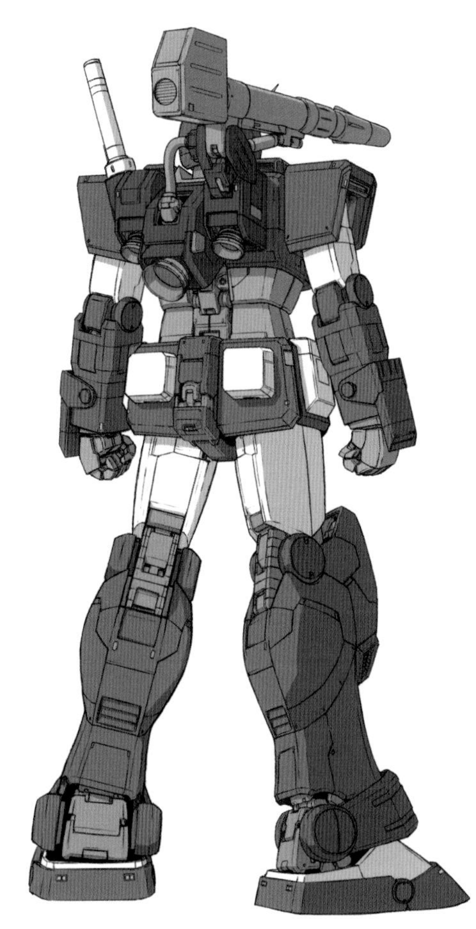

【FA-78-2〈ヘビー・ガンダム〉】

RX-78を増加装甲パーツによって強化発展させるというコンセプトで開発されたFA-78-1は、大戦末期時点において火力と防御力を高次元で両立させた「最高のMS」のひとつとなったが、その反面、構造的に無駄が生じやすく、想定よりも重量が増してしまうなど解決すべき問題も少なくなかった。そこで、FSWS計画の「第2試案」という触れ込みで、FA-78-1を改めてひとつの機体として再設計するというプランが提案されることになる。これが後にFA-78-2の型式番号を与えられることになる〈ヘビー・ガンダム〉である。

まず本体はRX-78-3仕様をベースに、全体的に重装甲化が図られている。これに併せて機体の複雑化と脆弱(ぜいじゃく)性の要因となっていたコア・ブロック・システムをオミットしつつ、腹部に頑強な球形構造を採用するなどしてコクピット周辺を保護。肩部や脚部なども、FA-78-1レベルの耐弾性を維持する目的で装甲厚を増している。

一方、武装面はというと、FA-78-1の増加装甲パーツの特徴でもあったミサイル・ベイを排除した上で、全面的な見直しを図ることとなった。右肩部に1門の砲を備える点こそFA-78-1と等しく見えるが、ロケット砲であった前代と異なり、ビーム・キャノンを採用。左肩部の照準デバイス・ユニットも機能を頭部ユニットに集約することで取り除き、RX-78と同様のアイドリング機能付きビーム・サーベル・ラックに変更している。さらに前腕部にオプション用のアタッチメントを配することで、多彩な兵装を交換可能とした。

FA-78-1の主兵装、2連装ビーム・ライフルは引き続き使用可能とされたが、それ以外にも6連装ガトリング砲と4門のミサイル・ランチャーを複合させた装備〈フレーム・ランチャー〉や、ドラム状の大型エネルギーCAPを備えることで射撃可能回数を8割増しにした新型ビーム・ライフル、命中精度を向上させつつ射程を2割伸張

FA-78-2 HEAVY GUNDAM

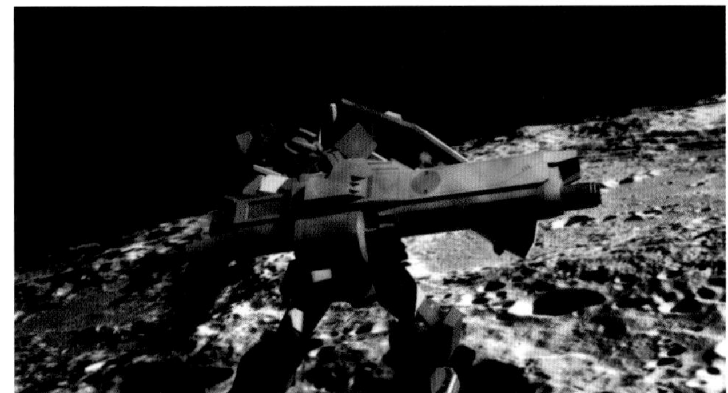

FLAME LAUNCHER

■フレイム・ランチャー
6連装ガトリングとミサイルランチャーを合わせた巨大な武装で、左右のラッチにオプションの武装や予備弾倉なども取りつけられる。尾部の開口部は発射ガスを排出するとは構造的に考えにくく、一説には反動制御用のバーニア・スラスターと言われる。中央上部の開口部からRX-78の腕部を入れて内部のグリップを掴んで装備される

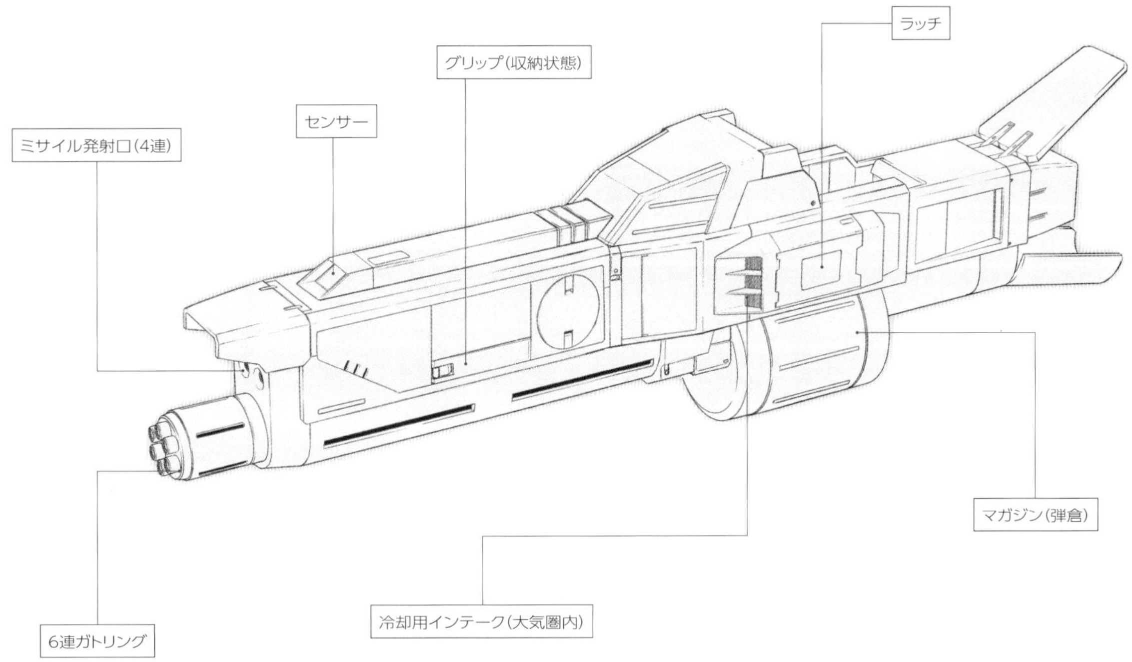

した新型バズーカなどが用意されたのである。さらにリスト付近のアタッチメントには、ボックス型のビーム・サーベル・ユニットを固定できるほか、折りたたみ式のシールドを装備することができるようになっており、作戦に応じて様々な武装を組み合わせて運用することが可能とされた。

こうした措置により、本体重量は52.2tに削減されたが、それでもRX-78-3の値(43.4t)と比較すれば未だに重さが拭(ぬぐ)えない。そこで、本機の開発にあたっては、主たる投入領域である大気圏外における機動性を確保すべく、ハービック社の協力の下、新型G-PARTS〈ガンキャリー〉を導入する予定であったのだが、これが仇となってプロジェクトに遅延が生じることになる。〈ガンキャリー〉の開発が難航してしまったのだ。そのため同時運用のFA-78-2は完成が遅れ、ほどなく終戦となり、本機の開発プロジェクトは一時中止を余儀なくされてしまう。

記録によれば、開発が再開したのは終戦の8ヶ月後――約1年後とも――であったと言われている。その後、半年ほどをかけて全規模開発機が3機ないし4機製造され、各種試験に供されたようだ。この内、1機については大気圏突入テスト時に喪失したというが、試験結果は概(おおむ)ね良好だったようで、期待されたとおりの性能を発揮し、開発陣を安堵(あんど)させたとのことである。しかしながら、戦後に吹き荒れた軍縮の嵐の中では、重戦用MSのカテゴリに位置づけられた本機の存在価値は評価されず、本格的な採用には至らなかったようである。

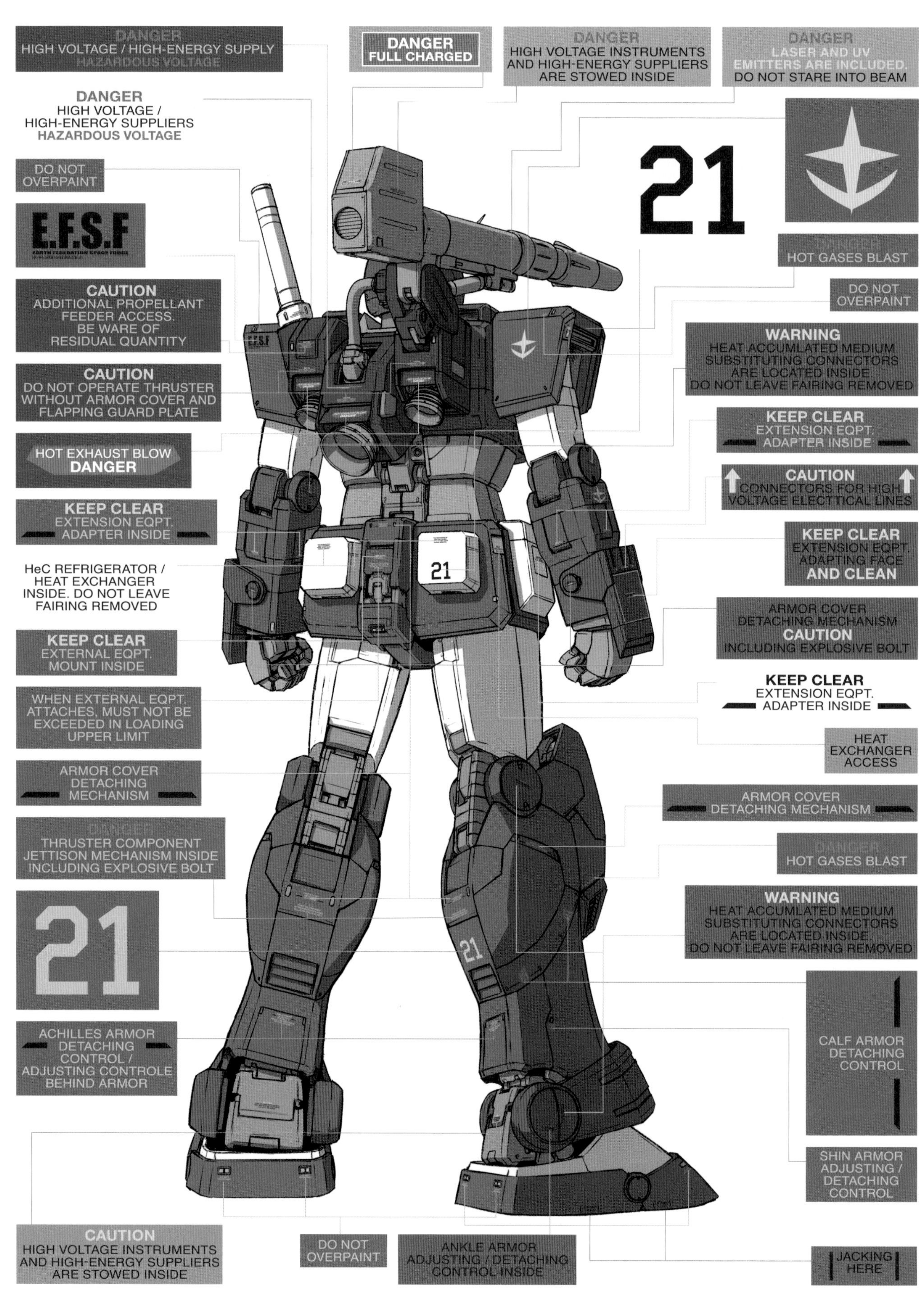
DANGER
HIGH VOLTAGE / HIGH-ENERGY SUPPLY
HAZARDOUS VOLTAGE
DANGER
FULL CHARGED
DANGER
HIGH VOLTAGE INSTRUMENTS AND HIGH-ENERGY SUPPLIERS ARE STOWED INSIDE
DANGER
LASER AND UV EMITTERS ARE INCLUDED. DO NOT STARE INTO BEAM
DANGER
HIGH VOLTAGE / HIGH-ENERGY SUPPLIERS
HAZARDOUS VOLTAGE
DO NOT OVERPAINT
21
E.F.S.F
EARTH FEDERATION SPACE FORCE
DANGER
HOT GASES BLAST
CAUTION
ADDITIONAL PROPELLANT FEEDER ACCESS. BE WARE OF RESIDUAL QUANTITY
DO NOT OVERPAINT
WARNING
HEAT ACCUMLATED MEDIUM SUBSTITUTING CONNECTORS ARE LOCATED INSIDE. DO NOT LEAVE FAIRING REMOVED
CAUTION
DO NOT OPERATE THRUSTER WITHOUT ARMOR COVER AND FLAPPING GUARD PLATE
KEEP CLEAR
EXTENSION EQPT. ADAPTER INSIDE
HOT EXHAUST BLOW
DANGER
CAUTION
CONNECTORS FOR HIGH VOLTAGE ELECTTICAL LINES
KEEP CLEAR
EXTENSION EQPT. ADAPTER INSIDE
KEEP CLEAR
EXTENSION EQPT. ADAPTING FACE AND CLEAN
HeC REFRIGERATOR / HEAT EXCHANGER INSIDE. DO NOT LEAVE FAIRING REMOVED
21
ARMOR COVER DETACHING MECHANISM
CAUTION
INCLUDING EXPLOSIVE BOLT
KEEP CLEAR
EXTERNAL EQPT. MOUNT INSIDE
KEEP CLEAR
EXTENSION EQPT. ADAPTER INSIDE
WHEN EXTERNAL EQPT. ATTACHES, MUST NOT BE EXCEEDED IN LOADING UPPER LIMIT
HEAT EXCHANGER ACCESS
ARMOR COVER DETACHING MECHANISM
ARMOR COVER DETACHING MECHANISM
DANGER
THRUSTER COMPONENT JETTISON MECHANISM INSIDE INCLUDING EXPLOSIVE BOLT
DANGER
HOT GASES BLAST
WARNING
HEAT ACCUMLATED MEDIUM SUBSTITUTING CONNECTORS ARE LOCATED INSIDE. DO NOT LEAVE FAIRING REMOVED
21
21
CALF ARMOR DETACHING CONTROL
ACHILLES ARMOR DETACHING CONTROL / ADJUSTING CONTROLE BEHIND ARMOR
SHIN ARMOR ADJUSTING / DETACHING CONTROL
CAUTION
HIGH VOLTAGE INSTRUMENTS AND HIGH-ENERGY SUPPLIERS ARE STOWED INSIDE
DO NOT OVERPAINT
ANKLE ARMOR ADJUSTING / DETACHING CONTROL INSIDE
JACKING HERE

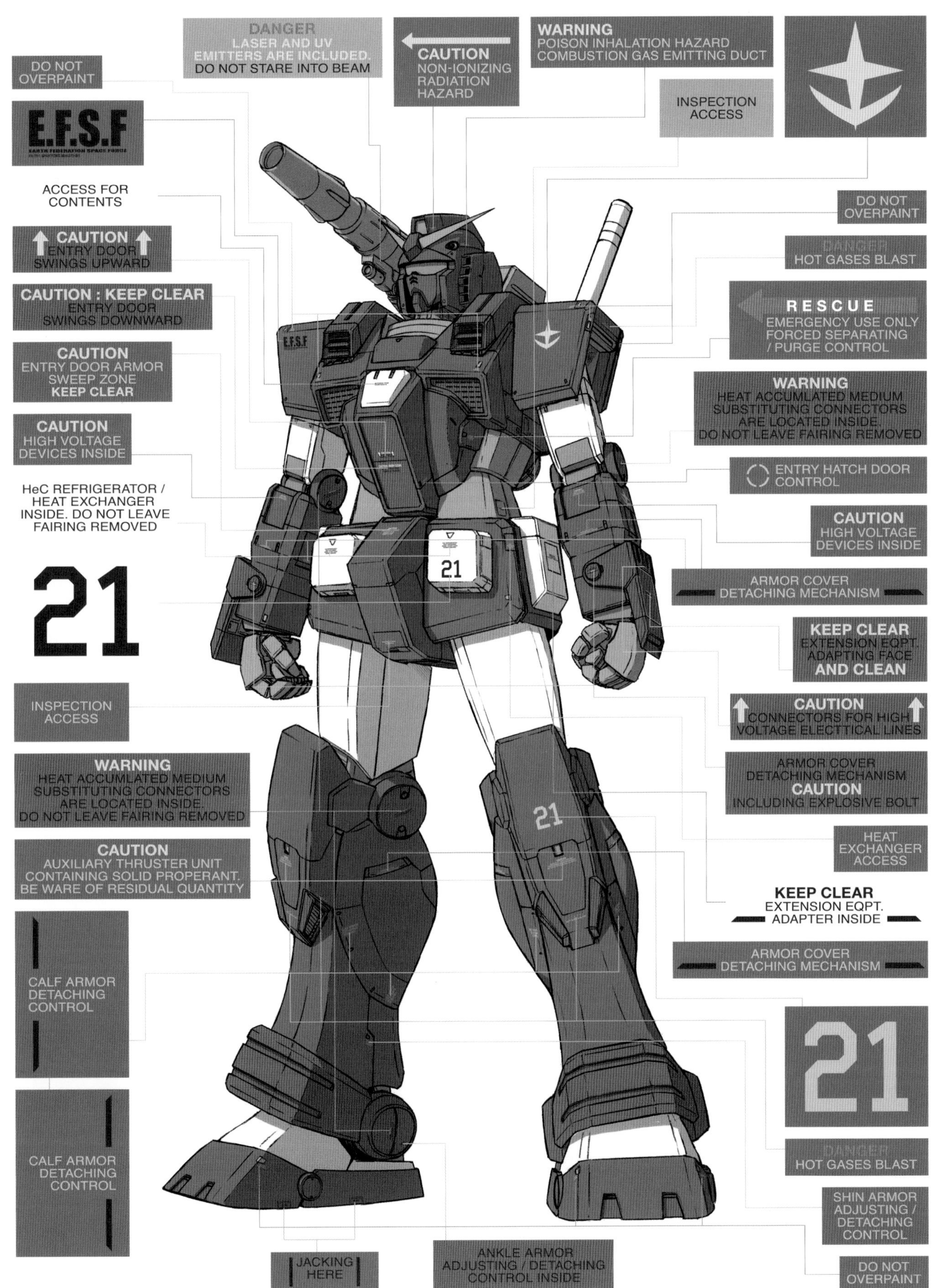
DANGER
LASER AND UV EMITTERS ARE INCLUDED.
DO NOT STARE INTO BEAM
CAUTION
NON-IONIZING RADIATION HAZARD
WARNING
POISON INHALATION HAZARD
COMBUSTION GAS EMITTING DUCT
INSPECTION ACCESS
DO NOT OVERPAINT
E.F.S.F
EARTH FEDERATION SPACE FORCE
ACCESS FOR CONTENTS
CAUTION
ENTRY DOOR SWINGS UPWARD
CAUTION : KEEP CLEAR
ENTRY DOOR SWINGS DOWNWARD
CAUTION
ENTRY DOOR ARMOR SWEEP ZONE
KEEP CLEAR
CAUTION
HIGH VOLTAGE DEVICES INSIDE
HeC REFRIGERATOR / HEAT EXCHANGER INSIDE. DO NOT LEAVE FAIRING REMOVED
21
INSPECTION ACCESS
WARNING
HEAT ACCUMLATED MEDIUM SUBSTITUTING CONNECTORS ARE LOCATED INSIDE. DO NOT LEAVE FAIRING REMOVED
CAUTION
AUXILIARY THRUSTER UNIT CONTAINING SOLID PROPERANT. BE WARE OF RESIDUAL QUANTITY
CALF ARMOR DETACHING CONTROL
CALF ARMOR DETACHING CONTROL
JACKING HERE
ANKLE ARMOR ADJUSTING / DETACHING CONTROL INSIDE
DO NOT OVERPAINT
DANGER
HOT GASES BLAST
RESCUE
EMERGENCY USE ONLY
FORCED SEPARATING / PURGE CONTROL
WARNING
HEAT ACCUMLATED MEDIUM SUBSTITUTING CONNECTORS ARE LOCATED INSIDE. DO NOT LEAVE FAIRING REMOVED
ENTRY HATCH DOOR CONTROL
CAUTION
HIGH VOLTAGE DEVICES INSIDE
ARMOR COVER DETACHING MECHANISM
KEEP CLEAR
EXTENSION EQPT. ADAPTING FACE
AND CLEAN
CAUTION
CONNECTORS FOR HIGH VOLTAGE ELECTTICAL LINES
ARMOR COVER DETACHING MECHANISM
CAUTION
INCLUDING EXPLOSIVE BOLT
HEAT EXCHANGER ACCESS
KEEP CLEAR
EXTENSION EQPT. ADAPTER INSIDE
ARMOR COVER DETACHING MECHANISM
21
DANGER
HOT GASES BLAST
SHIN ARMOR ADJUSTING / DETACHING CONTROL
DO NOT OVERPAINT

HEAD

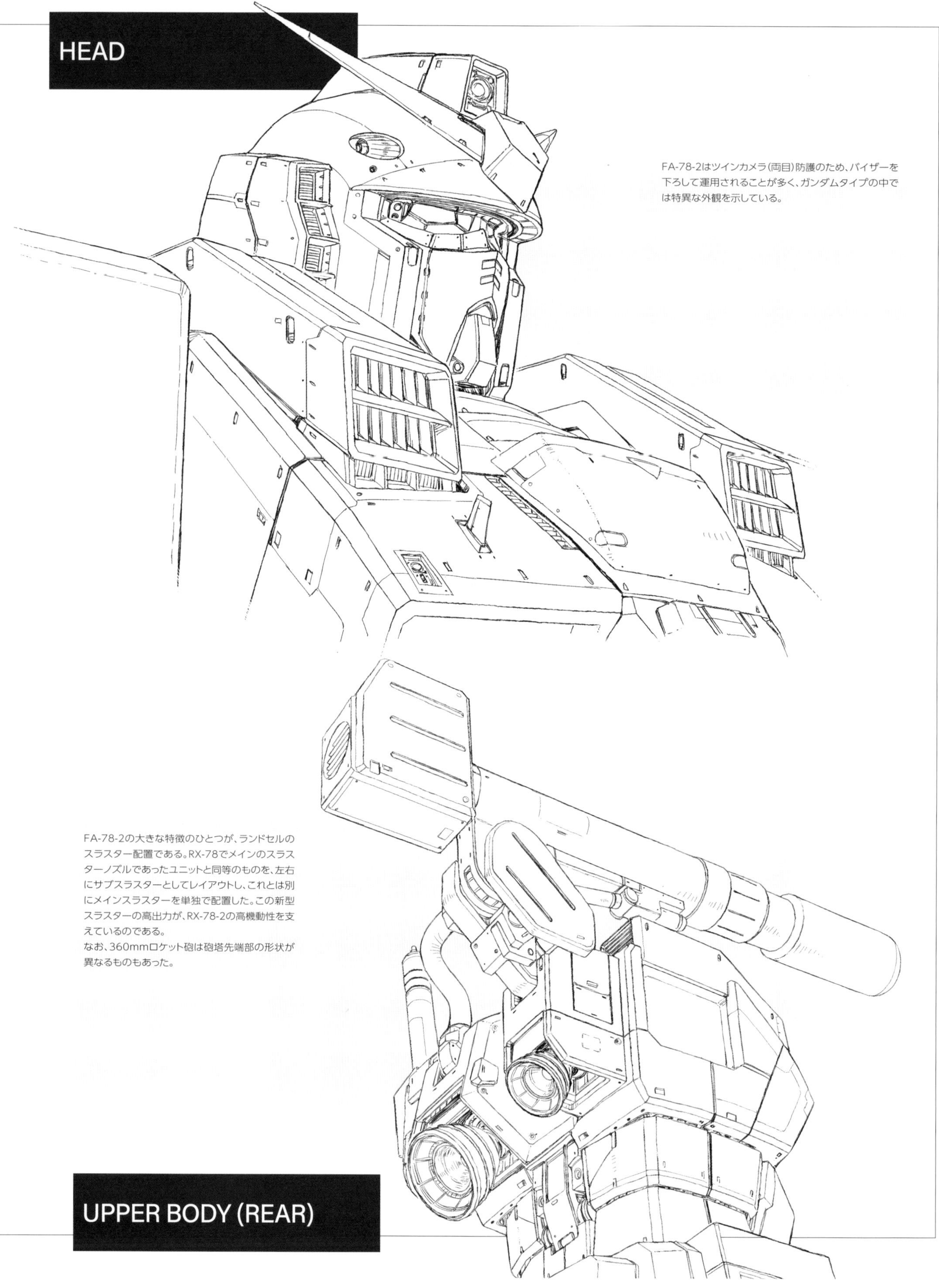

FA-78-2はツインカメラ(両目)防護のため、バイザーを下ろして運用されることが多く、ガンダムタイプの中では特異な外観を示している。

UPPER BODY (REAR)

FA-78-2の大きな特徴のひとつが、ランドセルのスラスター配置である。RX-78でメインのスラスターノズルであったユニットと同等のものを、左右にサブスラスターとしてレイアウトし、これとは別にメインスラスターを単独で配置した。この新型スラスターの高出力が、RX-78-2の高機動性を支えているのである。
なお、360mmロケット砲は砲塔先端部の形状が異なるものもあった。

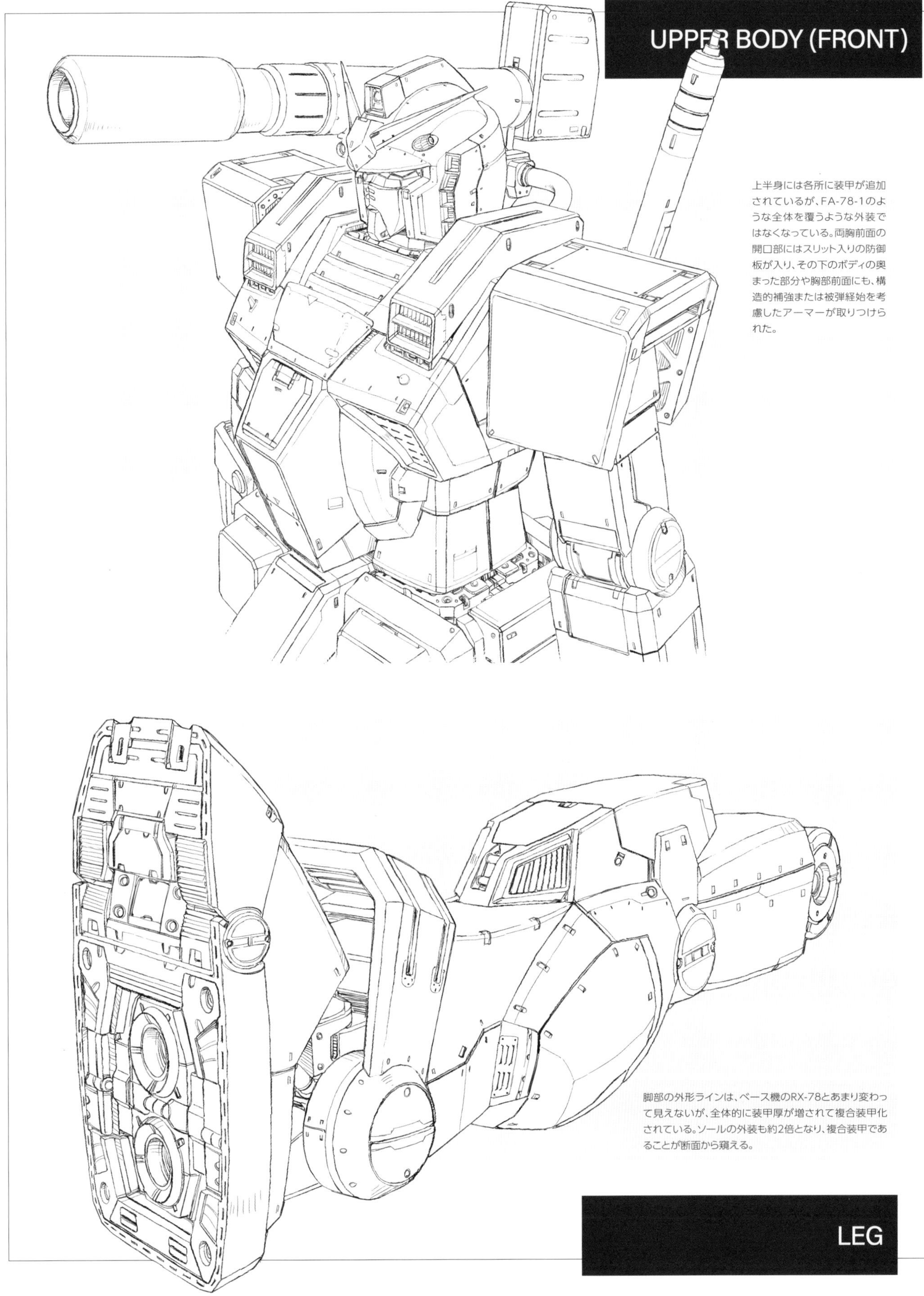

UPPER BODY (FRONT)

上半身には各所に装甲が追加されているが、FA-78-1のような全体を覆うような外装ではなくなっている。両胸前面の開口部にはスリット入りの防御板が入り、その下のボディの奥まった部分や胸部前面にも、構造的補強または被弾経始を考慮したアーマーが取りつけられた。

脚部の外形ラインは、ベース機のRX-78とあまり変わって見えないが、全体的に装甲厚が増されて複合装甲化されている。ソールの外装も約2倍となり、複合装甲であることが断面から窺える。

LEG

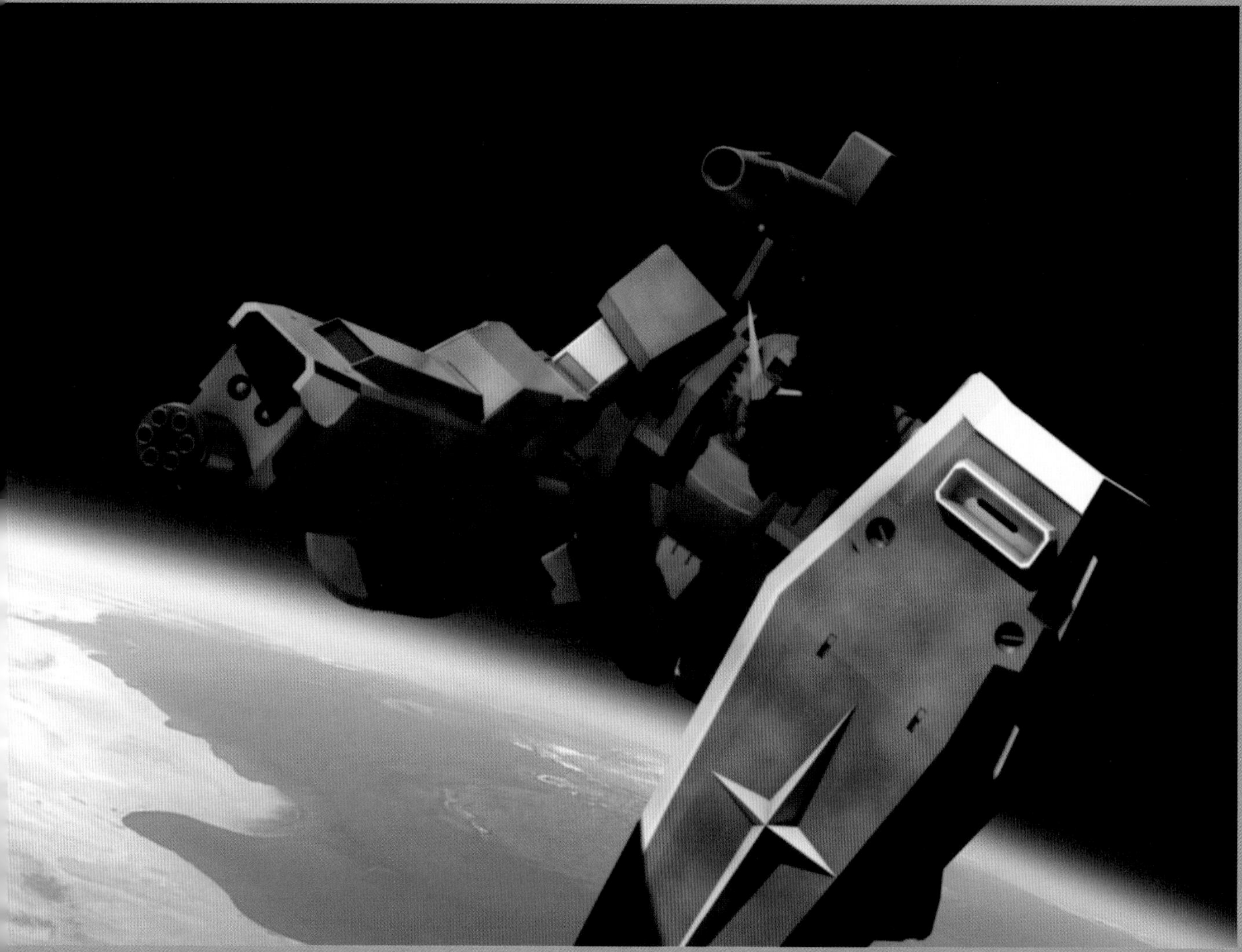

FA-78-2は全規模開発機が3ないし4機生産されたとされる。当然、テスト中に仕様やカラーリングの変遷もあり、公開された写真資料がどの機体を指すのかは明確ではない。また、これらの機体の存在が後に非公式ではあるが確認されているものの、何機が現存しているのかも不明である。

HEAVY GUNDAM VARIATIONS

FA-78-2〈ヘビーガンダム〉は3機ないし4機の全規模開発機が生産されたと言われている。そのうちの1機はU.C.0090年代に入ってからの目撃情報がある。不確かな情報によれば、本機は開発2号機をベースとした近代化改修機で、一年戦争後に主流となった全天周囲モニター式のコクピットや、サイコミュまで実装されているという。10年以上も前に設計された機体を改修までして使用している意図は定かではないが、現代のMS戦に対応できるよう改修項目はほかにもあるのではないかと考えられる。

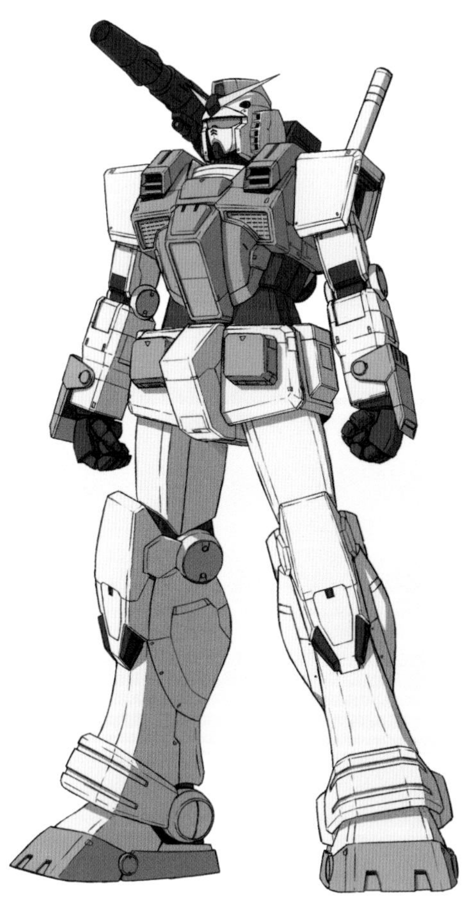

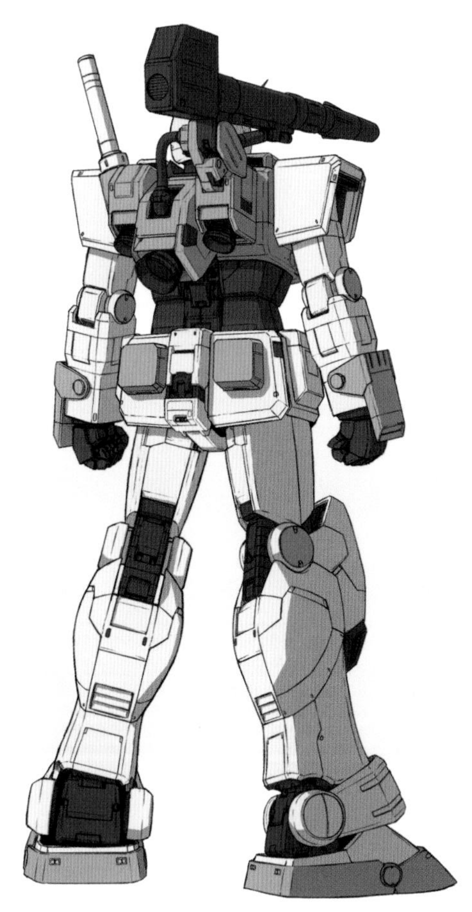

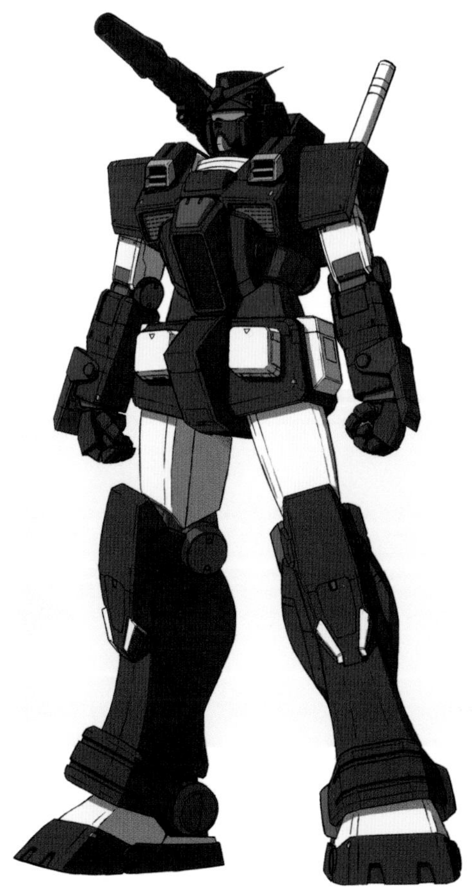

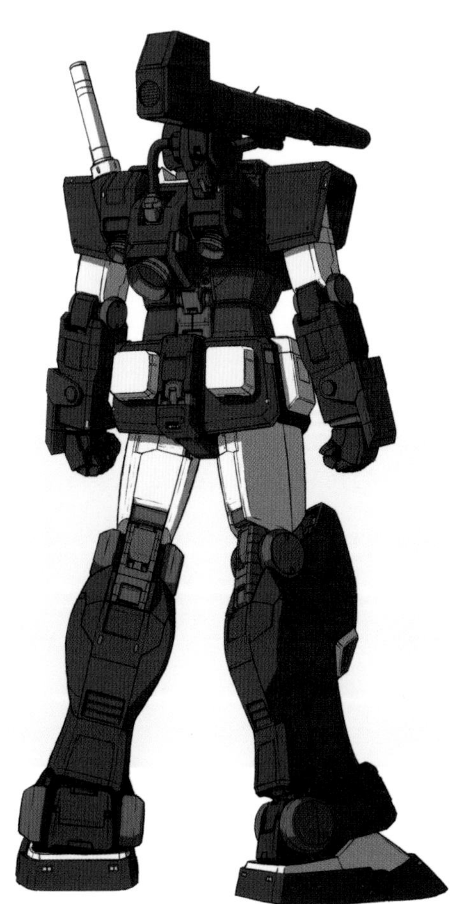

with Double Flame Launcher

【運用実績】

大気圏突入テストによって喪失した機体を除く2機は、短期間ではあったが実験部隊に配備され、少なくとも一度は実戦投入されたとの記録が残されている。しかしながら、その詳細については軍部からの公式発表がされておらず、またFSWS計画機のご多分に漏れず怪しげな「実戦記録」が複数出回っている状況にあり、一説には小惑星ペズンへの侵攻作戦でも運用された噂がある。

まず、おおよその行動が判明している事例から見ていこう。U.C.0081年、FA-78-2の試作2号機と見られる機体が、サイド6のプライベート・コロニー「アガルタ」で確認されている。同コロニーへの干渉を企図した地球連邦宇宙軍「サリードI駐留部隊」の所属機として、運用されていたようなのだ。ところが、その後に発生した戦闘の余波を受けて「アガルタ」は崩壊してしまう。この一連の「アガルタ崩壊事件」は地球連邦サイドにとっても汚点のひとつであり、厳しい情報統制が行われた結果、FA-78-2の運用実績についても明らかにされることはなかったのである。なお、アンダーグラウンドのネットワーク上に流出した「アガルタにおける戦闘」とされる画像データでは、黒鉄色を基調としたカラーリングの機体が映し出されている。この機体は、前腕部にボックス型ビーム・サーベルは装備せず、折りたたみ式シールドを選択するという、U.C.0081年8月頃に行われたトライアル時と同様の仕様であり、コロニーを傷つけないようにするためか手持ち式のビーム・サーベルを軸に戦っていたことが画像から見て取れる。

また、翌0082年のジオン共和国内における公国軍残党勢力との戦闘においても、FA-78-2らしき機体の姿があり撃墜されたようだという証言もあるが、地球連邦軍の公開情報の中には、それらしい戦闘記録が確認できず未確定の状況である。これ以外にも、特殊工作部隊出身のデン・バザーク大佐がFA-78-2を運用したと語られているが、彼が所属していた部隊の性格上、作戦の内容どころ

か時期に至るまで明らかとなっておらず、したがってこの情報についても真偽のほどは定かではない。

こうしてFA-78-2は歴史の闇に葬り去られたかに見えたが、U.C.0090年代に入ってふたたび姿を現す。ジャブローで発生した民間軍事会社と公国軍残党勢力の戦闘に介入した、地球連邦軍所属機の中にFA-78-2が含まれていたのだ。一説によると、この部隊は退役軍人として軍部に強い人脈を有するゴップ議長の影響下にあり、同機についても彼の指示で配備されていたのだという。ある証言によれば、この機体は前述の試作2号機であり、「アガルタ崩壊事件」の後に部隊から引き上げられ、長らく保管庫で眠っていたものらしい。しかも、強化人間による運用を想定した改修が加えられた上での戦力化であったとも言われている。オリジナルのFA-78-2自体は、FA-78-1の開発過程において目指していた少数精鋭部隊構想からは外されており、ニュータイプ適性のあるパイロットによる運用を前提としたような仕様は含まれていない。しかしながら、コア・ブロック・システムをオミットしたことで内部構造には余裕があり、全天周囲モニター、及びリニアシートの導入はもちろん、バイオ・センサーなどのサイコミュ機器を搭載するだけのキャパシティがあることもまた確かである。わざわざ10年近く前に開発された機体を引き出すだけの素地がFA-78-2には存在したのだ。

これ以外にも、最新の部材でアップデートが図られたとされるこの機体は、後にペガサス級強襲揚陸艦〈ブランリヴァル〉の艦載機部隊に回されており、宇宙要塞コンペイトウにおける何らかの秘密作戦に従事したようである。ただし、その後の同艦の記録からは、ある時期よりFA-78-2に関連する記録が途絶えており、以後の足取りは不明である。戦闘により喪失してしまったのか、あるいは別部隊に回されたのか、新たな資料の発見が待たれるところである。

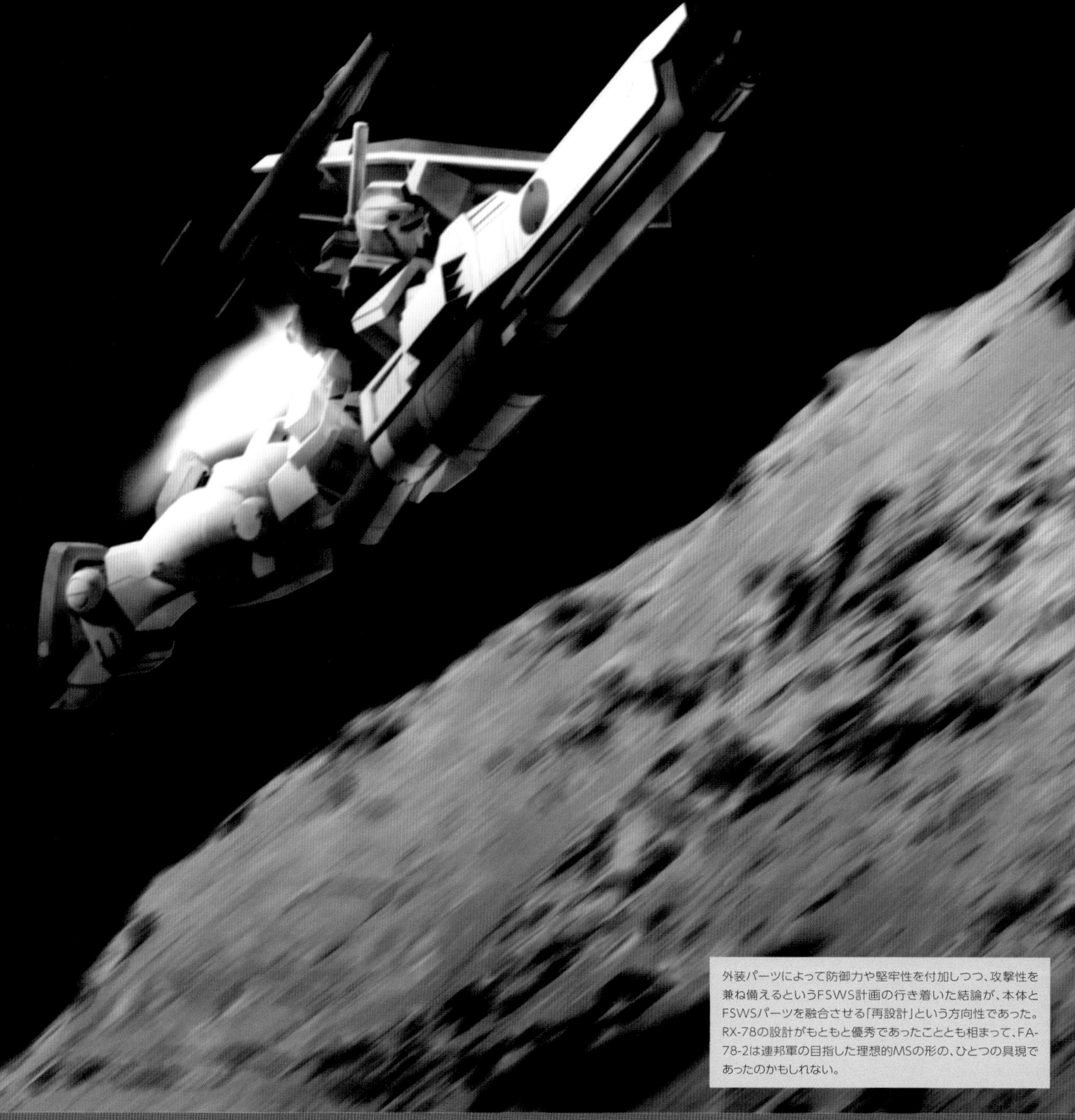

外装パーツによって防御力や堅牢性を付加しつつ、攻撃性を兼ね備えるというFSWS計画の行き着いた結論が、本体とFSWSパーツを融合させる「再設計」という方向性であった。RX-78の設計がもともと優秀であったこととも相まって、FA-78-2は連邦軍の目指した理想的MSの形の、ひとつの具現であったのかもしれない。

FA-78-3 FULL ARMOR GUNDAM No.7

【フルアーマーガンダム7号機】

型式番号:	FA-78-3
頭頂高:	18.3m
本体重量:	39.2t
全備重量:	88.7t
装甲材質:	ルナ・チタニウム合金
出力:	1,850kW
推力:	78,450kg
センサー有効半径:	7,210m
武装:	ビーム・ライフル ハイパー・バズーカ 60mmバルカン砲×2 ビーム・サーベル×2 グレネード・ランチャー 長距離ビーム・キャノン ビーム・スプレーガン マイクロ・ミサイル×4 腕部2連ビーム・スプレーガン×2 3連ミサイル・ポッド×2 4連ミサイル・ポッド×2

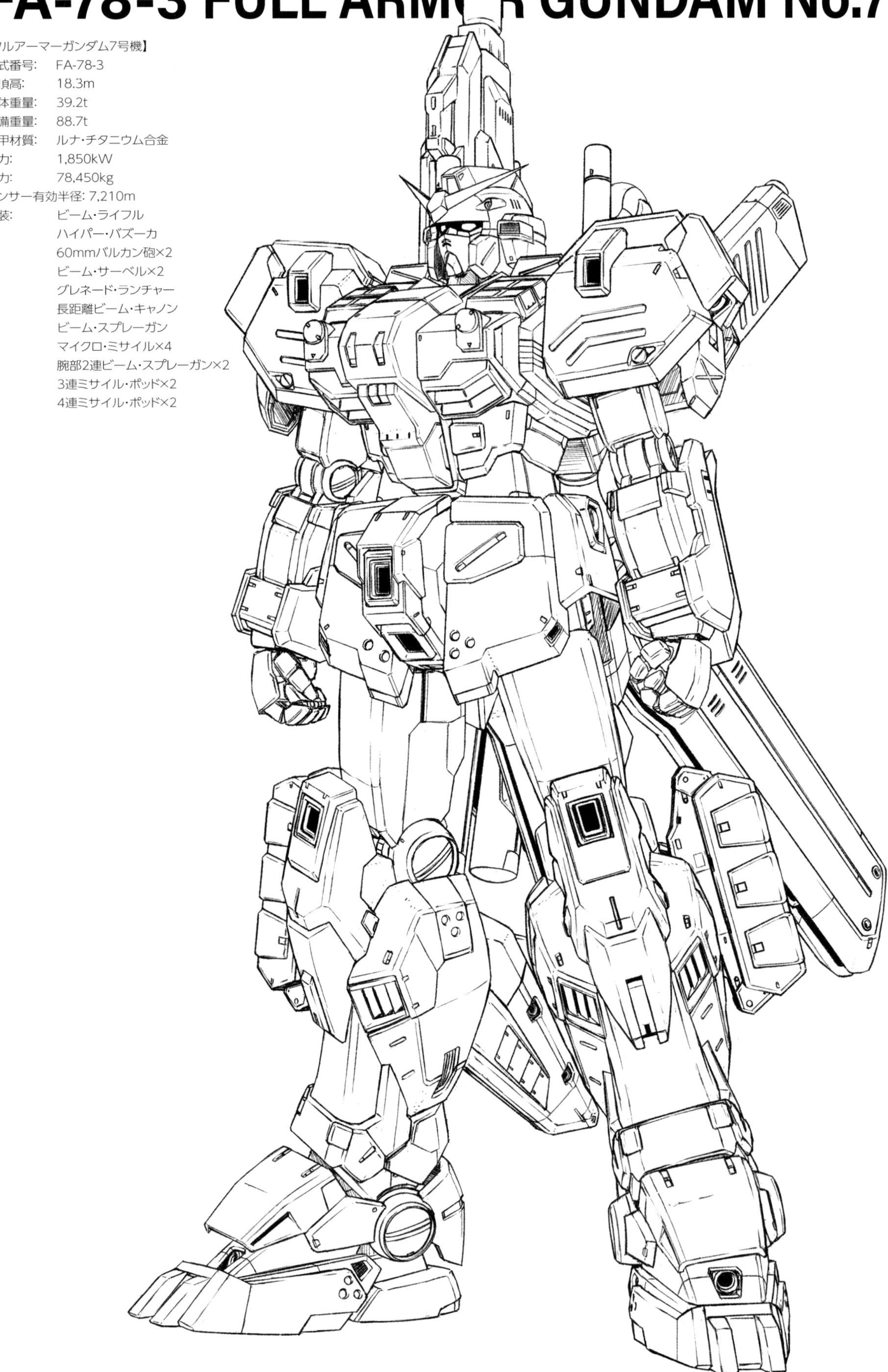

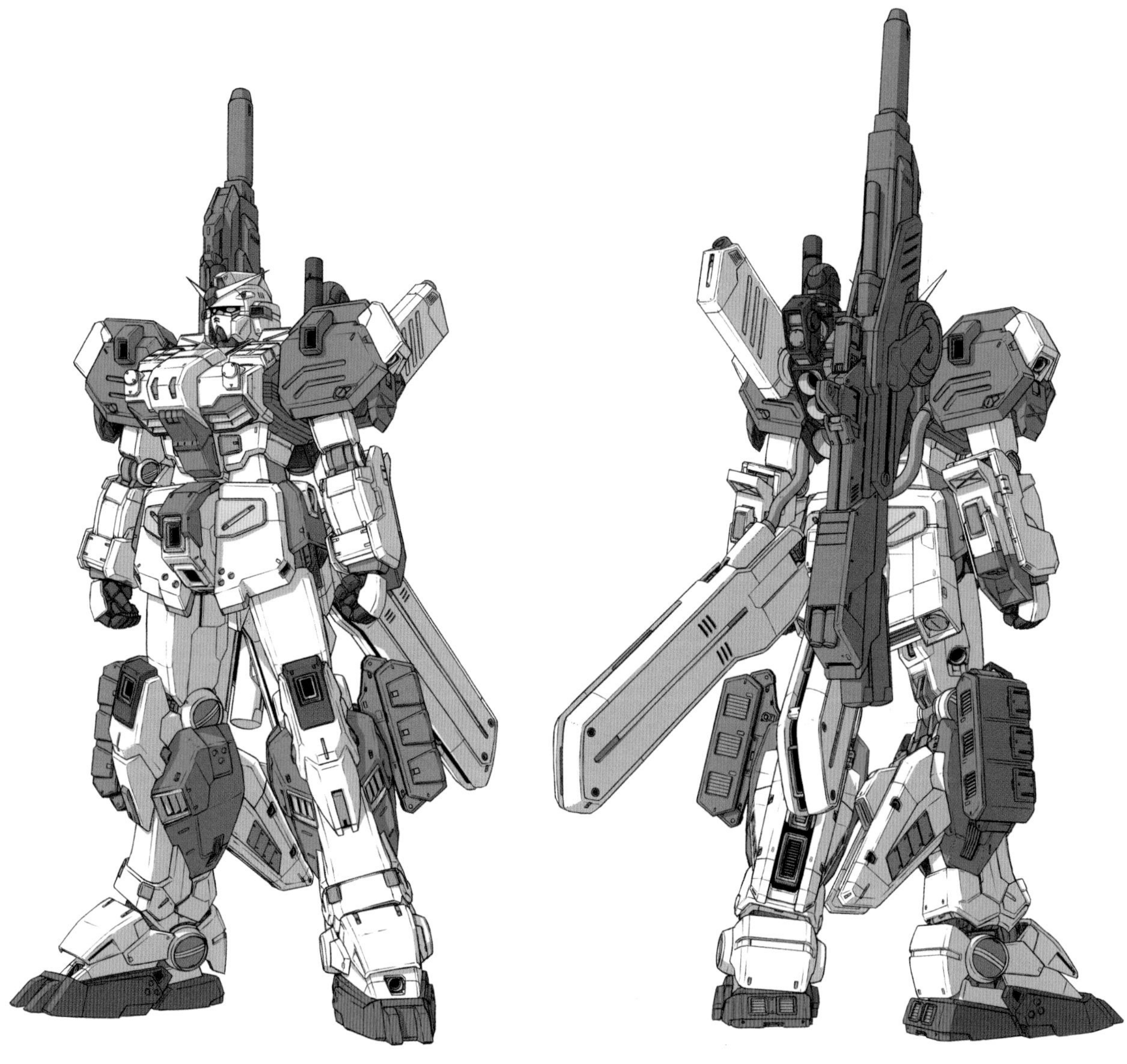

【FA-78-3〈フルアーマー・ガンダム7号機〉】

FA-78-1〈フルアーマー・ガンダム〉にて実用化された「装甲と武装を一体化させた増加装甲パーツによるMSの強化」というコンセプトは、FA-78-2〈ヘビー・ガンダム〉で試みられた「MSへの一体化」を経て洗練の度合いを高めたが、それでも機動性の面などで課題が残されてもいた。そこで、改めて増加装甲パーツの装着を前提とするコンセプトに立ち返りつつ、素体となるMSの機体設計から手を入れ、さらに「二段階の増加装甲パーツ」を用意することで、作戦用途に応じて最適な状態で出撃するという新機軸の構想が打ち出されることになる。これこそFSWS計画の「第3試案」の骨子である。

その素体たるRX-78-7の開発にあたっては、ジャブロー工場にて建造されたRX-78の通算7号機が転用されることとなったが、改修はフレーム・レベルに及ぶ大規模なものとなり、結果として新規設計に等しい変貌を遂げることとなった。まず、コア・ブロック・システムを廃止し、実用化されたばかりの全天周囲モニターを採用する形で操縦系統を一新。これと並行して、出力1,680kwの高出力ジェネレーターを搭載した上で、エネルギー伝達経路の最適化を行(おこな)い、全身にマウントラッチを設けて増加装甲パーツとの親和性を拡張した。さらに背部ランドセルの推進系を見直すと同時に、機体各所に姿勢制御用スラスターを設置することで、総推力をRX-78-3比で3割弱ほど向上させた点も注目に値する。本体重量が39.2tまで減じたことも相まって、RX-78-7は極めて高い運動性を確保することに成功したのだ。

FA-78-3 FULL ARMOR GUNDAM No.7

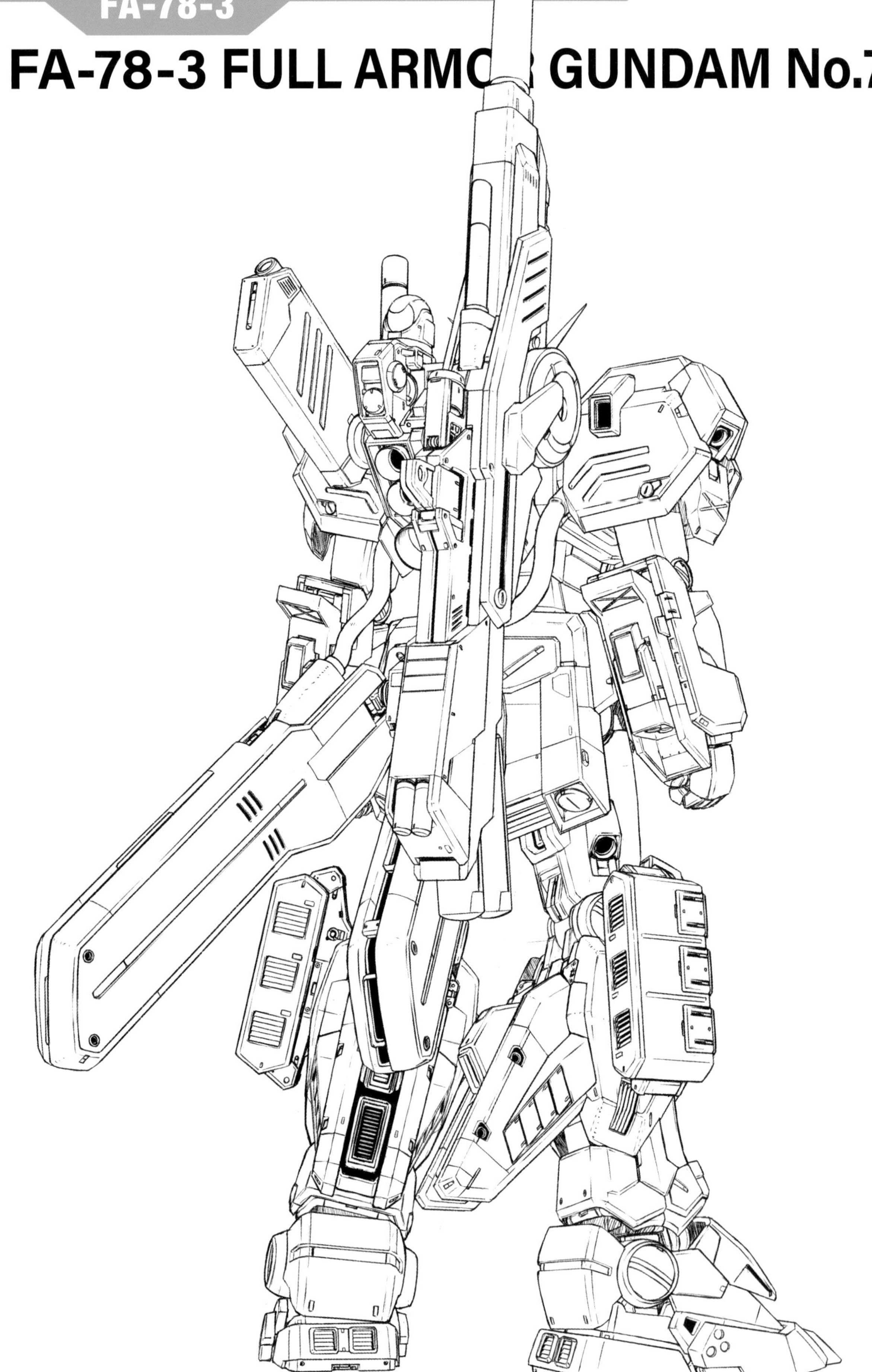

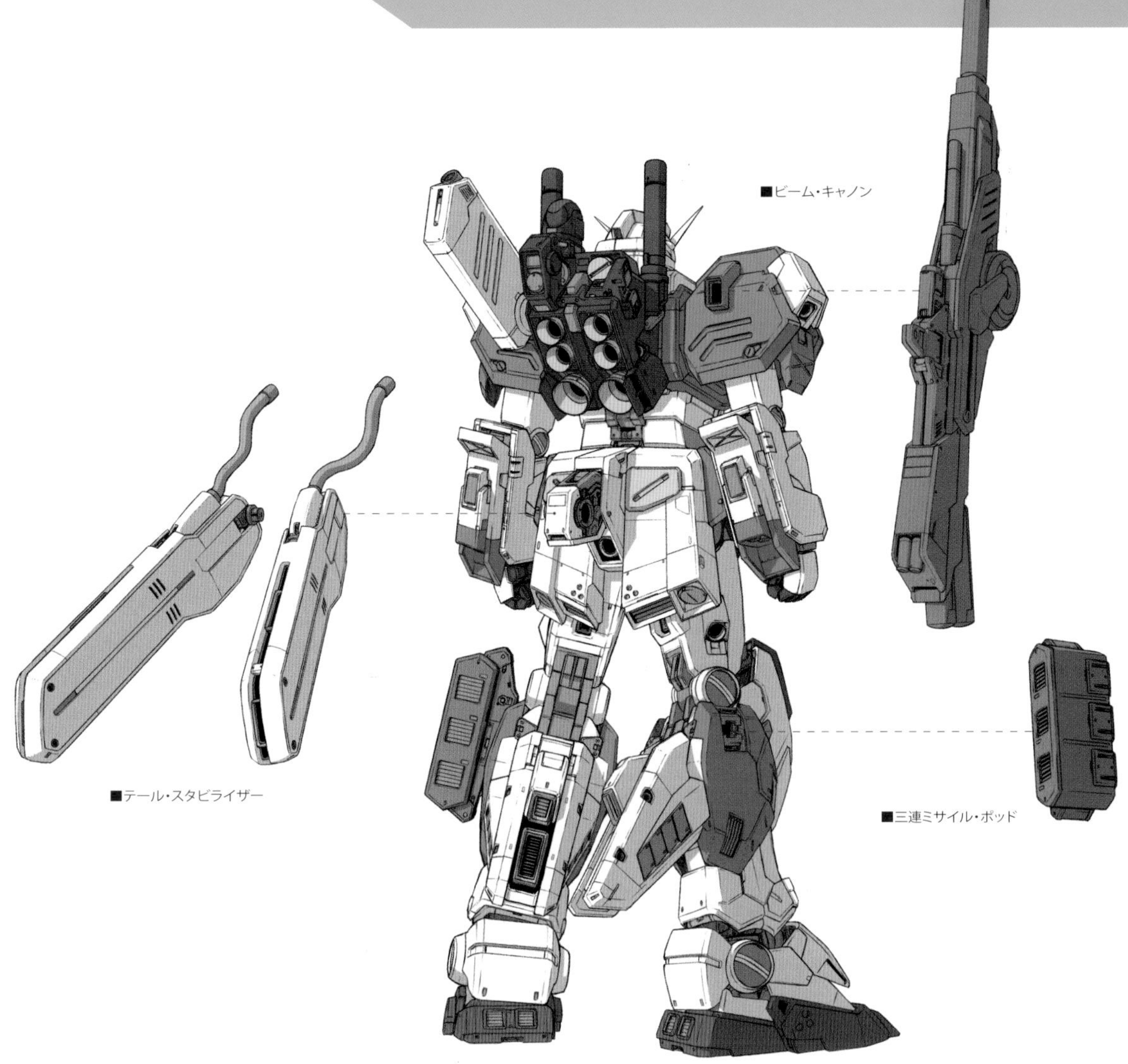

こうして、軽量、高出力、高推力と三拍子揃った近距離格闘戦用MSとなったRX-78-7に対し、「ファースト・アーマー」と呼ばれる第一次装甲を装着した状態を、FA-78-3〈フルアーマー・ガンダム7号機〉と呼称する。FA-78-3が目指したのは中距離射撃戦への対応であり、重火力と重装甲の両立を旨として設計が進められた。FA-78-1との最大の相違点は、右肩部にロケット砲に替える形で新型ビーム・キャノンを搭載した点であろう。砲身にエネルギーCAP用のサブ・システムと新規開発のアクセラレーターを内蔵したこの武装は、艦砲に匹敵する威力に加えて、標準的なビーム・ライフルの2倍相当の射程距離を誇ったと伝えられている。そして、この武装をドライブさせるため、増加装甲パーツにはサブ・ジェネレーターを実装。本体側の主機と合わせた総出力は1,850kwに達したといわれている。また、増加装甲パーツ内にはFA-78-1を上回る量のミサイルが装備された。三連ミサイル・ポッドと四連ミサイル・ポッドを各2基ずつ備えると同時に、4基のマイクロ・ミサイルが内蔵されているのだ。また、収束率を高めて射程を延伸させた専用ビーム・ライフルが用意されたほか、オプション装備として前腕部には2連装ビーム・ガン、もしくは2連装グレネード・ランチャーを選択して装着することができるなど、撃ち漏らした敵機に接近された場合の備えも万全であった。

以上のように、FA-78-3の火力は既存のFSWS計画機を圧倒するものとなっている。しかし、本機の特徴はこれだけに留まらない。FA-78-2の課題とされた運動性を改善すべく、推進系の強化も図られているのだ。増加装甲パーツに対しても姿勢制御用のスラスターが設置されている他、ランドセルを積層化することでメインノズルを6発に増加。また、四肢に続くAMBAC肢として、テール・スタビライザーを導入することで、重厚な見た目に反する軽快な戦闘機動を実現したのだった。とはいえ、これだけ仕様を盛り込むとなると、開発は容易に進むはずもない。本機の完成は、後述するセカンド・アーマーを含めて戦後へと大きくずれ込むことになったのである。

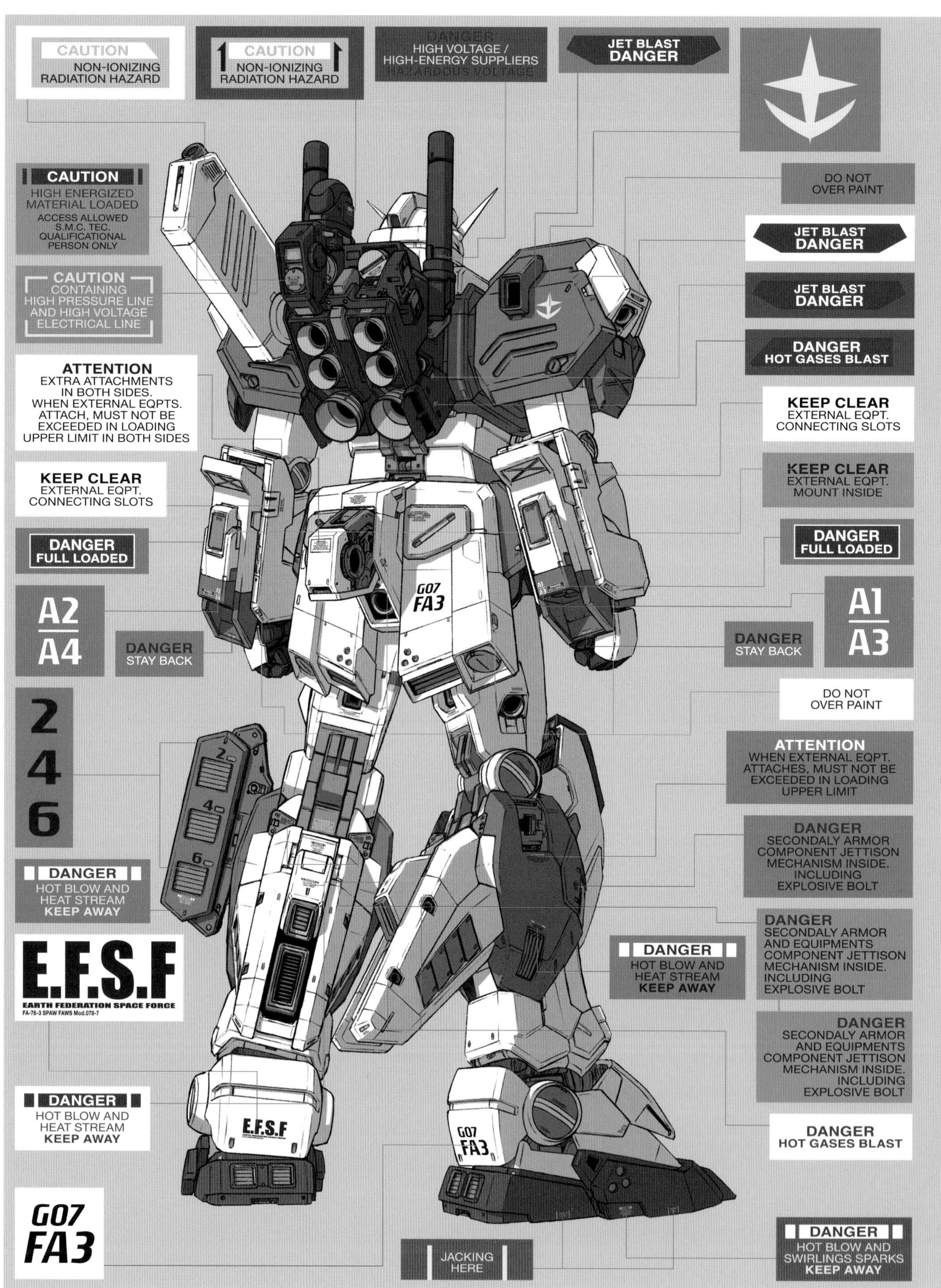
CAUTION
NON-IONIZING RADIATION HAZARD
CAUTION
NON-IONIZING RADIATION HAZARD
DANGER
HIGH VOLTAGE / HIGH-ENERGY SUPPLIERS
HAZARDOUS VOLTAGE
JET BLAST DANGER
CAUTION
HIGH ENERGIZED MATERIAL LOADED
ACCESS ALLOWED S.M.C. TEC. QUALIFICATIONAL PERSON ONLY
DO NOT OVER PAINT
JET BLAST DANGER
CAUTION
CONTAINING HIGH PRESSURE LINE AND HIGH VOLTAGE ELECTRICAL LINE
JET BLAST DANGER
DANGER
HOT GASES BLAST
ATTENTION
EXTRA ATTACHMENTS IN BOTH SIDES. WHEN EXTERNAL EQPTS. ATTACH, MUST NOT BE EXCEEDED IN LOADING UPPER LIMIT IN BOTH SIDES
KEEP CLEAR
EXTERNAL EQPT. CONNECTING SLOTS
KEEP CLEAR
EXTERNAL EQPT. CONNECTING SLOTS
KEEP CLEAR
EXTERNAL EQPT. MOUNT INSIDE
DANGER
FULL LOADED
DANGER
FULL LOADED
G07 FA3
A2 A4
DANGER
STAY BACK
DANGER
STAY BACK
A1 A3
DO NOT OVER PAINT
2 4 6
ATTENTION
WHEN EXTERNAL EQPT. ATTACHES, MUST NOT BE EXCEEDED IN LOADING UPPER LIMIT
DANGER
SECONDALY ARMOR COMPONENT JETTISON MECHANISM INSIDE. INCLUDING EXPLOSIVE BOLT
DANGER
HOT BLOW AND HEAT STREAM KEEP AWAY
DANGER
SECONDALY ARMOR AND EQUIPMENTS COMPONENT JETTISON MECHANISM INSIDE. INCLUDING EXPLOSIVE BOLT
E.F.S.F
EARTH FEDERATION SPACE FORCE
FA-78-3 SPAW FAWS Mod.078-7
DANGER
HOT BLOW AND HEAT STREAM KEEP AWAY
DANGER
SECONDALY ARMOR AND EQUIPMENTS COMPONENT JETTISON MECHANISM INSIDE. INCLUDING EXPLOSIVE BOLT
DANGER
HOT BLOW AND HEAT STREAM KEEP AWAY
E.F.S.F
G07 FA3
DANGER
HOT GASES BLAST
G07 FA3
JACKING HERE
DANGER
HOT BLOW AND SWIRLINGS SPARKS KEEP AWAY

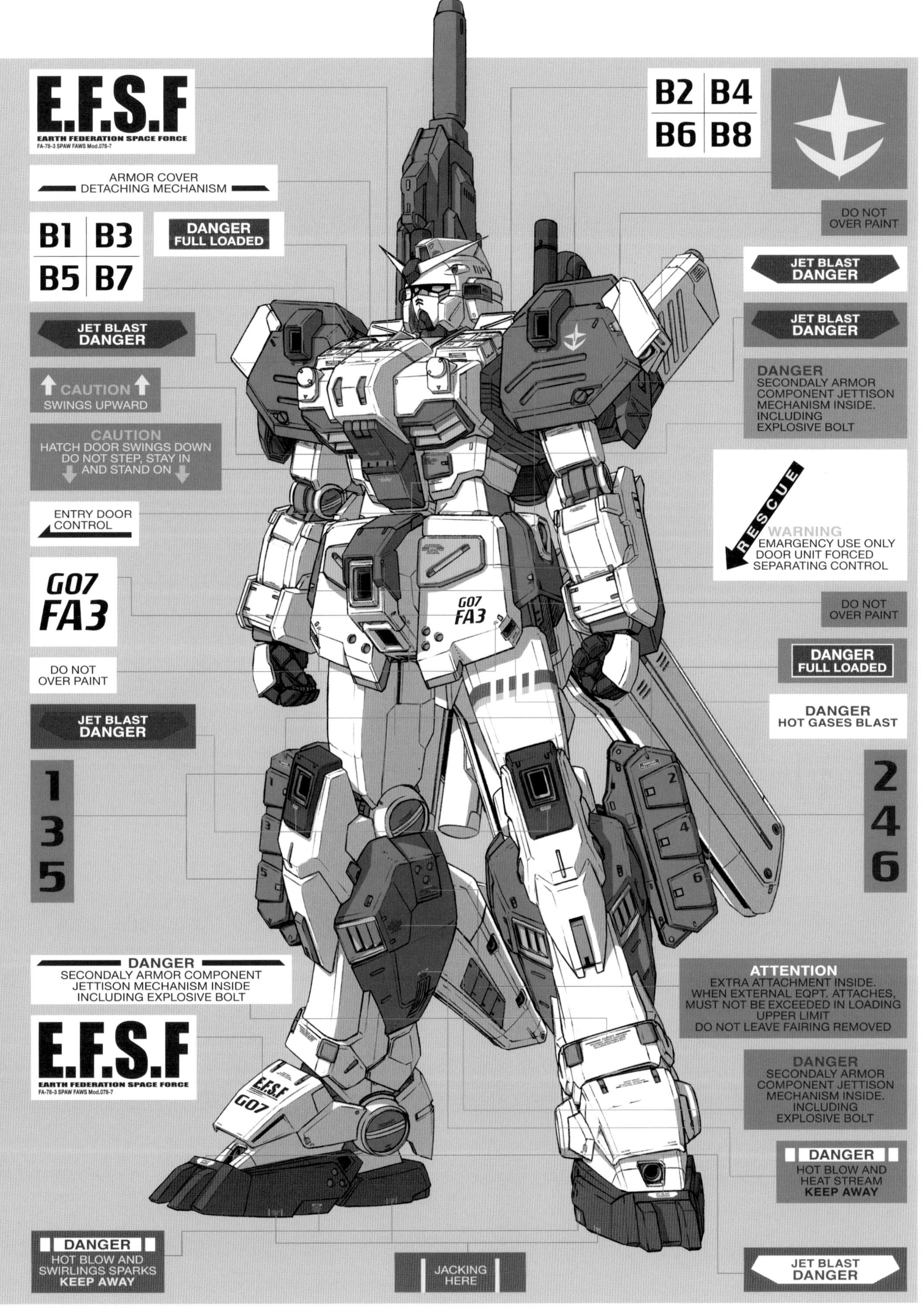
E.F.S.F
EARTH FEDERATION SPACE FORCE
FA-78-3 SPAW FAWS Mod.078-7
ARMOR COVER DETACHING MECHANISM
B1 B3 B5 B7
DANGER FULL LOADED
JET BLAST DANGER
CAUTION SWINGS UPWARD
CAUTION HATCH DOOR SWINGS DOWN DO NOT STEP, STAY IN AND STAND ON
ENTRY DOOR CONTROL
G07 FA3
DO NOT OVER PAINT
JET BLAST DANGER
1 3 5
DANGER SECONDALY ARMOR COMPONENT JETTISON MECHANISM INSIDE INCLUDING EXPLOSIVE BOLT
E.F.S.F
EARTH FEDERATION SPACE FORCE
FA-78-3 SPAW FAWS Mod.078-7
DANGER HOT BLOW AND SWIRLINGS SPARKS KEEP AWAY
JACKING HERE
B2 B4 B6 B8
DO NOT OVER PAINT
JET BLAST DANGER
JET BLAST DANGER
DANGER SECONDALY ARMOR COMPONENT JETTISON MECHANISM INSIDE. INCLUDING EXPLOSIVE BOLT
RESCUE
WARNING EMARGENCY USE ONLY DOOR UNIT FORCED SEPARATING CONTROL
DO NOT OVER PAINT
DANGER FULL LOADED
DANGER HOT GASES BLAST
2 4 6
ATTENTION EXTRA ATTACHMENT INSIDE. WHEN EXTERNAL EQPT. ATTACHES, MUST NOT BE EXCEEDED IN LOADING UPPER LIMIT DO NOT LEAVE FAIRING REMOVED
DANGER SECONDALY ARMOR COMPONENT JETTISON MECHANISM INSIDE. INCLUDING EXPLOSIVE BOLT
DANGER HOT BLOW AND HEAT STREAM KEEP AWAY
JET BLAST DANGER
G07 FA3
E.F.S.F G07

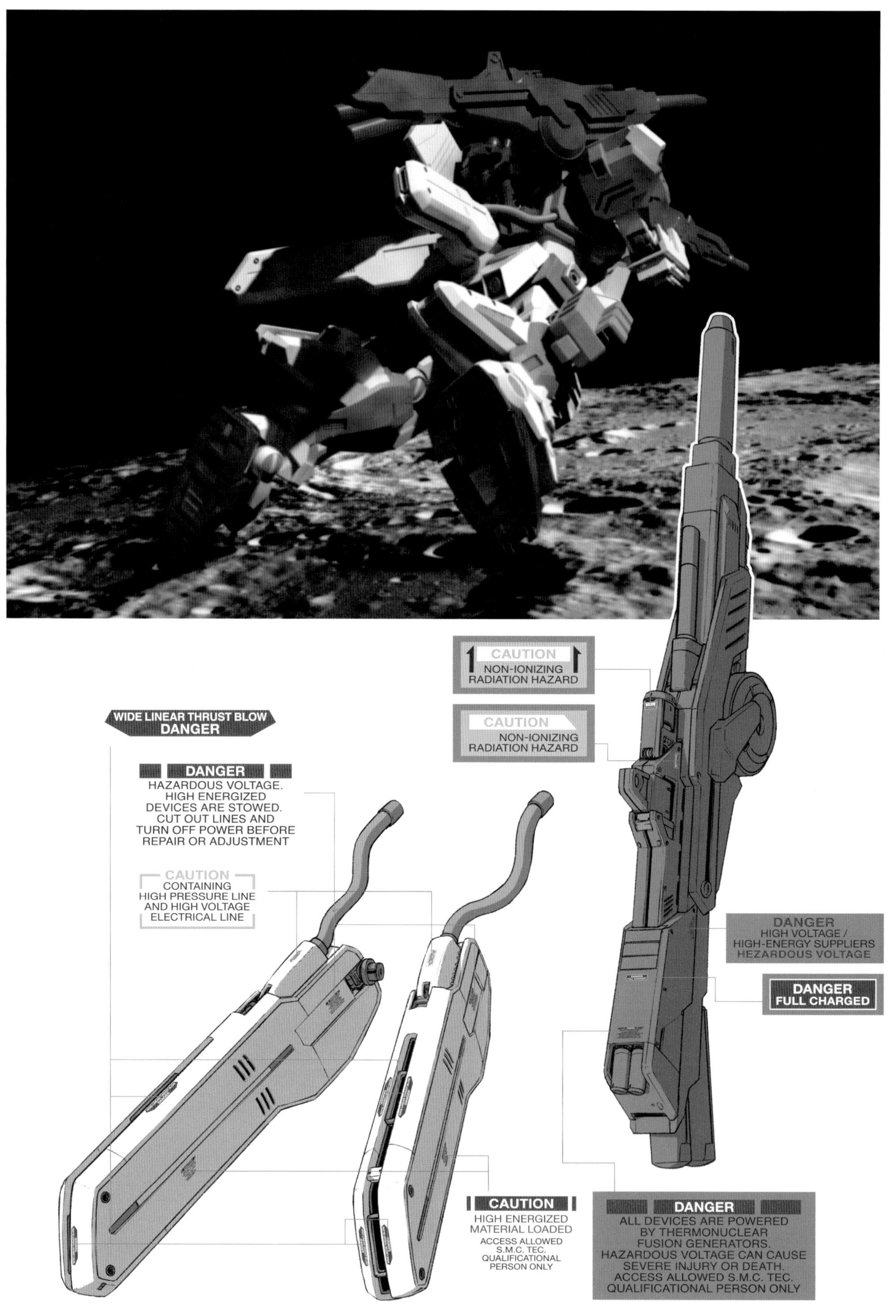
CAUTION
NON-IONIZING RADIATION HAZARD
CAUTION
NON-IONIZING RADIATION HAZARD
WIDE LINEAR THRUST BLOW
DANGER
DANGER
HAZARDOUS VOLTAGE. HIGH ENERGIZED DEVICES ARE STOWED. CUT OUT LINES AND TURN OFF POWER BEFORE REPAIR OR ADJUSTMENT
CAUTION
CONTAINING HIGH PRESSURE LINE AND HIGH VOLTAGE ELECTRICAL LINE
DANGER
HIGH VOLTAGE / HIGH-ENERGY SUPPLIERS
HEZARDOUS VOLTAGE
DANGER
FULL CHARGED
CAUTION
HIGH ENERGIZED MATERIAL LOADED
ACCESS ALLOWED S.M.C. TEC. QUALIFICATIONAL PERSON ONLY
DANGER
ALL DEVICES ARE POWERED BY THERMONUCLEAR FUSION GENERATORS. HAZARDOUS VOLTAGE CAN CAUSE SEVERE INJURY OR DEATH. ACCESS ALLOWED S.M.C. TEC. QUALIFICATIONAL PERSON ONLY

BEAM CANON

ロケット砲に替えてFA-78-3に装備されたのは、長大なビーム・キャノンである。砲身にエネルギーCAP用のサブ・システムと新規開発のアクセラレーターを内蔵し、バレルが伸長することで命中精度と出力の向上を図っている。伸縮式としているのは、射撃時以外でのマスバランスの改善、またレーダーや目視索敵に対する投影面積の縮小を狙ったものとされる。

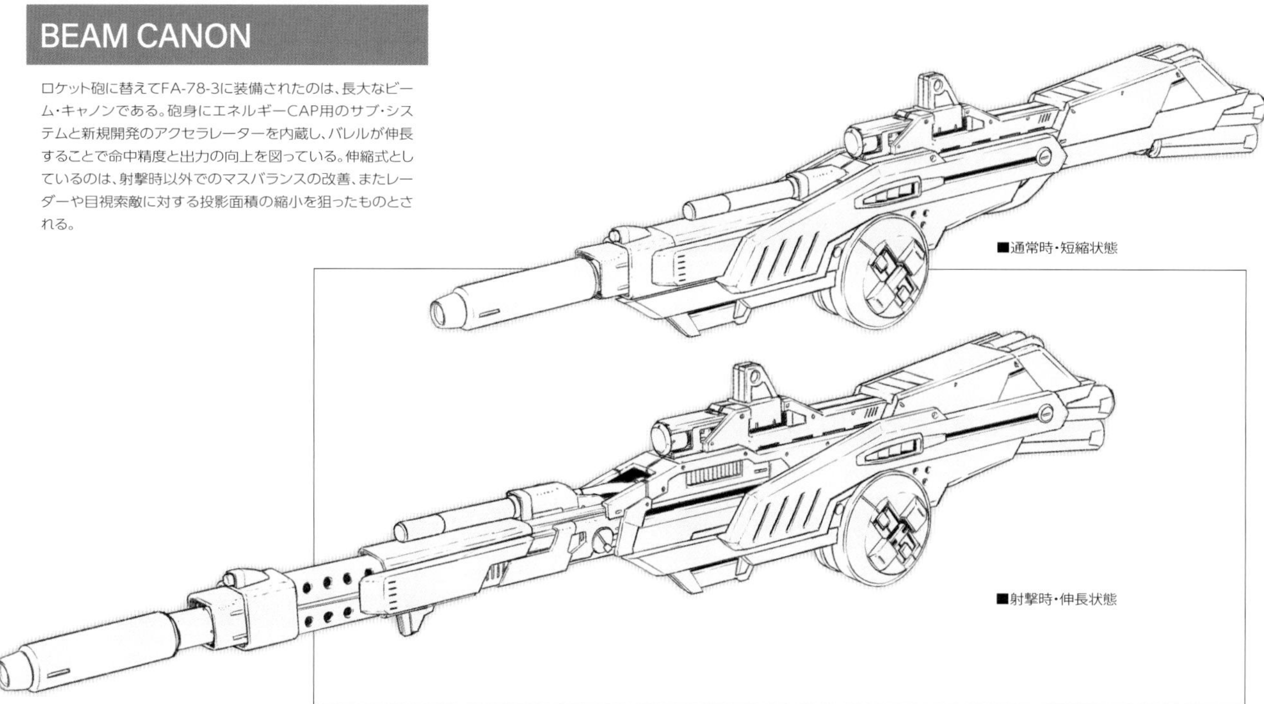

■通常時・短縮状態

■射撃時・伸長状態

BEAM RIFLE

専用ビーム・ライフルは、機能別に分かれたパーツを組み上げる一年戦争時代に多く見られた構造と異なり、コンポーネント構造による整備性を維持しつつも、重量バランスや取り回し、さらには機能強化をも盛り込み、全体としてはまとまりのある先進的な設計にシフトしつつあることを感じさせるデザインである。こうした新しい構造や概念を盛り込んだ試作品が、RX-78でテストされていたのである。

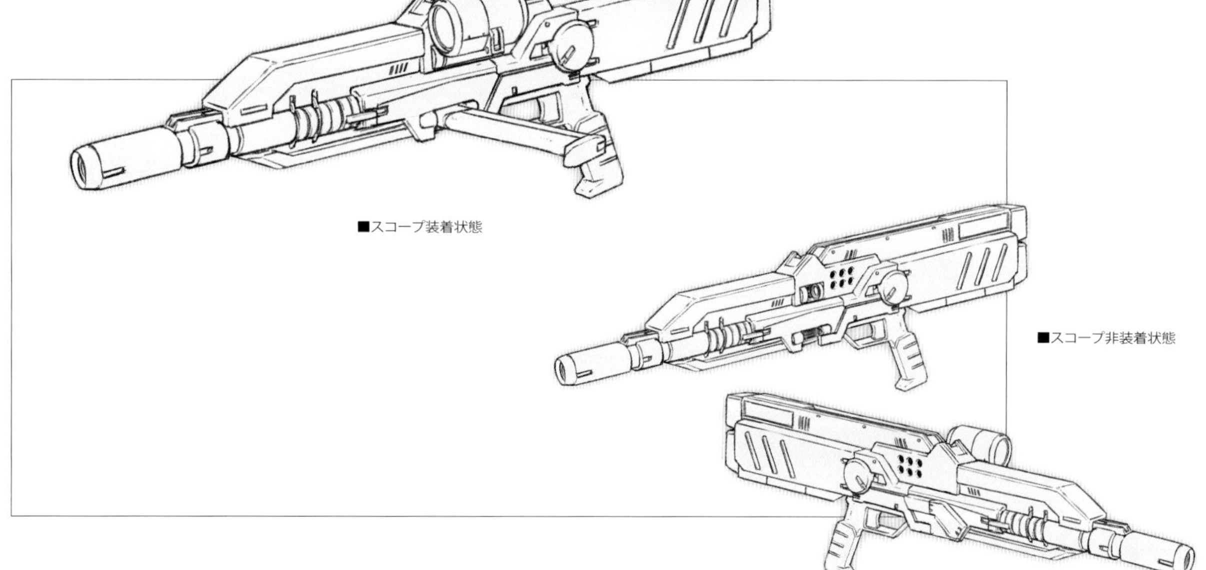

■スコープ装着状態

■スコープ非装着状態

■右側面

UPPER BODY

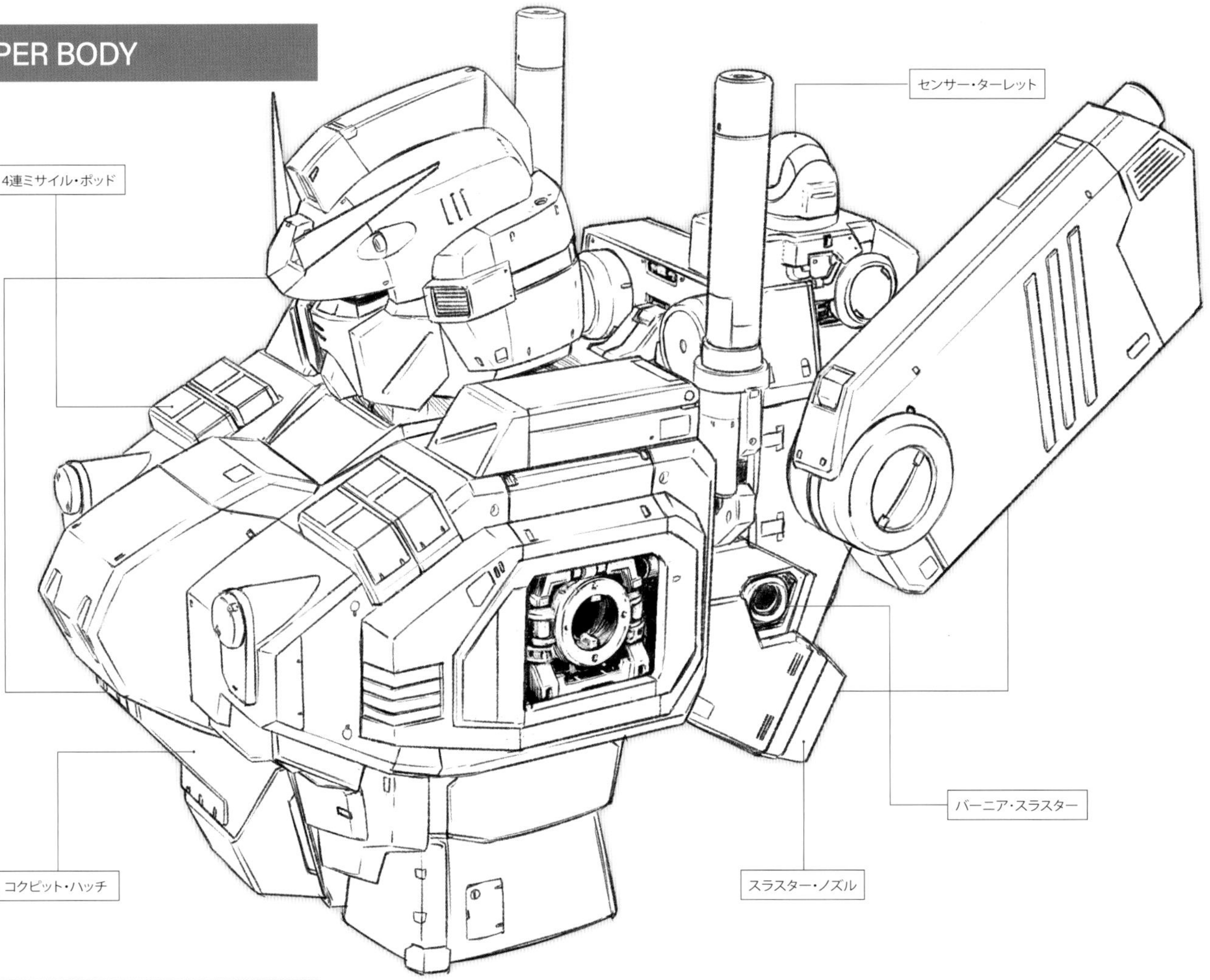

センサー・ターレット

4連ミサイル・ポッド

コクピット・ハッチ

バーニア・スラスター

スラスター・ノズル

TWIN BEAM GUN

2連装ビーム・ガンはオプションで、前腕部のラッチにはほかにグレネード・ランチャーなどを装備することができた。

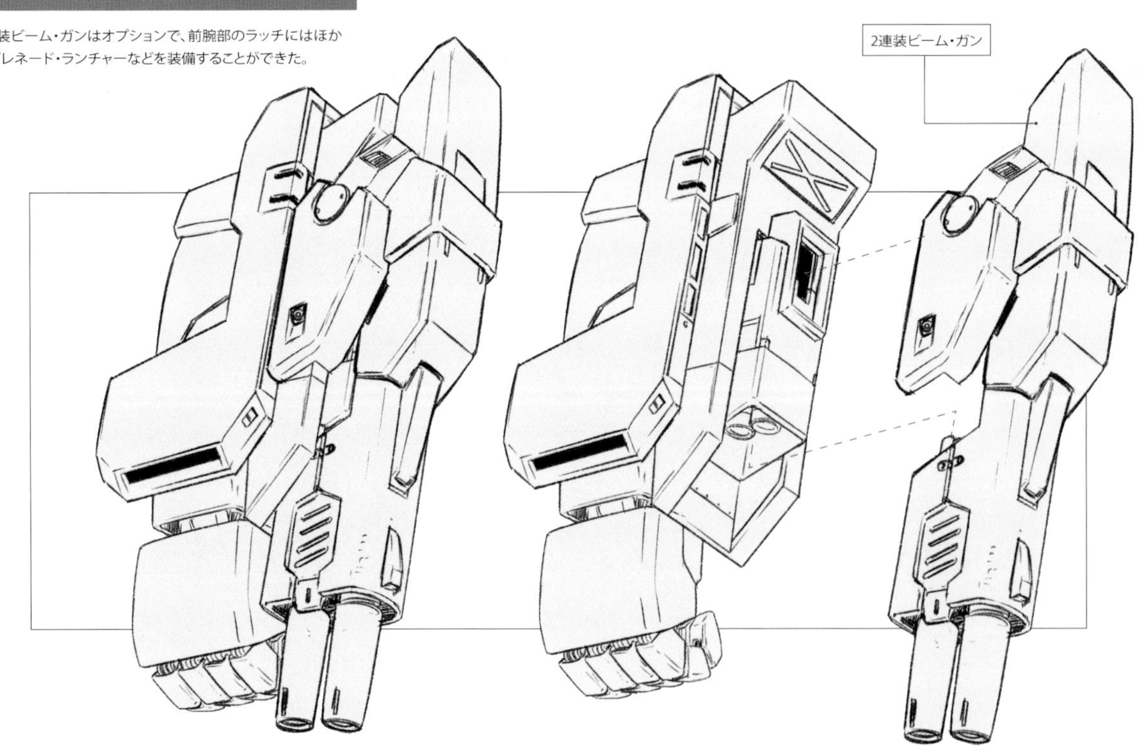

LEG MISSILE POD

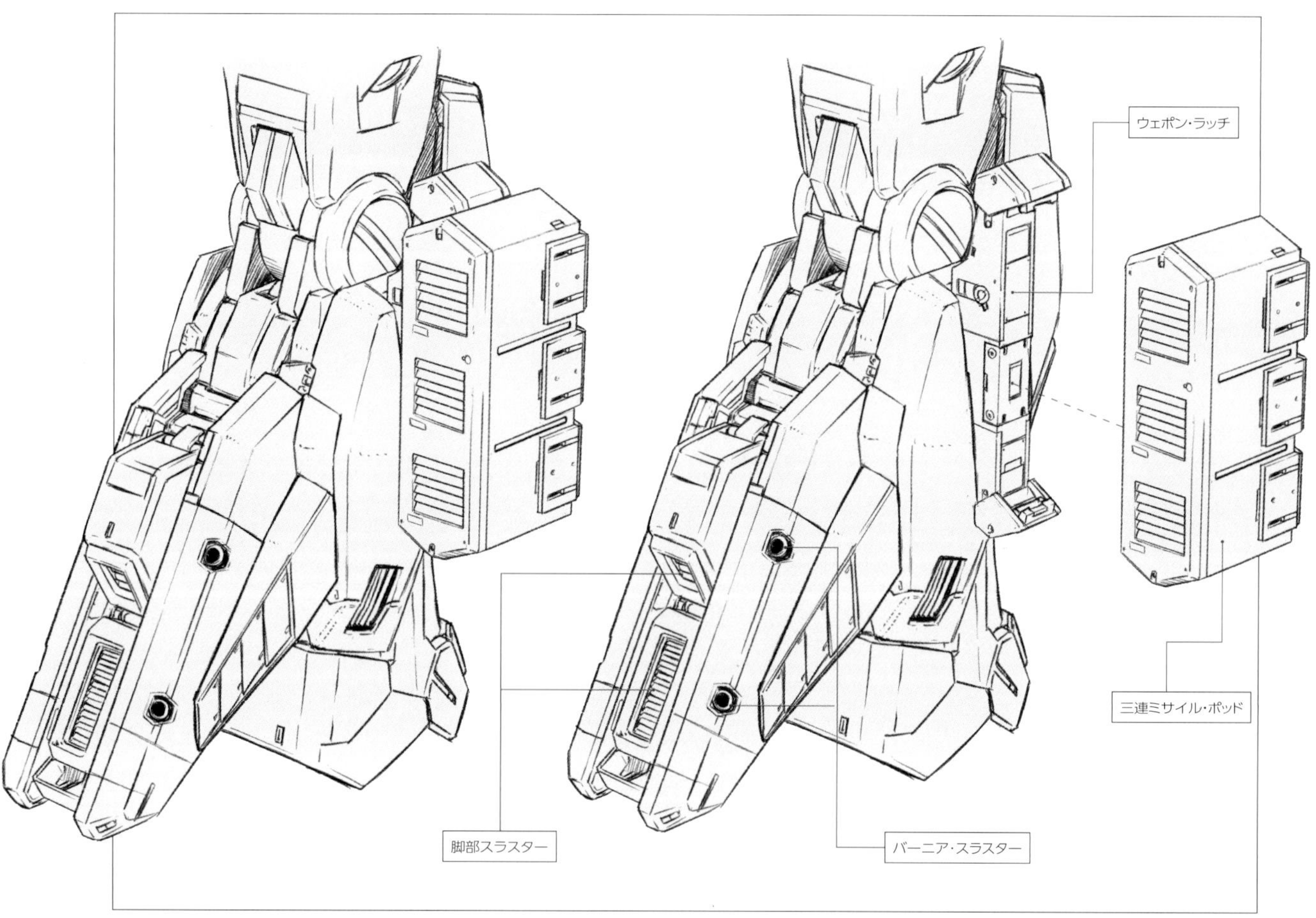

SOLE ARMOR

7号機の足裏は新型のスラスターが採用されており、ノズル形状がこれまでのRX-78シリーズと異なる。ソール・アーマーは素体の外装を覆う面積が少ない。

ソール・アーマー

■スラスター
可変ベーンにより推力を偏向できる。

RX-78-7 GUNDAM No.7

【ガンダム7号機】
型式番号 RX-78-7
頭頂高 18.3m
本体重量 39.2t
全備重量 78.7t
装甲材質 ルナ・チタニウム合金
出力 1,670kW
推力 70,800kg
センサー有効半径 6,130m
武装 ビーム・ライフル
ハイパーバズーカ
60mmバルカン砲×2
ビーム・サーベル×2
グレネード・ランチャー
シールド

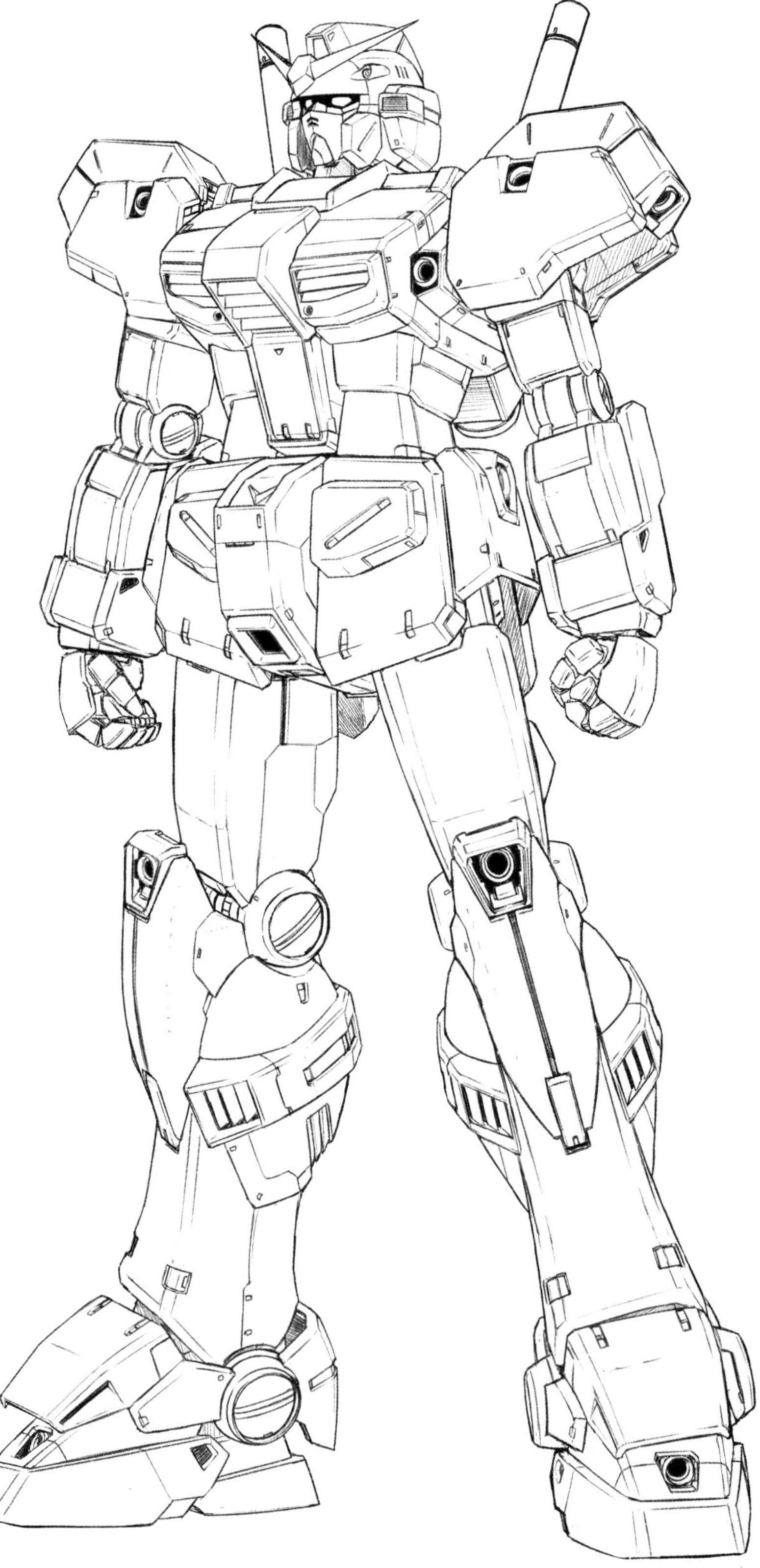

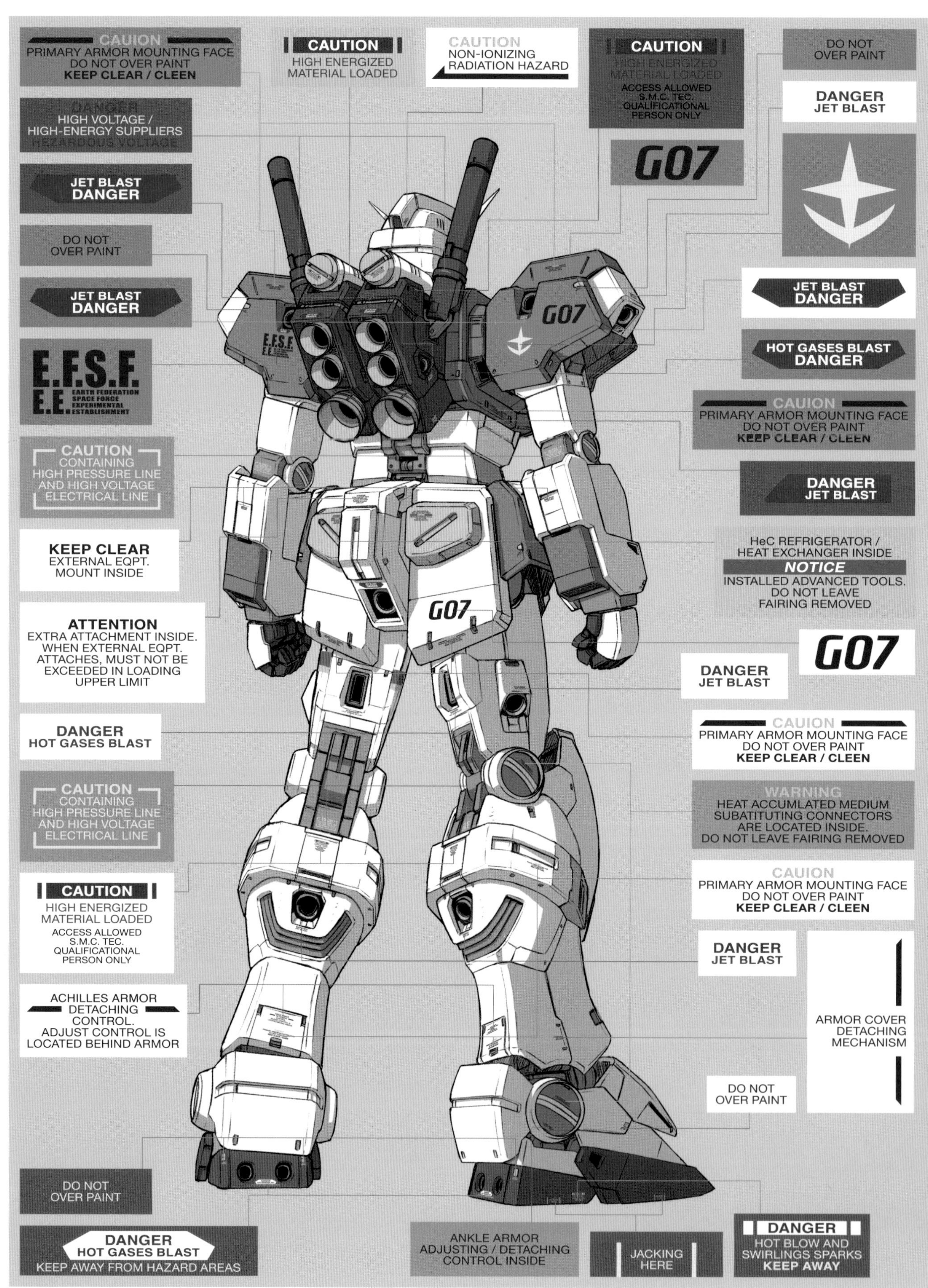
CAUION
PRIMARY ARMOR MOUNTING FACE
DO NOT OVER PAINT
KEEP CLEAR / CLEEN
CAUTION
HIGH ENERGIZED
MATERIAL LOADED
CAUTION
NON-IONIZING
RADIATION HAZARD
CAUTION
HIGH ENERGIZED
MATERIAL LOADED
ACCESS ALLOWED
S.M.C. TEC.
QUALIFICATIONAL
PERSON ONLY
DO NOT
OVER PAINT
DANGER
HIGH VOLTAGE /
HIGH-ENERGY SUPPLIERS
HAZARDOUS VOLTAGE
DANGER
JET BLAST
G07
JET BLAST
DANGER
DO NOT
OVER PAINT
JET BLAST
DANGER
JET BLAST
DANGER
HOT GASES BLAST
DANGER
E.F.S.F.
E.E.
EARTH FEDERATION
SPACE FORCE
EXPERIMENTAL
ESTABLISHMENT
CAUION
PRIMARY ARMOR MOUNTING FACE
DO NOT OVER PAINT
KEEP CLEAR / CLEEN
CAUTION
CONTAINING
HIGH PRESSURE LINE
AND HIGH VOLTAGE
ELECTRICAL LINE
DANGER
JET BLAST
HeC REFRIGERATOR /
HEAT EXCHANGER INSIDE
NOTICE
INSTALLED ADVANCED TOOLS.
DO NOT LEAVE
FAIRING REMOVED
KEEP CLEAR
EXTERNAL EQPT.
MOUNT INSIDE
ATTENTION
EXTRA ATTACHMENT INSIDE.
WHEN EXTERNAL EQPT.
ATTACHES, MUST NOT BE
EXCEEDED IN LOADING
UPPER LIMIT
G07
DANGER
JET BLAST
G07
DANGER
HOT GASES BLAST
CAUION
PRIMARY ARMOR MOUNTING FACE
DO NOT OVER PAINT
KEEP CLEAR / CLEEN
CAUTION
CONTAINING
HIGH PRESSURE LINE
AND HIGH VOLTAGE
ELECTRICAL LINE
WARNING
HEAT ACCUMLATED MEDIUM
SUBATITUTING CONNECTORS
ARE LOCATED INSIDE.
DO NOT LEAVE FAIRING REMOVED
CAUTION
HIGH ENERGIZED
MATERIAL LOADED
ACCESS ALLOWED
S.M.C. TEC.
QUALIFICATIONAL
PERSON ONLY
CAUION
PRIMARY ARMOR MOUNTING FACE
DO NOT OVER PAINT
KEEP CLEAR / CLEEN
DANGER
JET BLAST
ARMOR COVER
DETACHING
MECHANISM
ACHILLES ARMOR
DETACHING
CONTROL.
ADJUST CONTROL IS
LOCATED BEHIND ARMOR
DO NOT
OVER PAINT
DO NOT
OVER PAINT
DANGER
HOT GASES BLAST
KEEP AWAY FROM HAZARD AREAS
ANKLE ARMOR
ADJUSTING / DETACHING
CONTROL INSIDE
JACKING
HERE
DANGER
HOT BLOW AND
SWIRLINGS SPARKS
KEEP AWAY

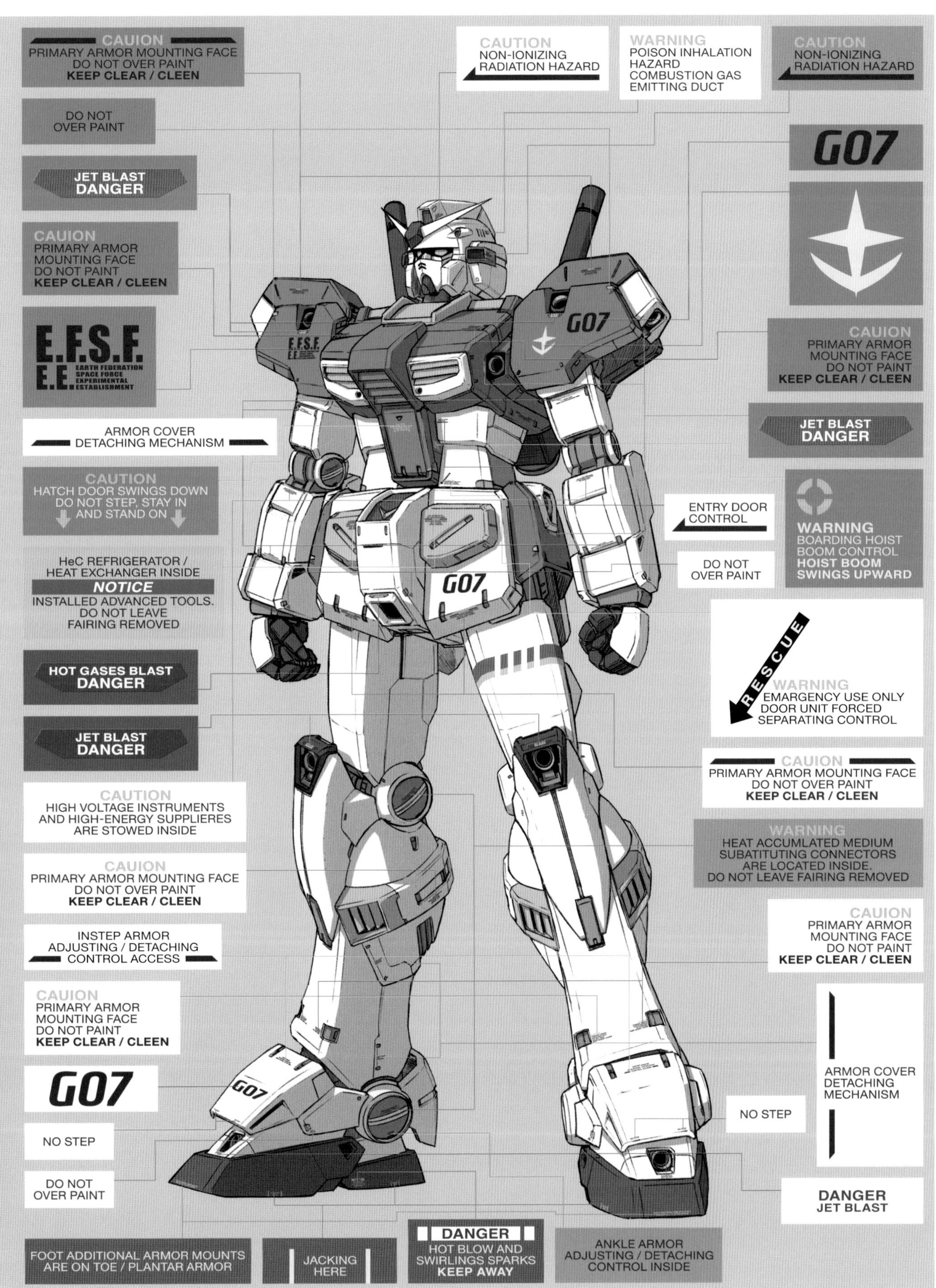
CAUION
PRIMARY ARMOR MOUNTING FACE
DO NOT OVER PAINT
KEEP CLEAR / CLEEN
DO NOT
OVER PAINT
JET BLAST
DANGER
CAUION
PRIMARY ARMOR
MOUNTING FACE
DO NOT PAINT
KEEP CLEAR / CLEEN
E.F.S.F.
E.E.
EARTH FEDERATION
SPACE FORCE
EXPERIMENTAL
ESTABLISHMENT
ARMOR COVER
DETACHING MECHANISM
CAUTION
HATCH DOOR SWINGS DOWN
DO NOT STEP, STAY IN
AND STAND ON
HeC REFRIGERATOR /
HEAT EXCHANGER INSIDE
NOTICE
INSTALLED ADVANCED TOOLS.
DO NOT LEAVE
FAIRING REMOVED
HOT GASES BLAST
DANGER
JET BLAST
DANGER
CAUTION
HIGH VOLTAGE INSTRUMENTS
AND HIGH-ENERGY SUPPLIERES
ARE STOWED INSIDE
CAUION
PRIMARY ARMOR MOUNTING FACE
DO NOT OVER PAINT
KEEP CLEAR / CLEEN
INSTEP ARMOR
ADJUSTING / DETACHING
CONTROL ACCESS
CAUION
PRIMARY ARMOR
MOUNTING FACE
DO NOT PAINT
KEEP CLEAR / CLEEN
G07
NO STEP
DO NOT
OVER PAINT
FOOT ADDITIONAL ARMOR MOUNTS
ARE ON TOE / PLANTAR ARMOR
JACKING
HERE
DANGER
HOT BLOW AND
SWIRLINGS SPARKS
KEEP AWAY
ANKLE ARMOR
ADJUSTING / DETACHING
CONTROL INSIDE
CAUTION
NON-IONIZING
RADIATION HAZARD
WARNING
POISON INHALATION
HAZARD
COMBUSTION GAS
EMITTING DUCT
CAUTION
NON-IONIZING
RADIATION HAZARD
G07
CAUION
PRIMARY ARMOR
MOUNTING FACE
DO NOT PAINT
KEEP CLEAR / CLEEN
JET BLAST
DANGER
ENTRY DOOR
CONTROL
DO NOT
OVER PAINT
WARNING
BOARDING HOIST
BOOM CONTROL
HOIST BOOM
SWINGS UPWARD
RESCUE
WARNING
EMARGENCY USE ONLY
DOOR UNIT FORCED
SEPARATING CONTROL
CAUION
PRIMARY ARMOR MOUNTING FACE
DO NOT OVER PAINT
KEEP CLEAR / CLEEN
WARNING
HEAT ACCUMLATED MEDIUM
SUBATITUTING CONNECTORS
ARE LOCATED INSIDE.
DO NOT LEAVE FAIRING REMOVED
CAUION
PRIMARY ARMOR
MOUNTING FACE
DO NOT PAINT
KEEP CLEAR / CLEEN
ARMOR COVER
DETACHING
MECHANISM
NO STEP
DANGER
JET BLAST
G07
E.F.S.F.
G07

HFA-78-3 HEAVY FULL ARMOR GUNDAM

【重装フルアーマーガンダム】
型式番号: HFA-78-3
頭頂高: 18.3m
本体重量: 39.2t
全備重量: 120.8t
装甲材質: ルナ・チタニウム合金
出力: 3,110kW
推力: 95,450kg
センサー有効半径: 不明
武装: メガ・ビーム・キャノン
腰部ビーム砲(キャノン砲)×2
8連(3連)ミサイル・ポッド×2

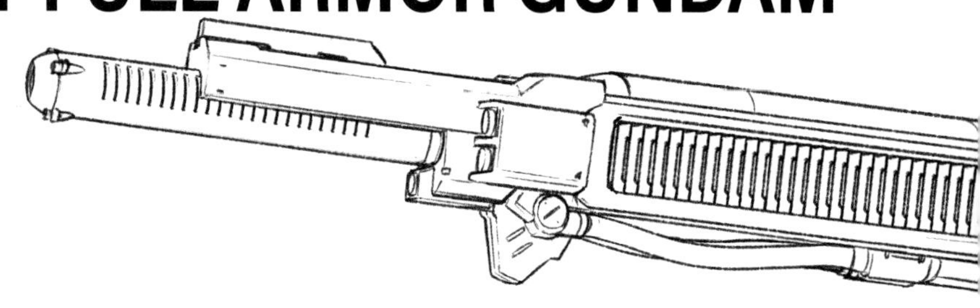

【HFA-78-3〈重装フルアーマー・ガンダム〉】

素体たるRX-78-7が近接格闘戦を、ファースト・アーマー装着状態であるFA-78-3が中距離射撃戦を想定していたことはすでに述べたが、さらに重ねてセカンド・アーマーを装着した状態であるHFA-78-3は遠距離砲戦、および対艦戦闘に主眼を置いた設計がなされている。背部増加パーツに長射程・大出力のメガ・ビーム・キャノンと八連ミサイル・ポッド2基を装備するほか、腰部にも2門のビーム砲を備えており、打撃力はFA-78-3をさらに凌駕するものとなった。また、これらのビーム兵器をドライブするために腰部の増加パーツ内に高出力ジェネレーターを実装。その甲斐あって総出力は3,110kwという規格外の数値となった。

ただし、これだけの装備を搭載するからには、機体サイズと重量の肥大化もまた避けられない。そこで、脚部に補助推進ユニットを増設すると同時に、背部に大推力のブースター・ユニットをマウント。これと並行して大型のプロペラント・タンクを追加したことで、本機は1G重力下では自立すら不可能な状態となった。しかしながら、無重力環境下ではトータル95,540kgに達するスラスター推力に物を言わせ、爆発的な加速力で航行可能なモンスターマシンと化したのだった。

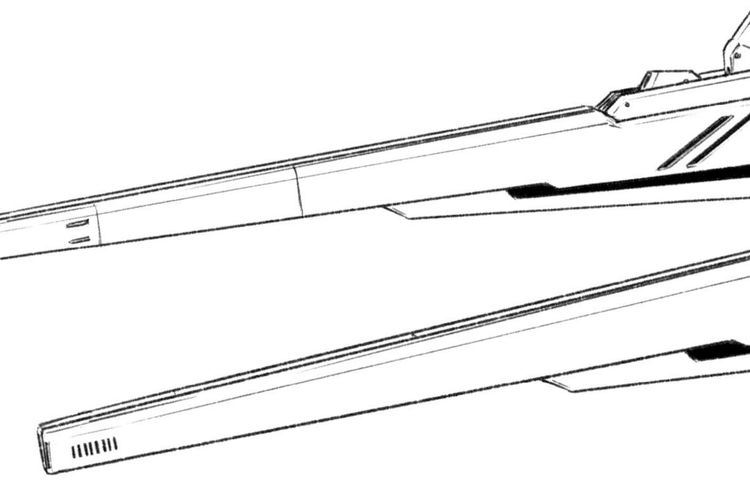

こうした設計は、FSWS計画の初期段階における試案のひとつ、下半身をブースター・ユニットで覆(おお)い、固定式のビーム砲4門を装備するというプランに極めて近い。本機の開発にあたっては、一年戦争中に得られた対MA戦のデータが参考にされたとも伝えられているため、必ずしも試案をそのままに転用した訳でもないだろうが、無関係とも言い切れないところであろう。大戦末期には、ほぼ同様のコンセプトを持つRX-78Opt.〈Gダッシュ〉なる機体の開発が検討されていたとも言われており、MA的な性格を有するRX-78の強化プランというトレンドが、当時の連邦軍上層部の中に確かに存在したことを窺(うかが)わせている。また、HFA-78-3のコンセプトは、後にアナハイム・エレクトロニクス社が開発を担当したRX-78GP03〈デンドロビウム〉とも共通点が多い。同機を含むGP計画機に関しては、一度は公的記録から抹消されているため詳細な経緯は不明ながらも、少なからず影響を与えたのではないかと考えられている。

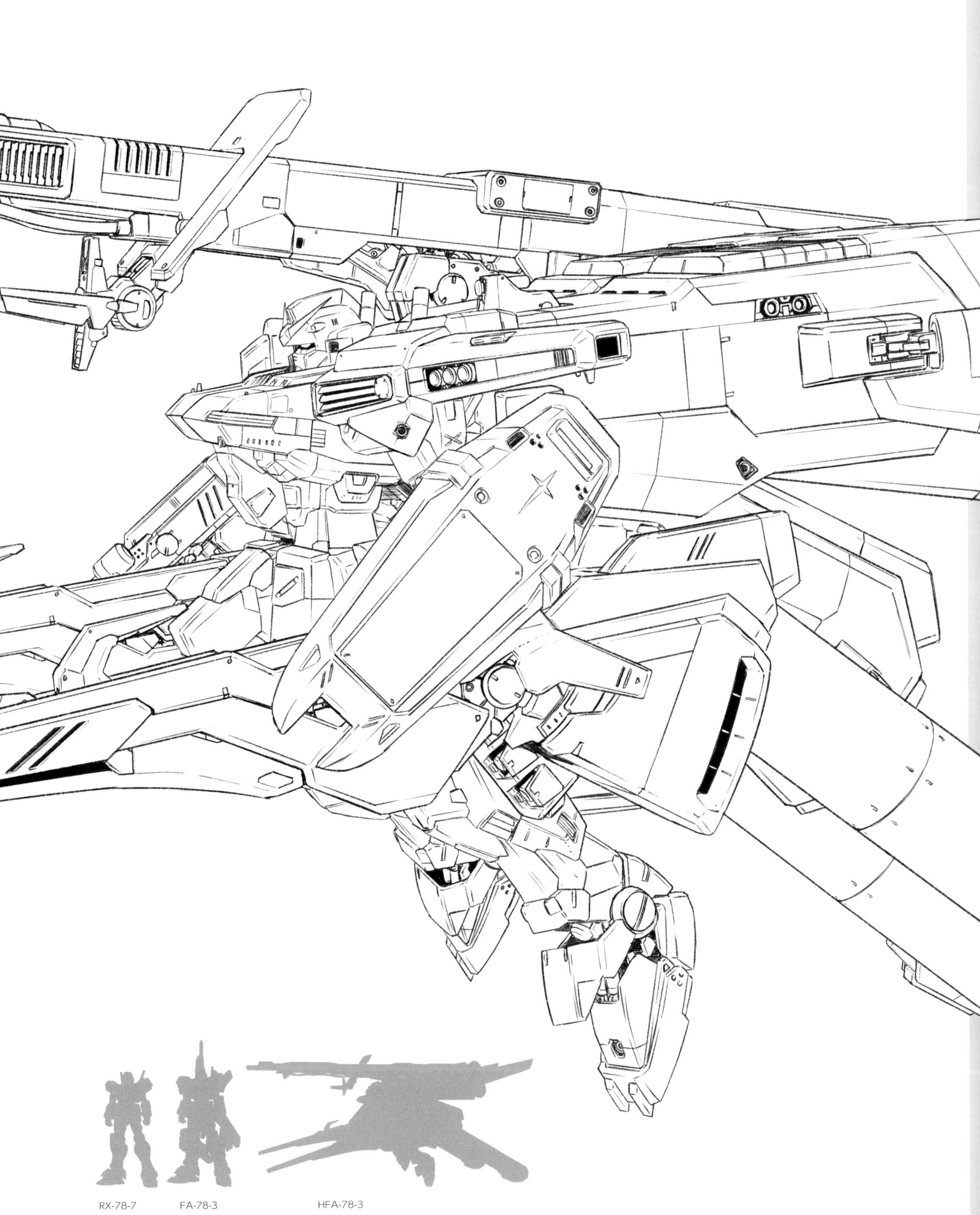

RX-78-7 FA-78-3 HFA-78-3

■メガ・ビーム・キャノン

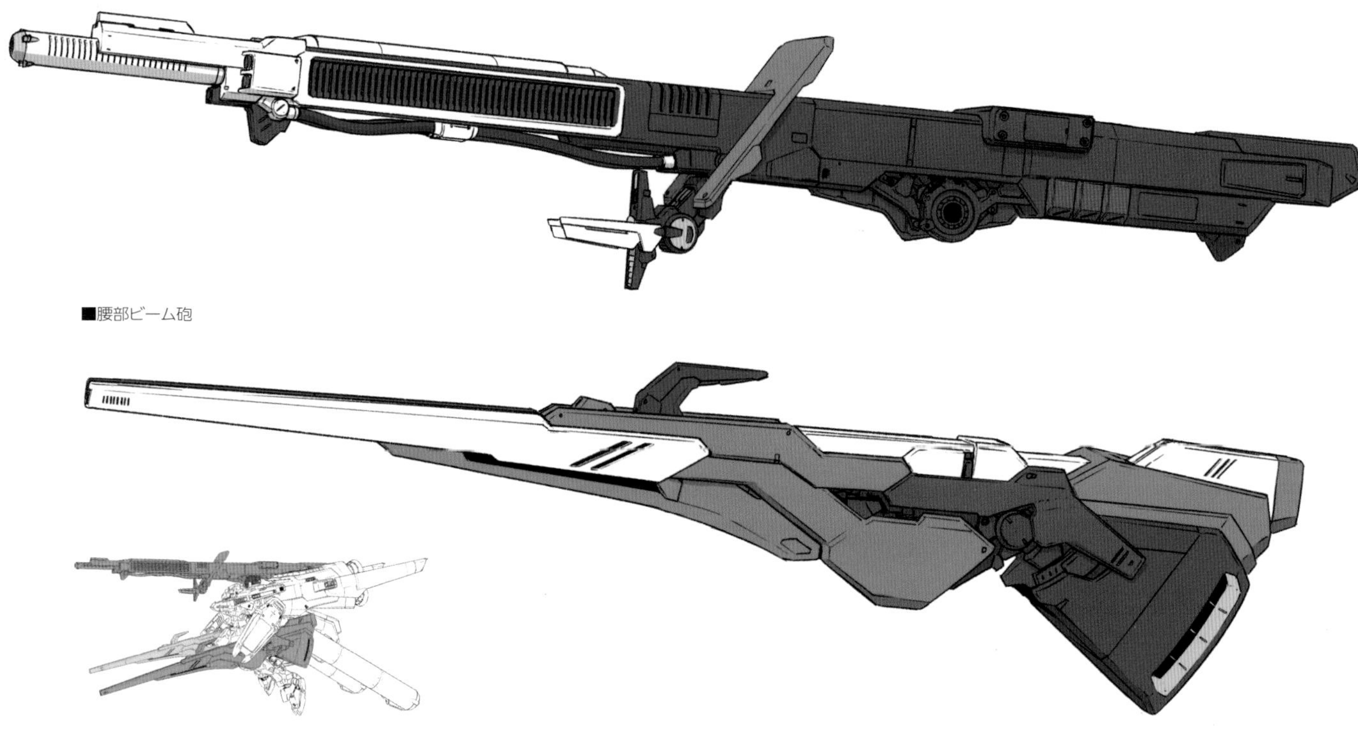

■腰部ビーム砲

【運用実績】

1,700kw級ジェネレーターや全天周囲モニターの導入といった先進的な設計を目指したこともあり、RX-78-7／FA-78-3／HFA-78-3のロールアウトは一年戦争終結後まで大きくずれ込んだ。その上、戦後に猛威を奮った軍縮の煽りを受けて、開発体制が縮小方向で見直された結果、北米オーガスタ基地で行われた開発作業も遅れを見せていたという。それでも、U.C.0080年11月には、RX-78通算7号機のフレームを転用して建造されていたRX-78-7は、機動テストが行えるレベルに到達。さらに翌0081年9月から前線部隊に引き渡され、後に実戦投入も果たしている。ここでは、運用部隊の設立経緯を含めて戦闘記録を紹介していきたい。

U.C.0079年12月31日、ジオン公国の最終防衛ラインを担う宇宙要塞ア・バオア・クーが陥落。この直後、首都防衛大隊による武装蜂起によって混乱状態にあったサイド3本国では、オレグ副首相が非常時議会を招集、出席した議員86名の過半の賛同を以て、「ジオン共和国」臨時政府の樹立を宣言した。一方、これに先立ち本国を離れていたダルシア・バハロ首相は、サイド6の仲介を得てジオン共和国政府の代表として、地球連邦政府との停戦交渉を開始。年を跨いでU.C.0080年1月1日、両国は月面都市グラナダにて終戦協定を締結した。

かくして戦争は終わった。だが、ア・バオア・クー攻防戦の勝敗が決してから24時間足らずでは、国内諸派の調整など終えられるはずもない。敗者たるジオン公国、もといジオン共和国は事実上の分裂状態にあり、臨時政府の命令を無視して、武装解除を拒否したまま姿を消した公国軍部隊も少なくなかった。このような経緯があって、戦後世界にはMSを含む兵器を保有した敗残兵たちが跋扈するという、極めて不安定な状態に陥ったのである。

むろん地球連邦軍とて無策であったわけではない。戦時動員された部隊の再編を進める一方で、ゲリラの掃討を専門とする特殊部隊の新設を推進したのも、その一例と言えるだろう。こうした流れを汲むのが、U.C.0081年半ばに設立された「ファントム・スイープ隊」であり、同隊が後にRX-78-7〈ガンダム7号機〉を受領、

HEAVY FULL ARMOR GUNDAM

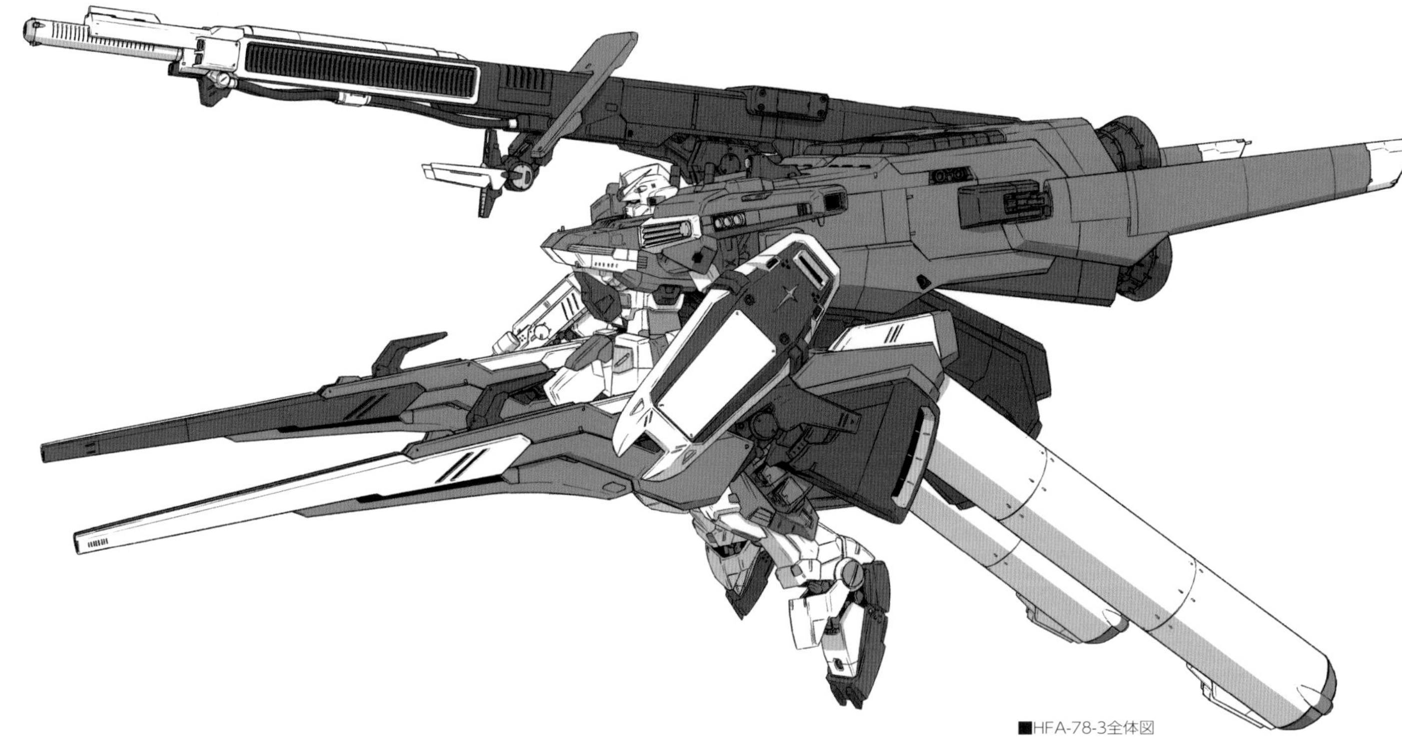

■HFA-78-3全体図

運用することになるのだ。

U.C.0081年6月1日、地球連邦軍はアフリカ大陸北部におけるジオン残党勢力の掃討を目的として、「砂漠の風」作戦を発動した。この作戦には、設立間もない「ファントム・スイープ隊」も参加していたが、残党勢力は事前に連邦軍の動きを察知しており、裏をかくような奇襲攻撃によって翻弄(ほんろう)。「砂漠の風」作戦は、目立った成果を挙げることなく失敗に終わってしまう。

その後も「ファントム・スイープ隊」の苦難は続いた。黒海周辺のオデッサ基地が公国軍残党勢力の一隊、通称「インビジブル・ナイツ」の襲撃を受けた際、警備にあたっていた同隊は応戦に出たものの、敵部隊を殲滅(せんめつ)するどころか稼働試験を控えていたMS-08TX/N〈イフリート・ナハト〉の強奪を許すという大失態を演じているのだ。「砂漠の風」作戦の一件を含めて、公国軍残党勢力の動きはあまりに手際が良すぎた。ここに来て連邦軍上層部は内通者の存在を確信し、秘密裏に内偵調査を開始したと言われている。

これ以降、「ファントム・スイープ隊」はベルファスト周辺の工業地帯の防衛任務をはじめ、東南アジア・アラカン山脈など各地を転戦しながら、残党勢力への対応に追われることとなる。彼らの戦闘記録を紐解くと、まるで戦時下のように濃密であり、部隊設立1ヶ月を過ぎる頃には、早くも出撃回数が二桁に達していた。その間も内定は密(ひそ)かに進展し、いくつかの状況証拠から「ファントム・スイープ隊」を指揮するマオ・リャン少佐は、同隊所属のMSパイロットのひとり、シェリー・アリスン中尉をスパイ容疑者として扱うようになってゆく。

結果から言えば、アリスン中尉は「黒」であった。彼女の正体は、タチアナ・デーアという名の公国軍将校だったのである。一年戦争中に経歴を偽(いつわ)って連邦軍に潜入した彼女は、「ファントム・スイープ隊」の設立にあたって引き抜かれるまでは、オーガスタ基地において研究開発部門のテストパイロットを務めていた。当時、アリスン中尉はRX-78-7の機動補正プログラムの調整にも関与していたとのことで、これが後々、大きな問題に発展してゆく。

だが、彼女のスパイ行為が露見するのは、まだ少し先のこととなる。U.C.0081年7月、世界各地で同時多発的に公国軍残党勢力による武装蜂起が発生。「ファントム・スイープ隊」は、ニューヤーク都市部を占拠したゲリラ部隊の掃討に貢献するなど、着実に戦果を挙げていくことになる。ところが、これらの動きは公国軍残党勢力が本命視していた「水天の涙」作戦から、連邦軍の目を欺(あざむ)くための陽動に過ぎなかった。

「水天の涙」作戦とは、大戦中に進められていた月面の資源輸送用マスドライバー施設を利用した質量弾攻撃計画である。エリク・ブランケ少佐率いる「インビジブル・ナイツ」は、大戦末期に同作戦の準備を進めながらも、戦局の急速な悪化に伴ってア・バオア・クー要塞の防衛に回されており、決行の直前になって質量弾攻撃の中止を余儀なくされていた。U.C.0080年1月3日、ア・バオア・クー要塞から脱していた「インビジブル・ナイツ」は、ジオン共和国政府の武装解除命令を無視して地球に降下。同じく徹底抗戦を主張していたオットー・アイヒマン大佐率いる地上攻撃軍系の残党勢力と合流することで、密(ひそ)かに「水天の涙」作戦の再開を目指して動き始めた。

以後、彼らは連邦軍基地の襲撃を繰り返すことで武器弾薬を確保しつつ、U.C.0081年8月4日、ついに「水天の涙」作戦を実行に移す。ブランケ少佐以下の「インビジブル・ナイツ」本隊は、マスドライバー施設の制圧を別動隊に任せつつ、最初の攻撃目標でもあるオーガスタ基地へと迫る。質量弾の落着を確かなものとするため、同基地に併設されたレーダー設備を破壊し、防空網に穴を開けようというのだ。対する連邦軍は「ファントム・スイープ隊」を中核とする戦力を展開することで迎撃。アイヒマン大佐は目的を完遂すべくガウ攻撃空母による捨て身の特攻まで敢行するが、戦力に

勝る連邦軍の守りを突破することは叶わず、壮絶な戦死を遂げる。一方、月面での戦いも連邦宇宙軍側の勝利に終わっていた。公国軍残党勢力の別動隊は、一時的にマスドライバー施設を制圧するも質量弾の射出を前に制圧されていたのだ。かくして「水天の涙」作戦は失敗に終わることになるのだが、月面での戦況を知らないアリスン中尉は、「ファントム・スイープ隊」のMS部隊を率いるユーグ・クーロ大尉に対して、質量弾攻撃が迫っていると告白して退避を進言するのだった。この行為によって、スパイであることが完全に露見したアリスン中尉は、その身柄を拘束されることになる。

後日、アリスン元中尉の自供によって、連邦軍は「水天の涙」作戦の全容を知ることになる。特に重要視されたのが、オーガスタ基地から脱した「インビジブル・ナイツ」の残余が、マスドライバーの射出プログラムを保持している可能性が極めて高いとされた点だ。未だ、すべてが終わった訳ではなかったのである。

U.C.0081年9月、作戦継続を望む他部隊と合流した「インビジブル・ナイツ」は、アラビア半島方面へと移動を開始した。HLV発射施設を有するアデン基地を制圧することで、宇宙へと脱出を図ろうというのである。一方、連邦軍はアフリカ方面軍と南アジア方面軍の共同により、残党勢力の掃討を目指して動き出す。「ファントム・スイープ隊」も、その先鋒として、占拠されたアデン基地へと突入するのだった。

アデン基地での攻防は熾烈を極めた。公国軍残党勢力は戦力の一部を割いて防衛に回しつつ、積荷のない複数のHLVの発射準備を進めることで時間稼ぎを試みる。その働きもあって、連邦軍は猛攻を加えるも肝心の「インビジブル・ナイツ」の残余を載せたHLVを取り逃がしてしまう。

その後、宇宙に上がった「インビジブル・ナイツ」は、当時、その存在を明らかにしていなかった「デラーズ・フリート」と接触。MSを含む補給物資を受け取り、戦力を立て直すことになる。エギーユ・デラーズとしては、彼らの心意気を買いつつも「水天の涙」作戦の意義については懐疑的であったらしく、物資面での支援に留める決断を下した格好であった。元来、物資輸送用に建設されたマスドライバー施設によって地表、しかも任意の地点をピンポイントに攻撃するとなると、複雑な軌道計算と制御系の改変が必要となり、計算時間も莫大なものとなる。これを短縮するため「インビジブル・ナイツ」は、予(あらかじ)め複数の攻撃目標をセットした射出プログラムを準備していたわけであるが、その大半は月面での攻防で失われており、ブランケ少佐の手元に残されているのはオーガスタ基地に向けたプログラム、ただひとつであったという。開発工場を兼ねた重要拠点といっても、オーガスタ基地は数ある軍事施設のひとつに過ぎない。そんな場所を壊滅させたとて、終戦を覆(くつがえ)すことはおろか戦後の体制を揺るがすことなど不可能である。エギーユ・デラーズは、彼らの行(おこな)いを「結果が見えている」と評したと伝えられているが、まさにそのとおりであろう。とはいえ、それまでの過程で多くの戦友を失っていた「インビジブル・ナイツ」にとっては、後に引けるはずもなく、その存在証明として作戦続行に突き進むしかなかったのかもしれない。

一方、「インビジブル・ナイツ」と奇妙な因縁で結ばれていた「ファントム・スイープ隊」は、その追撃と質量弾攻撃の阻止を改めて命じられ動き出すことになる。強襲揚陸艦〈サラブレッド〉と合流した彼らは、同艦にフェリーされることで月へと向かうことになったのだ。RX-78-7を受領したのも、まさにこの時である。

ただし、万全の状態であったかと言えば、そうではない。連邦軍上層部の意向により、RX-78-7の機動補正プログラムに使用中止命令が下されていたのだ。公国軍のスパイであったシェリー・アリスン元中尉が作成に深く関与していたことが問題視されたためである。それゆえ、RX-78-7は配備後も引き続き艦内にて最終調整が行われる運びとなり、運用効率はテスト時を大きく下回るものとなってしまう。事実、本機のパイロットを務めたユーグ・クーロ大尉による報告書によると、操縦性が劣悪であり、思うように操作ができなかったとある。たとえば、〈サラブレッド〉が宇宙に上がった直後に行われた残党勢力の機動部隊との戦闘においては、ファースト・アーマーを装着したFA-78-3状態で出撃するも、機動性の高い敵MAに翻弄され、どうにか敵機の撃墜に成功したもののビーム・キャノンを破壊されるなど手痛い損害を被(こうむ)ったという。

素体となるモビルスーツに装甲やスラスターなどを付加し、任務適合性を変化させる装備の概念は、後の「GP計画」などに受け継がれた。写真はGP計画によって生まれたRX-78GP01〈ゼフィランサス・フルバーニアン〉と、母艦の強襲揚陸艦〈アルビオン〉。

これ以降も、〈サラブレッド〉艦内では、急ごしらえの機動補正プログラムの精度を高めようと、悪戦苦闘が続けられることになる。だが、つねに戦況の変化は待ってはくれない。マスドライバー施設に迫る敵影が確認されたのだ。さらに月軌道には、「水天の涙」作戦を展開する「インビジブル・ナイツ」を支援しようと、周辺宙域からいくつかの残党勢力が終結しつつあった。それらが合流すれば、マスドライバー施設の防衛はより困難になってしまう。ここにきて「ファントム・スイープ隊」では、先行する残党勢力の〈ムサイ〉級軽巡洋艦を追撃するため、セカンド・アーマーの投入を決断する。その大出力を活かしてHFA-78-3単機で追走させようというのである。軌道補正プログラムの問題を抱えたままでの運用は、ハイリスクではあったが、クーロ大尉はどうにかこれを成し遂げる。巡航速度に達していた〈ムサイ〉級に追いついたばかりか、その艦載MSの抵抗を排除した上で撃沈。敵戦力の合流を阻止したのである。

しかしながら、そうこうする内に「インビジブル・ナイツ」本隊により、マスドライバー施設が占拠されてしまう。「ファントム・スイープ隊」にとって幸いだったのは、同隊の設立者でもあるゴドウィン准将の計らいにより、最終決戦を前に、封印されていた機動補正プログラムの使用許可が下りたことであろう。ただちに現場判断という形でプログラムの適用が行(おこな)われ、RX-78-7は本来の性能を発揮できる状態に立ち戻ったのだ。それまでの戦闘で増加装甲パーツを失っていた本機は、RX-78-7状態で出撃。マスドライバー施設を巡る一連の戦闘において、クーロ大尉は「インビジブル・ナイツ」所属のMSを複数撃墜する戦果を挙げるのだった。なお、質量弾の発射こそ阻止できなかったものの、「ファントム・スイープ隊」の活躍も

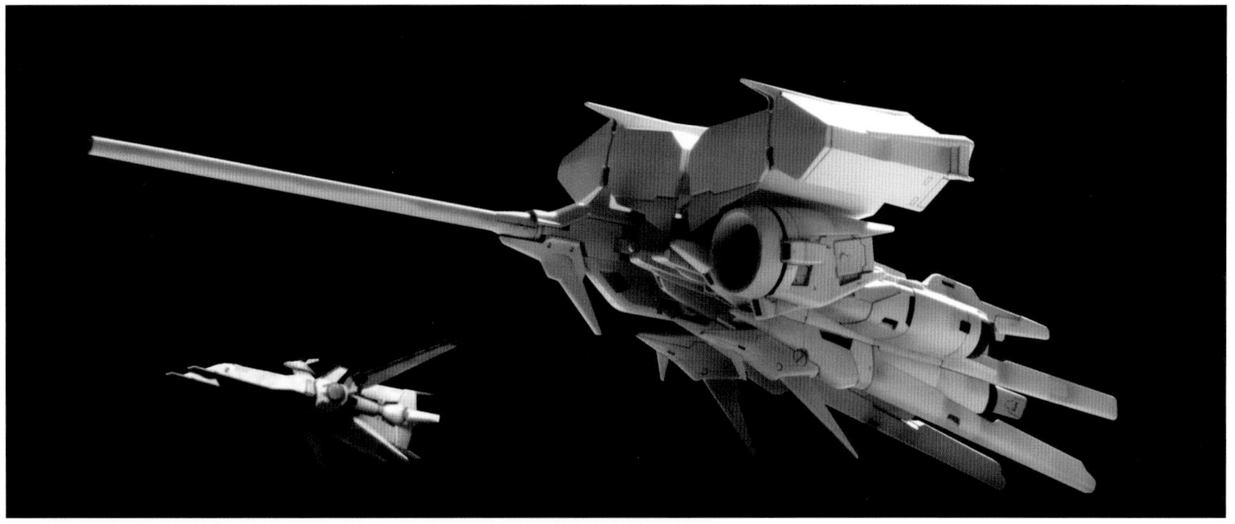

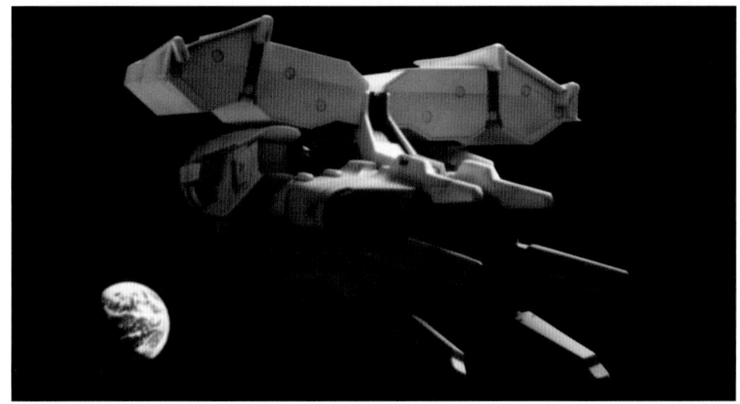

■RX-78GP03"ガンダム試作3号機"〈デンドロビウム〉
GP計画の3号機は、MSとMAの融合を目指して開発されたといわれている。〈デンドロビウム〉と名付けられた本機は、中枢ユニットとなるRX-78GP03S〈ステイメン〉と、アームドベース〈オーキス〉からなり、フル装備時には全長140mを超える巨大な機動兵器であった。

あって敵防衛網を突き崩したことで、艦砲射撃によってマスドライバーのバレル部分を破壊。質量弾の軌道を大幅にずらすことには成功し、地表にさしたる被害もないまま事態を収束させることができたのだった。

以上のように、RX-78-7は実戦においても優れた性能を有することを証明してみせた。だが、残党勢力による抵抗が続く中にあっても連邦軍の軍縮傾向はしばらく続き、RX-78-7は追加生産されることも、直径の後継機が開発されることもなく終わることになる。兵器開発体制の見直しが図られた結果、FSWS計画の流れを汲むRX-81計画についてもペンディング状態となり、やがて消滅。FSWS計画は、ひっそりと幕を閉じる形となった。ただし、新型MSの開発が官立工場から民間企業への委託へと変じるなかで、FSWS計画のマインドが継承されていくことになる。地球連邦軍からの発注に基づいて、アナハイム・エレクトロニクス社が進めた「ガンダム開発計画(GP計画)」において、FSWS計画のコンセプトを受け継いだ追加装備が散見されるのだ。RX-78GP01〈ゼフィランサス〉に対して、増加装甲パーツを装着する「フルアーマー化」の検討が行われていたのも、その一例と見ることができるだろう。また、MSユニット〈ステイメン〉とアームド・ベース〈オーキス〉によって構成されるRX-78GP03〈デンドロビウム〉と、HFA-78-3〈重装フルアーマー・ガンダム〉の共通点については前述のとおりである。装甲と武装、さらにはサブ・ジェネレーターや推進器などをパッケージングした増加装甲パーツによるMSの強化というコンセプトは、こうしたGP計画機の例に限らず、その後も数多く検討、開発されていくことになる。そうした意味においても、FSWS計画とはMS開発史の中においてもエポックメイキングなものであったと言えるのではないだろうか。

FA-78NT-1 FULL ARMOR GUNDAM NT-1

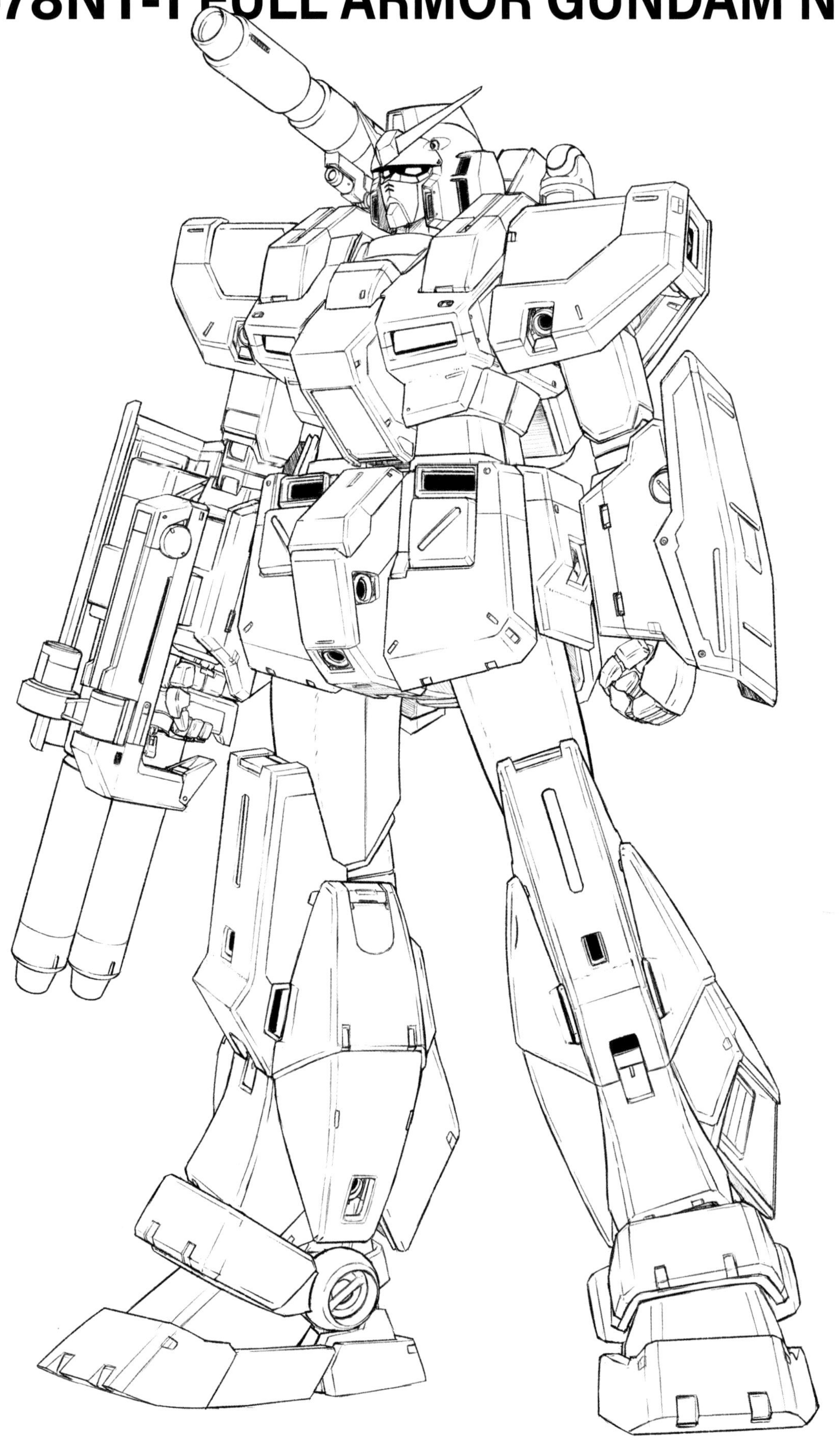

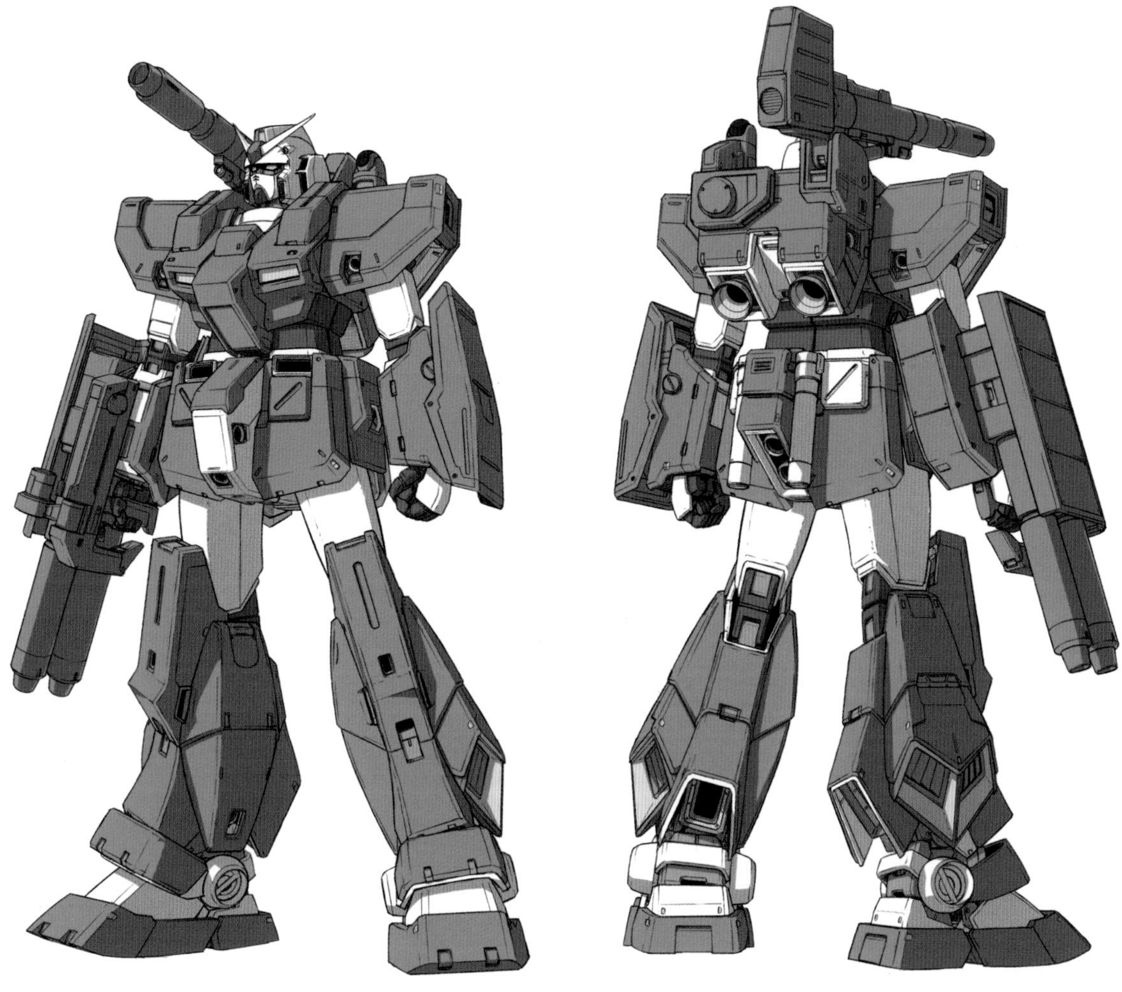

【FA-78NT-1〈フルアーマー・アレックス〉】

RX-78NT-1向けのオプション兵装としては、チョバムアーマー（後述）と並行して、FA-78-1に準じた増加装甲パーツも検討が進められていたという。そして、これを装着した状態をFA-78NT-1〈フルアーマー・アレックス〉と呼称する。

現存するFA-78NT-1の概念図から見るに、素体のボディラインに合わせるために形状こそ変更されているが、増加装甲パーツの基本構成はFA-78-1のそれとほぼ等しい。外見上、異なって見えるのは、脚部の補助推進ユニットがオミットされ、本体のスラスターを露出させている点くらいのものである。右肩に装着された360mmロケット砲、左肩の照準デバイス・ユニット、そして、右腕部の2連装ビーム・ライフルと左腕部の小型簡易シールドといった兵装についても変更は見られない。ただし、ミサイル・ベイに関しては、脚部の増加装甲パーツからオミットされているようにも見受けられるが、この点に関しては詳しい資料が発見されておらず、詳細は不明である。

なお、一年戦争中に完成していたのかは定かではないが、U.C.0084年時点での軍の輸送記録にFA-78NT-1用の増加装甲パーツ一式と思（おぼ）しき記録が見られることから、少なくとも戦後においては試作品が完成していたものと思われる。

FA-78NT-1 FULL ARMOR GUNDAM NT-1

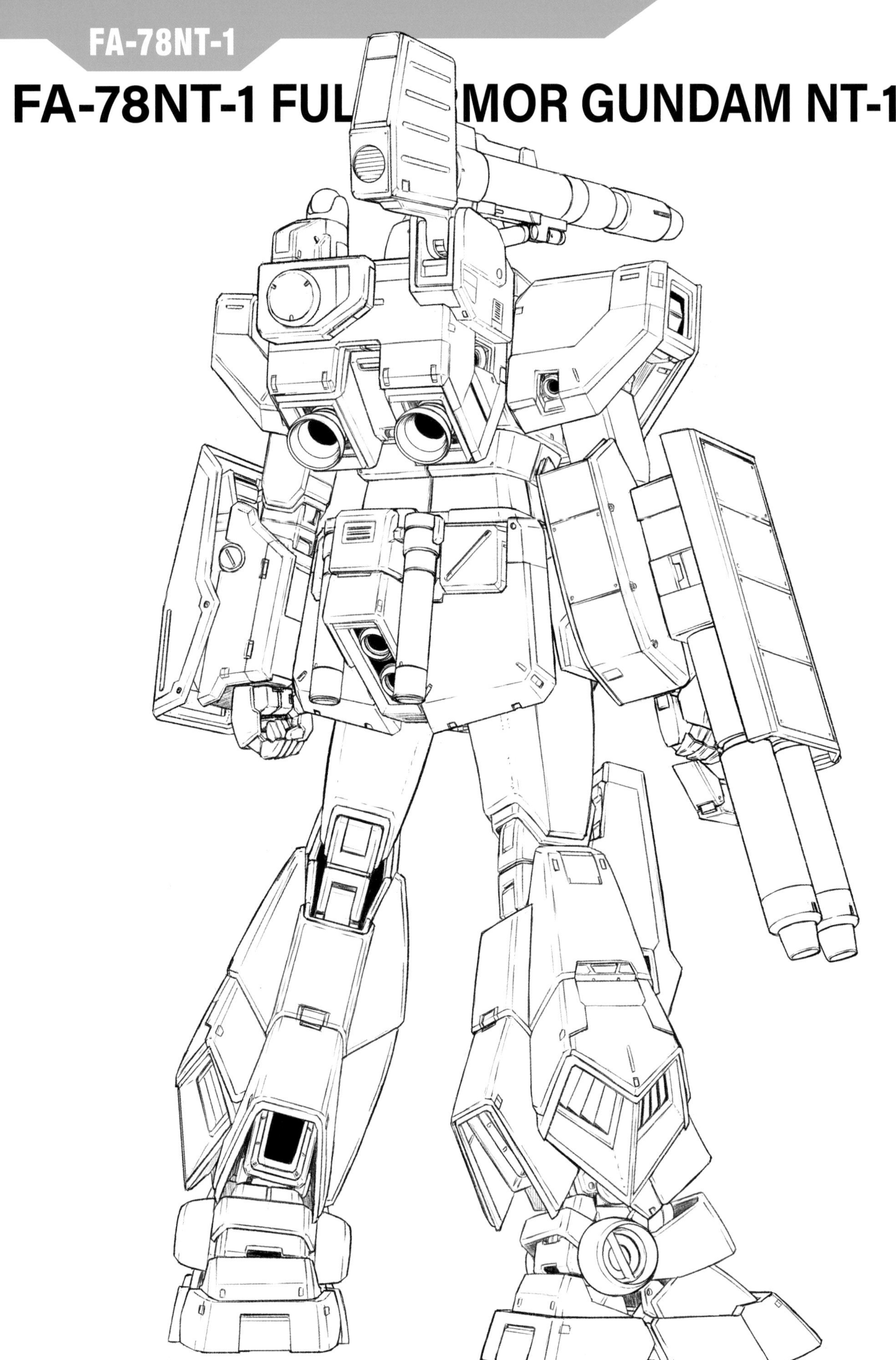

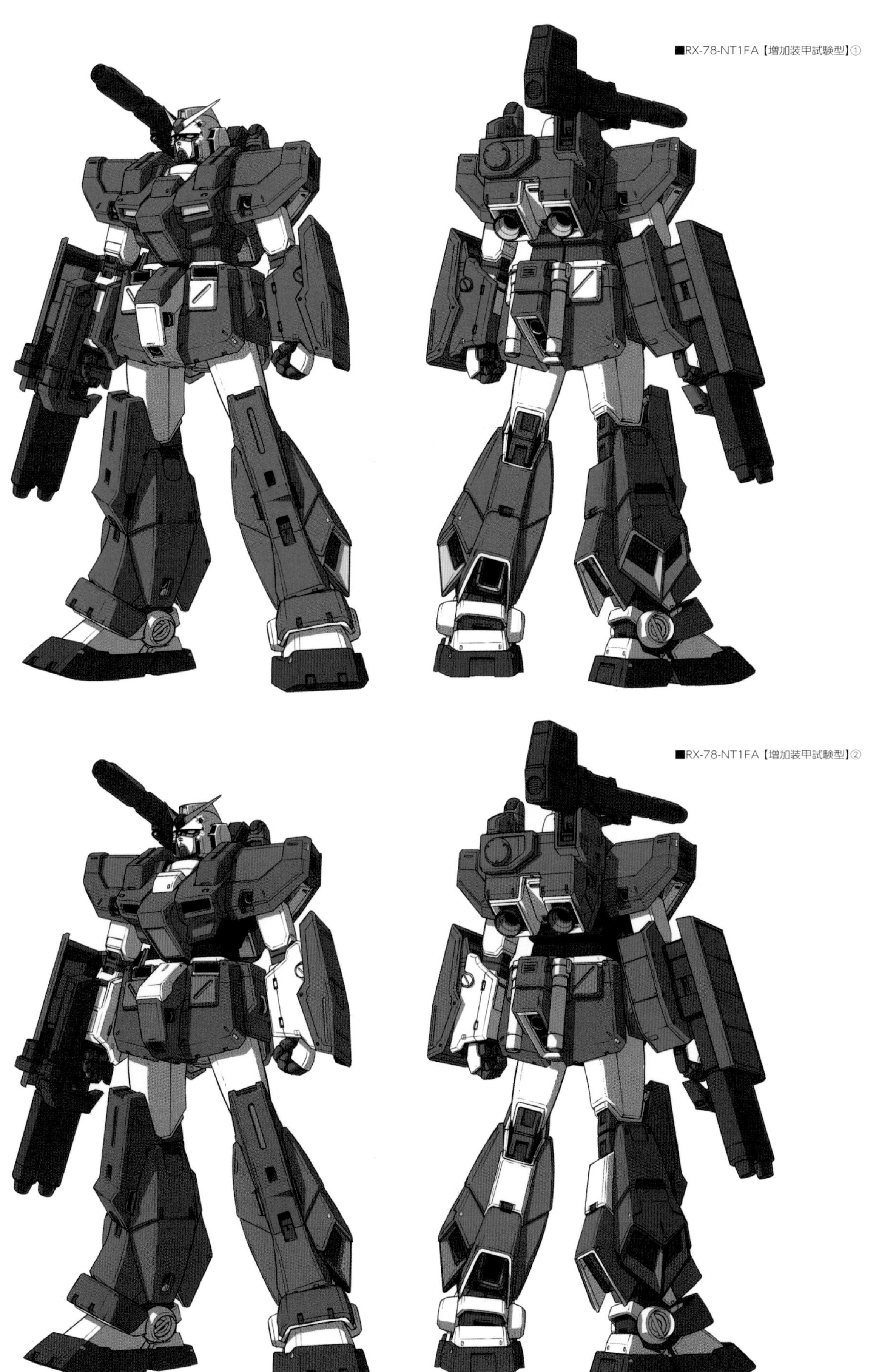

■RX-78-NT1FA【増加装甲試験型】①

■RX-78-NT1FA【増加装甲試験型】②

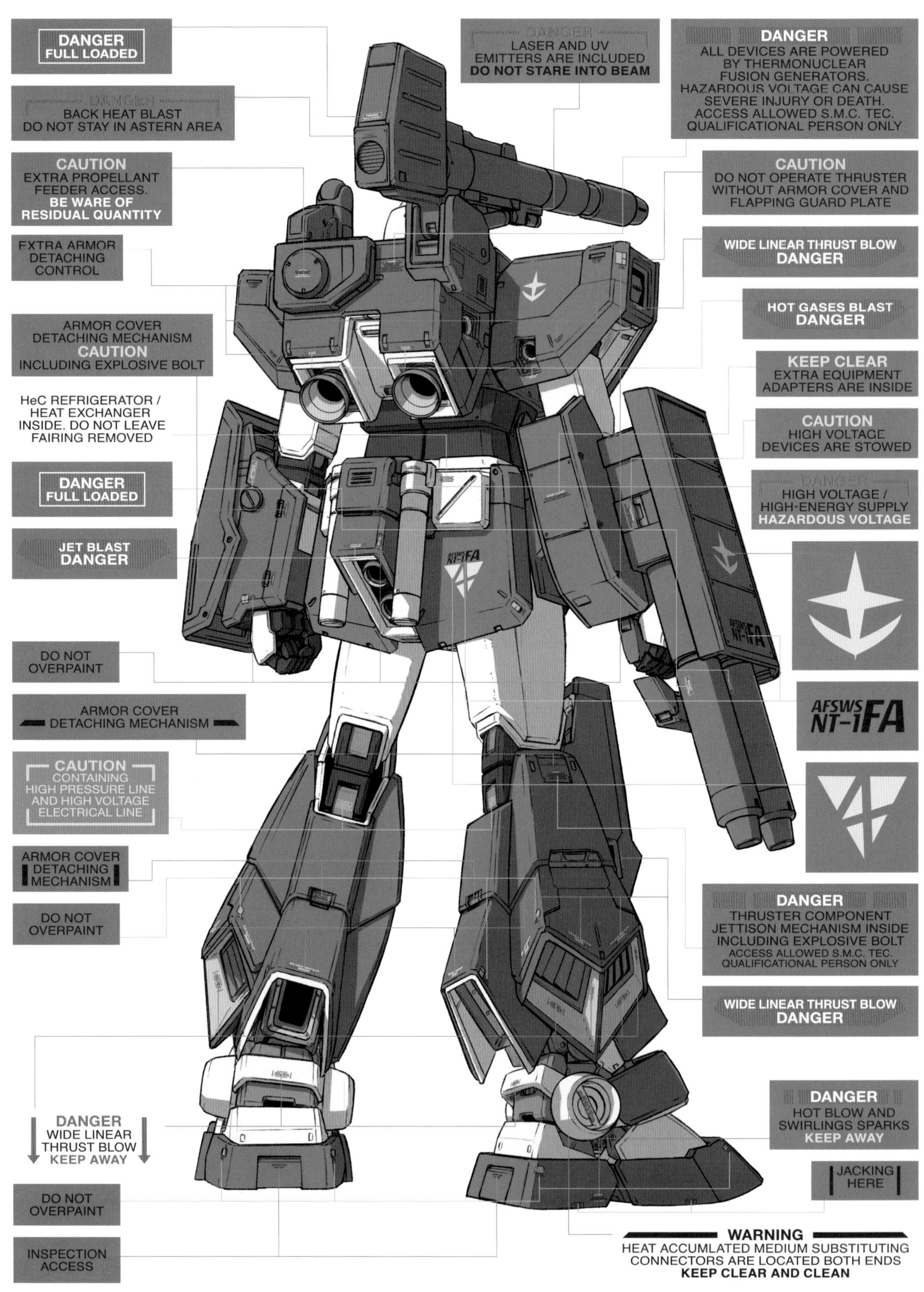
DANGER
FULL LOADED
BACK HEAT BLAST
DO NOT STAY IN ASTERN AREA
CAUTION
EXTRA PROPELLANT
FEEDER ACCESS.
BE WARE OF
RESIDUAL QUANTITY
EXTRA ARMOR
DETACHING
CONTROL
ARMOR COVER
DETACHING MECHANISM
CAUTION
INCLUDING EXPLOSIVE BOLT
HeC REFRIGERATOR /
HEAT EXCHANGER
INSIDE. DO NOT LEAVE
FAIRING REMOVED
DANGER
FULL LOADED
JET BLAST
DANGER
DO NOT
OVERPAINT
ARMOR COVER
DETACHING MECHANISM
CAUTION
CONTAINING
HIGH PRESSURE LINE
AND HIGH VOLTAGE
ELECTRICAL LINE
ARMOR COVER
DETACHING
MECHANISM
DO NOT
OVERPAINT
DANGER
WIDE LINEAR
THRUST BLOW
KEEP AWAY
DO NOT
OVERPAINT
INSPECTION
ACCESS
LASER AND UV
EMITTERS ARE INCLUDED
DO NOT STARE INTO BEAM
DANGER
ALL DEVICES ARE POWERED
BY THERMONUCLEAR
FUSION GENERATORS.
HAZARDOUS VOLTAGE CAN CAUSE
SEVERE INJURY OR DEATH.
ACCESS ALLOWED S.M.C. TEC.
QUALIFICATIONAL PERSON ONLY
CAUTION
DO NOT OPERATE THRUSTER
WITHOUT ARMOR COVER AND
FLAPPING GUARD PLATE
WIDE LINEAR THRUST BLOW
DANGER
HOT GASES BLAST
DANGER
KEEP CLEAR
EXTRA EQUIPMENT
ADAPTERS ARE INSIDE
CAUTION
HIGH VOLTAGE
DEVICES ARE STOWED
HIGH VOLTAGE /
HIGH-ENERGY SUPPLY
HAZARDOUS VOLTAGE
AFSWS
NT-1FA
DANGER
THRUSTER COMPONENT
JETTISON MECHANISM INSIDE
INCLUDING EXPLOSIVE BOLT
ACCESS ALLOWED S.M.C. TEC.
QUALIFICATIONAL PERSON ONLY
WIDE LINEAR THRUST BLOW
DANGER
DANGER
HOT BLOW AND
SWIRLINGS SPARKS
KEEP AWAY
JACKING
HERE
WARNING
HEAT ACCUMLATED MEDIUM SUBSTITUTING
CONNECTORS ARE LOCATED BOTH ENDS
KEEP CLEAR AND CLEAN

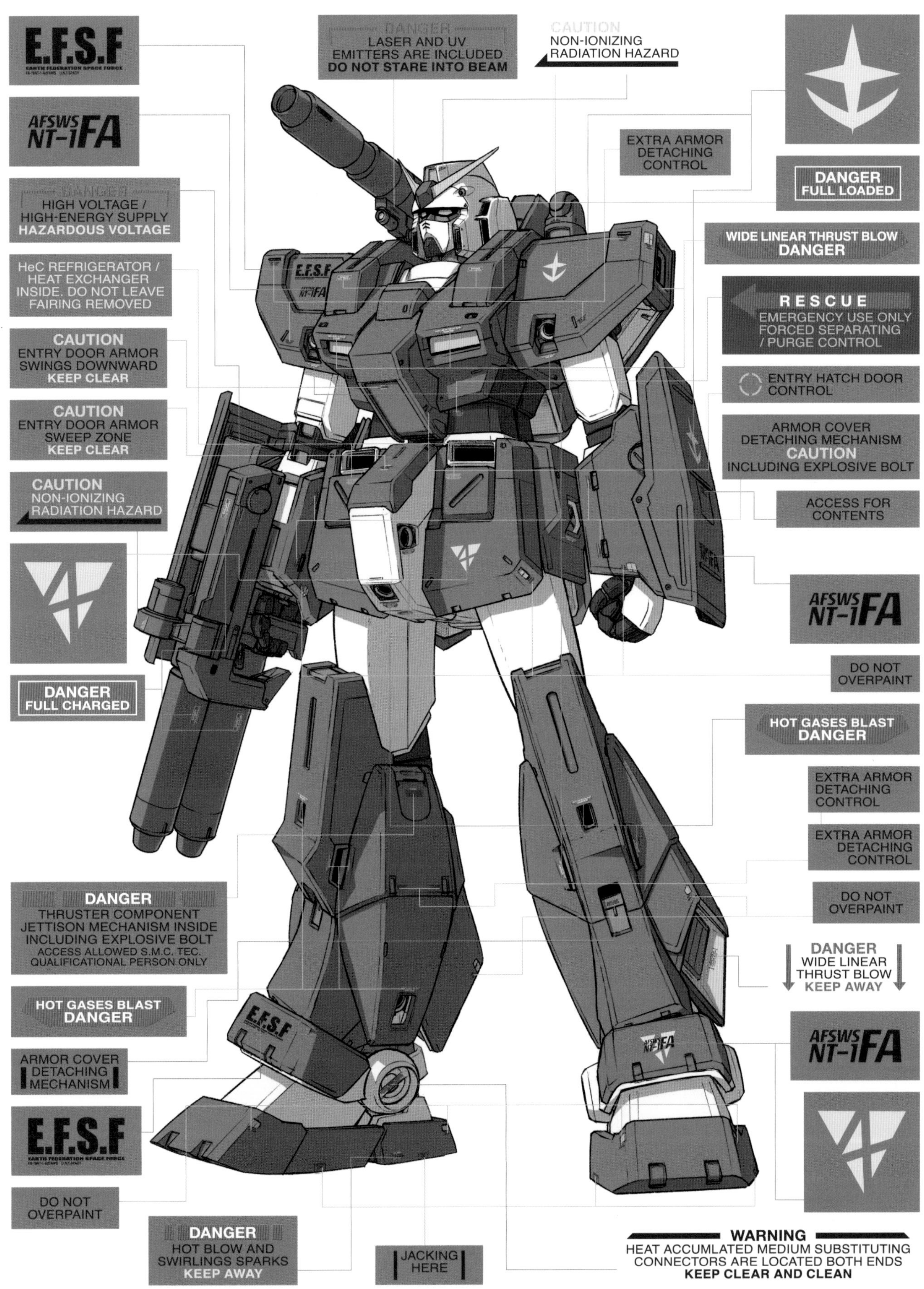

E.F.S.F
EARTH FEDERATION SPACE FORCE
AFSWS NT-1FA
DANGER
HIGH VOLTAGE / HIGH-ENERGY SUPPLY
HAZARDOUS VOLTAGE
HeC REFRIGERATOR / HEAT EXCHANGER INSIDE. DO NOT LEAVE FAIRING REMOVED
CAUTION
ENTRY DOOR ARMOR SWINGS DOWNWARD
KEEP CLEAR
CAUTION
ENTRY DOOR ARMOR SWEEP ZONE
KEEP CLEAR
CAUTION
NON-IONIZING RADIATION HAZARD
DANGER
FULL CHARGED
DANGER
THRUSTER COMPONENT JETTISON MECHANISM INSIDE INCLUDING EXPLOSIVE BOLT
ACCESS ALLOWED S.M.C. TEC. QUALIFICATIONAL PERSON ONLY
HOT GASES BLAST
DANGER
ARMOR COVER DETACHING MECHANISM
E.F.S.F
EARTH FEDERATION SPACE FORCE
DO NOT OVERPAINT
DANGER
HOT BLOW AND SWIRLINGS SPARKS
KEEP AWAY
JACKING HERE
DANGER
LASER AND UV EMITTERS ARE INCLUDED
DO NOT STARE INTO BEAM
CAUTION
NON-IONIZING RADIATION HAZARD
EXTRA ARMOR DETACHING CONTROL
DANGER
FULL LOADED
WIDE LINEAR THRUST BLOW
DANGER
RESCUE
EMERGENCY USE ONLY
FORCED SEPARATING / PURGE CONTROL
ENTRY HATCH DOOR CONTROL
ARMOR COVER DETACHING MECHANISM
CAUTION
INCLUDING EXPLOSIVE BOLT
ACCESS FOR CONTENTS
AFSWS NT-1FA
DO NOT OVERPAINT
HOT GASES BLAST
DANGER
EXTRA ARMOR DETACHING CONTROL
EXTRA ARMOR DETACHING CONTROL
DO NOT OVERPAINT
DANGER
WIDE LINEAR THRUST BLOW
KEEP AWAY
AFSWS NT-1FA
WARNING
HEAT ACCUMLATED MEDIUM SUBSTITUTING CONNECTORS ARE LOCATED BOTH ENDS
KEEP CLEAR AND CLEAN

RX-78NT-1 GUNDAM NT-1 "ALEX"

【ガンダムNT-1 アレックス】
型式番号: RX-78NT-1
頭頂高: 18.0m
本体重量: 40.0t
全備重量: 72.5t
装甲材質: ルナ・チタニウム合金
出力: 1,420kW
推力: 35,000kg×2
7,000kg×2
8,000kg×6
174,000kg
センサー有効半径: 5,900m
武装: 60mmバルカン砲×2
90mmガトリング砲×2
ビーム・サーベル×2
ビーム・ライフル×1
ハイパー・バズーカ×1
シールド×1

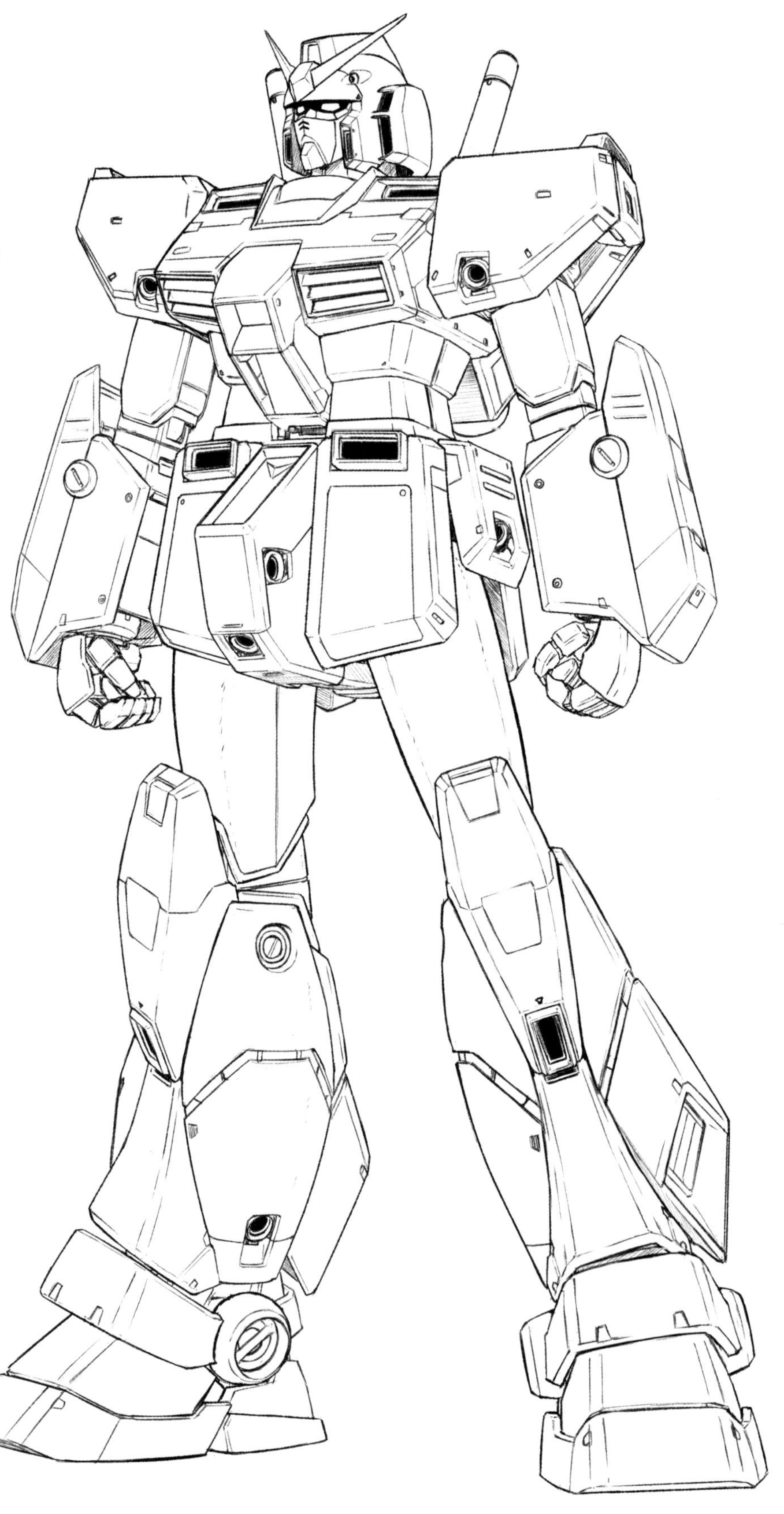

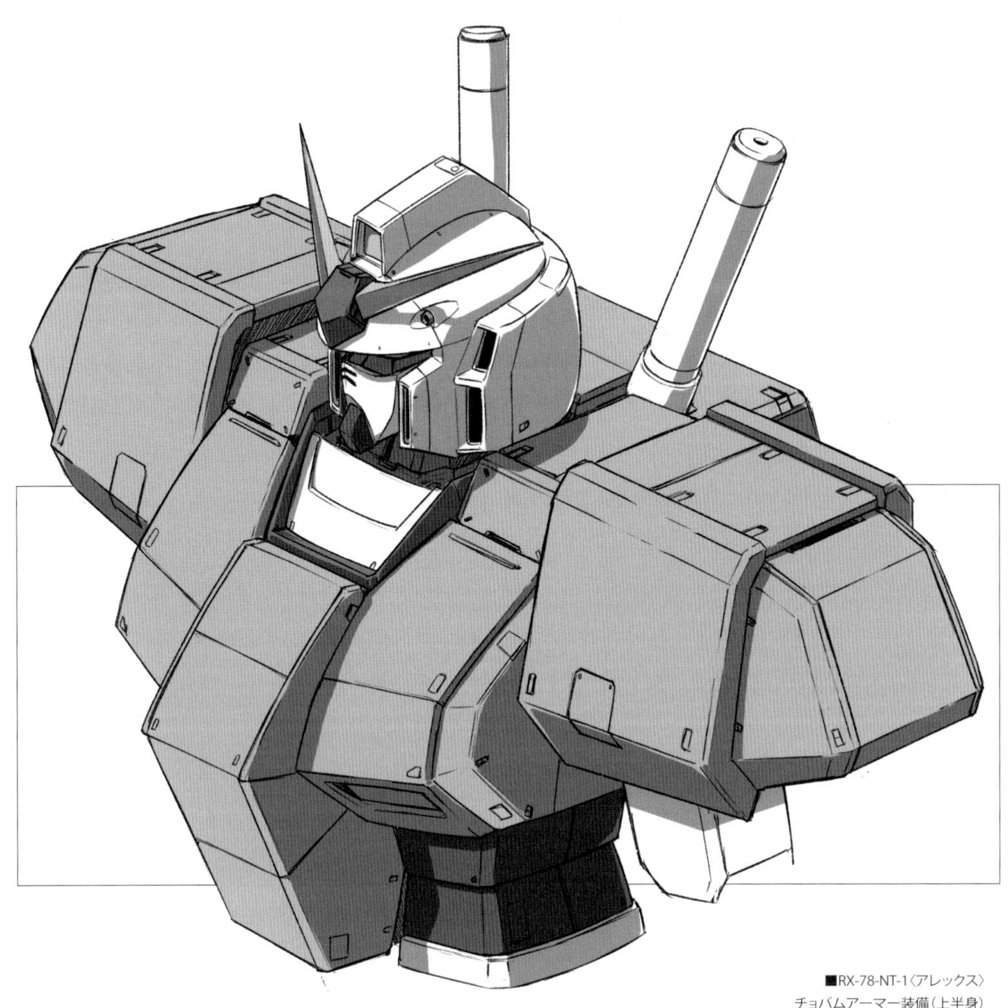

■RX-78-NT-1〈アレックス〉
チョバムアーマー装備(上半身)

ALEX CHOBAM ARMOR

【RX-78NT-1FA〈ガンダムNT-1〉】

FSWS計画において開発された増加装甲パーツは、装甲と武装のパッケージングという点において革新性があったことはすでに述べたが、その傍(かたわ)らで純粋な耐弾性の向上を目的とした新型装甲の研究も進められていた。その成果のひとつが、チョバムアーマーと呼ばれる複合装甲である。ここで言う「チョバム」とは、旧世紀時代にイギリスのチョバム王立研究所にて開発された戦車用の複合装甲にかけた名ではあるが、原義のChobhamではなく、Ceramics Hybrid Outer-shelled Blowup Act-on Materials(セラミック複合外装による爆発反応材質)の頭文字を取ったCHOBAMと表記する。爆発によって積極的自己破壊を行(おこな)うことで着弾の運動エネルギーを分散させることを目的とする爆発反応装甲自体は、古くより存在していたが、チョバムアーマーはいくつかの点において改良が加えられていた。たとえば、構造に工夫を加えることで爆発時に大量の金属片を周囲にバラ撒(ま)いてしまうという本質的な欠点を軽減させているほか、多層化することで幅広い弾種に対して効果を発揮するよう設計されていたという。

こうして実用レベルに達したチョバムアーマーは、FA-78-1に代表されるFSWS計画機に採用されることはなかったようだが、詳しい経緯は不明であるものの同時期に進め

RX-78NT-1 GUNDAM NT-1 "ALEX"

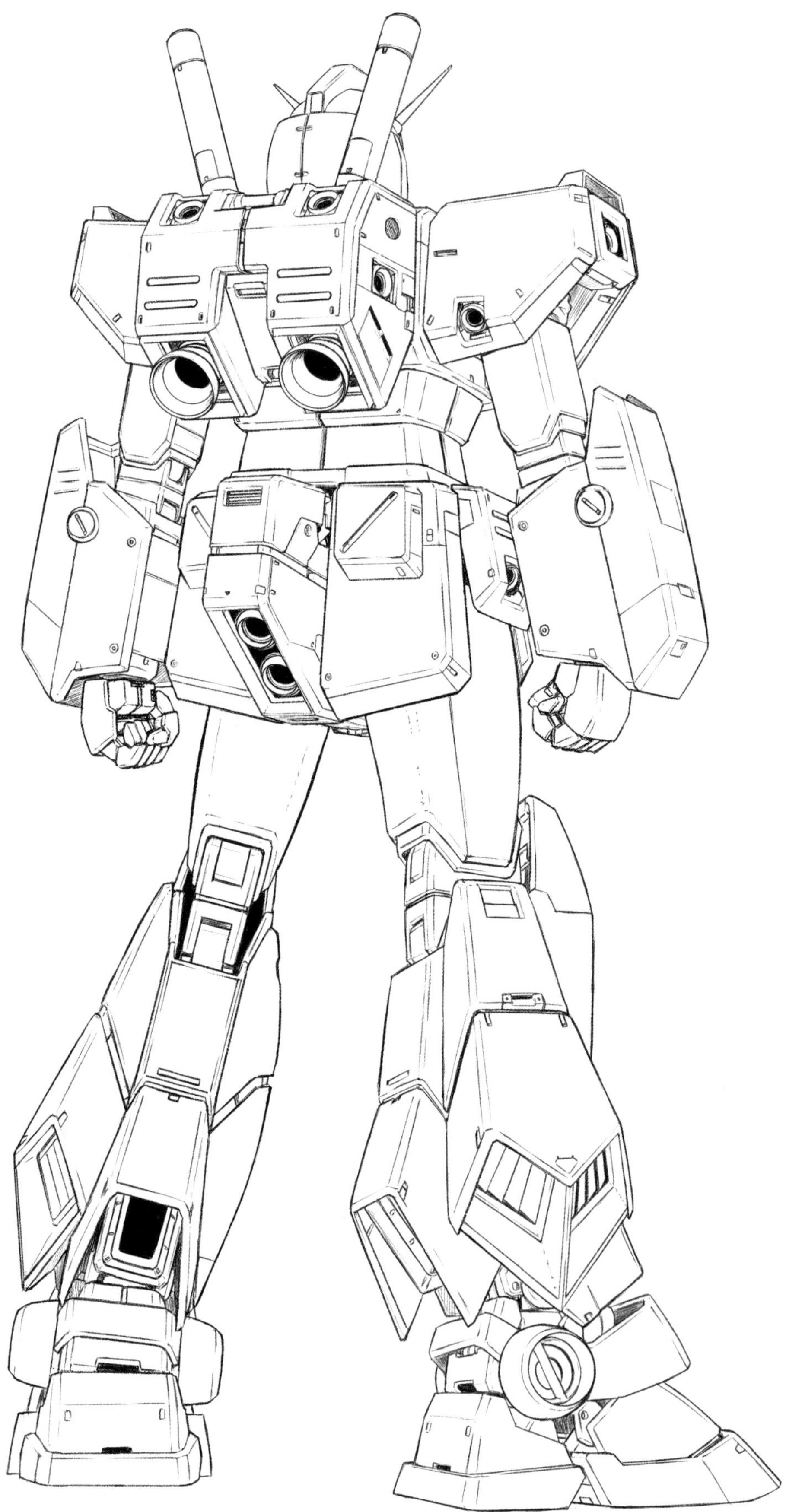

■RX-78-NT-1〈アレックス〉

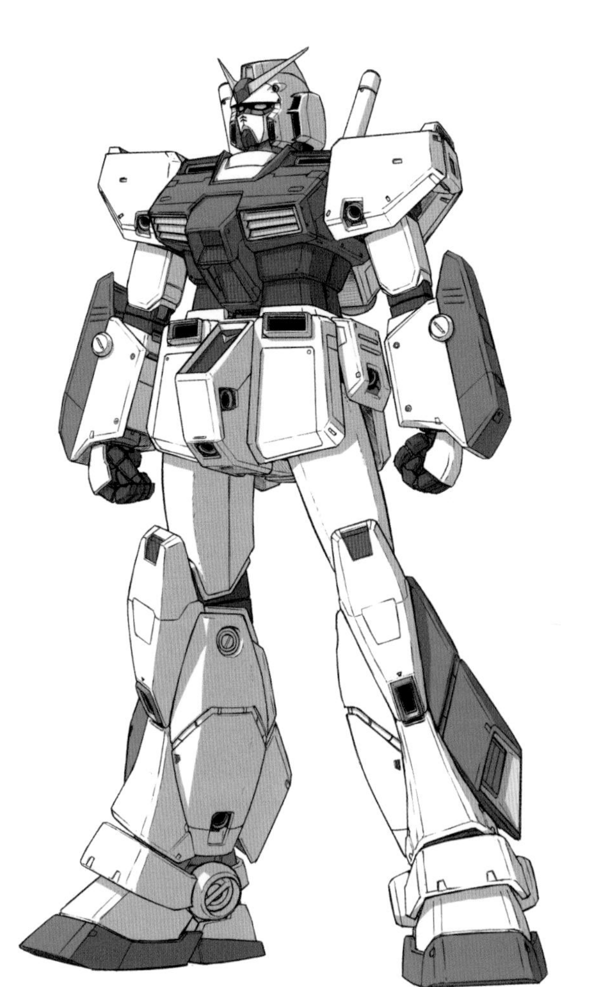

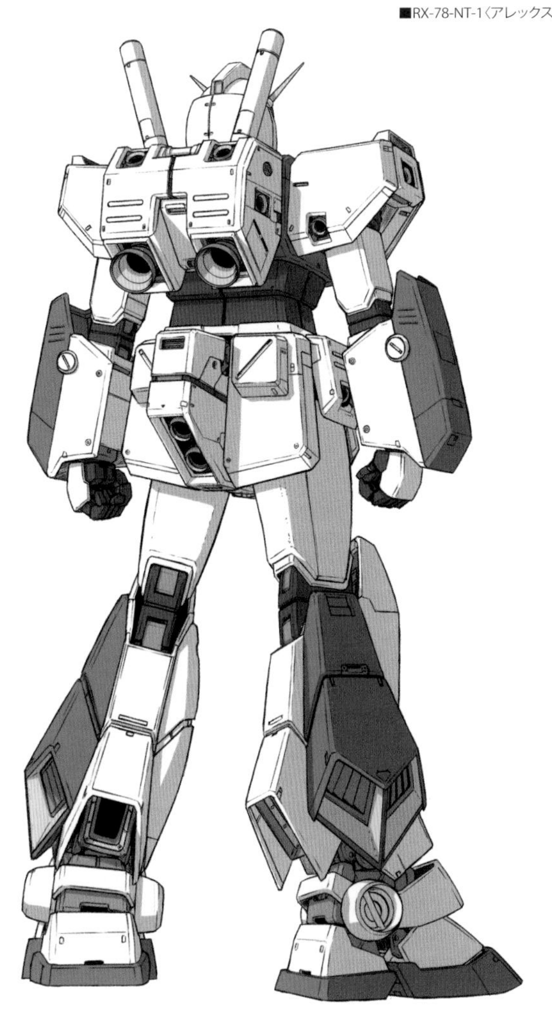

られていた「G-4計画」※に転用される運びとなり、新たな増加装甲パーツを生み出すことになる。それが、宇宙軍が開発したRX-78NT-1〈アレックス〉向けのチョバムアーマーである。記録によれば、U.C.0079年12月8日時点で少なくとも1セットの増加装甲パーツが完成しており、ノルウェーの演習場にて耐弾テストが実施されたとのこと。その際、MSHEAT(多段階成形炸薬弾)4発の直撃に耐えてみせ、関係者を驚かせたという。以後、このパーツはRX-78NT-1と共に宇宙へ上げられ、サイド6リボー・コロニーへと移送された結果、同年12月19日、突撃機動軍所属の特殊工作部隊〈サイクロプス〉隊の強襲を受け、想定外の実戦を経験することになる。チョバムアーマー装着状態で応戦に出たRX-78NT-1は、MS-18E〈ケンプファー〉と交戦。チェーン・マインによる攻撃を受けるもチョバムアーマーによって直撃を耐え抜き、反転攻勢に出て撃墜するという戦果を挙げているのだ。こうして図らずも実用性を証明したチョバムアーマーは、戦後に実用化したRGC-83〈ジム・キャノンII〉に部分的に採用されるなどしている。

※G-4計画
陸海空宇宙の四軍による次世代ガンダムの実用化を目指したMS開発プロジェクト。この内、宇宙軍の手によって開発されたのがRX-78NT-1である。型式番号の末尾に「NT」とあるのは、この機体がニュータイプ・パイロットに向けた特殊機であったことを示している。ニュータイプ的素養を有する高練度パイロットによる運用を想定していたという点においては、FA-78-1と類似しており、それゆえに情報共有が図られていたのかもしれない。

RX-78SP GUNNER GUNDAM

【ガンナー・ガンダム】

型番	RX-78SP
頭頂高	18.0m
重量	59.5t(推定)
装甲	ルナ・チタニウム合金
兵装	60mmバルカン砲×2 専用ビームライフル ビーム・サーベル×2

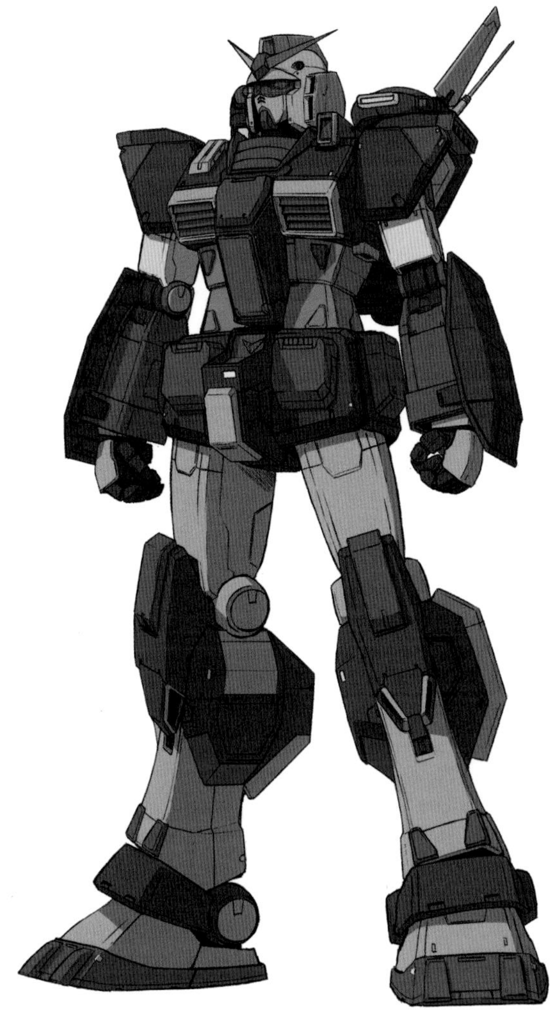

電子戦装備を強化している点が〈ガンナー・ガンダム〉の特徴である。ツインカメラ部分のゴーグルは普段は収納されているが、必要に応じてひさしの裏から下りてくる。機体各所にセンサーなど索敵装置が増設されている。

【RX-78SP〈ガンナー・ガンダム〉】

一年戦争末期のこと、地球連邦軍兵器開発局において、RX-78をベースとした中距離支援能力向上型MSを開発すべしとの号令が下った。長射程のビーム兵器と高精度の照準システムを備えつつも、原型機の長所であった機動力の高さを維持することで、中距離支援や狙撃任務に留まらない、極めて高い汎用性を有する機体を完成させようというのである。このような難度の高い要求に対し、開発陣はFSWS計画機の設計データを転用することで対処しようと試みたらしい。

まず、大型化した背部ランドセルに、FA-78-1が搭載したものによく似た照準デバイス・ユニットと、新設計の半球形センサー・ポッドを増設。この内、後者は戦闘濃度にミノフスキー粒子が散布された状況下においても微弱な電波を受信可能とされる、特殊な電子装備であったと言われている。加えて、既存の兵装に比べて30％程度出力を増強した専用の長砲身ビーム・ライフルを装備することにより、電子戦支援機のサポートがない状況でも巡洋艦の主砲と同等レベルの精密射撃を実現する計画であったという。

U.C.0080年6月に公開された本機の計画案を見ると、前腕部に小型簡易シールドを装着している点や、脚部や胸部上面にミサイル・ベイと思(おぼ)しき箱状の構造物が設置されている点など、FA-78-1との類似点は極めて多い。その一方で、着脱式の増加装甲パーツではなく一体式の設計を目指している点や、頭部のメイン・カメラにゴーグル状のシールドを取り付けている点などは、FA-78-2からの影響を感じさせる。本機の開発計画は戦後も継続されていたとされることから、FSWS計画の進展を待ってフィードバックを得た点も多かったのだろう。

なお、RX-78SPはシミュレーター上では良好な性能を示し、採用機種の有力候補に挙げられたらしい。ところが、中距離支援任務はRX-78-6で示された設計プランでも代替可能であるとの判断が下ったことで、最終的にはモックアップ製作の段階で開発計画は中止となり、実機の建造は行(おこな)われなかったという。しかしながら、一年戦争末期には着脱式増加装甲パーツによって本機の仕様を部分的に再現する機体が作られ、実験的に前線部隊に配備までされていたとの情報もある。この部隊はカラマポイントへ向かう途中の「ソロモンの白狼」部隊と戦ったとする噂もあった。ただし、この点については正式な記録が残されておらず、現在に至るまで確認は取れていない状況である。

PF-78-1 PERFECT GUNDAM

【パーフェクト・ガンダム】
型式番号:　PF-78-1
全高:　18.3m
本体重量:　76.4t
装甲材質:　ルナ・チタニウム合金
ジェネレーター出力:　1,380kW

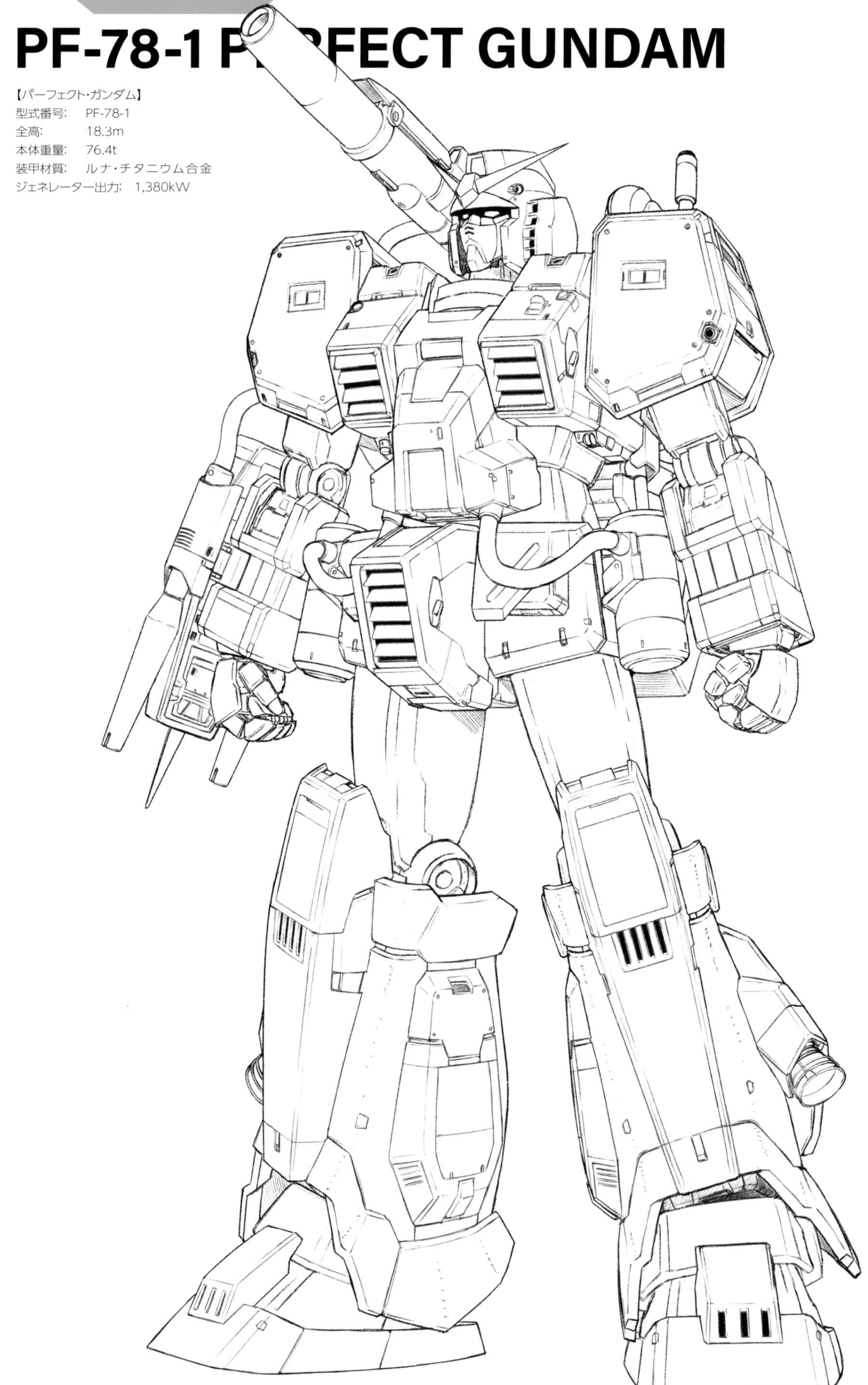

【PF-78-1〈パーフェクト・ガンダム〉】

まず最初に断っておきたいのは、PF-78-1は地球連邦軍が正式に存在を認めたMSではないという点だ。この機体は、流出した軍の機密資料とされるデータの中にのみ記されたものであり、実機建造の有無どころか開発計画の存在に対してさえ、否定的な見解を示す研究者も少なくない。しかしながら、FSWS計画と関連がある機体であったとする説も存在することから、議論の材料として紹介していきたい。

問題のデータに添付された概念図によれば、PF-78-1は、RX-78〈ガンダム〉に増加装甲パーツを装着することで、防御力、火力、推力の強化を図るという、FA-78-1〈フルアーマー・ガンダム〉と類似したコンセプトを有する機体であったようだ。現時点で判明している情報がすべて正しいとするならば、本機はFSWS計画の初期段階において検討されていた3つの試案の内、脚部に〈コア・ブースター〉並みのロケット・エンジンを搭載するというプランをベースに開発された機体であるという。ただし、実際にPF-78-1の開発を担当したのはFSWS計画の本体、つまりFA-78-1やFA-78-2の設計に携(たずさ)わっていたチームとは、別のチームであったと言われている。

その設計にあたっては、RX-78の基本性能を最大限に発揮させることにより、宇宙空間における戦闘に主眼を置きつつも、より汎用的な運用も可能な機体を目指していたらしい。

主兵装の2連装ハンド・ビーム・ガンは、手持ち式ビーム・ライフルが抱えていた弾数問題の解決策として、いわゆる「ジェネレーター直結方式」を採用したビーム兵器であったようだ。出力、連続射撃可能回数ともに、標準装備のビーム・ライフルを上回る性能を示したが、背部ランドセルに増設されたサブ・ジェネレーターとエネルギー・

PF-78-1 PERFECT GUNDAM

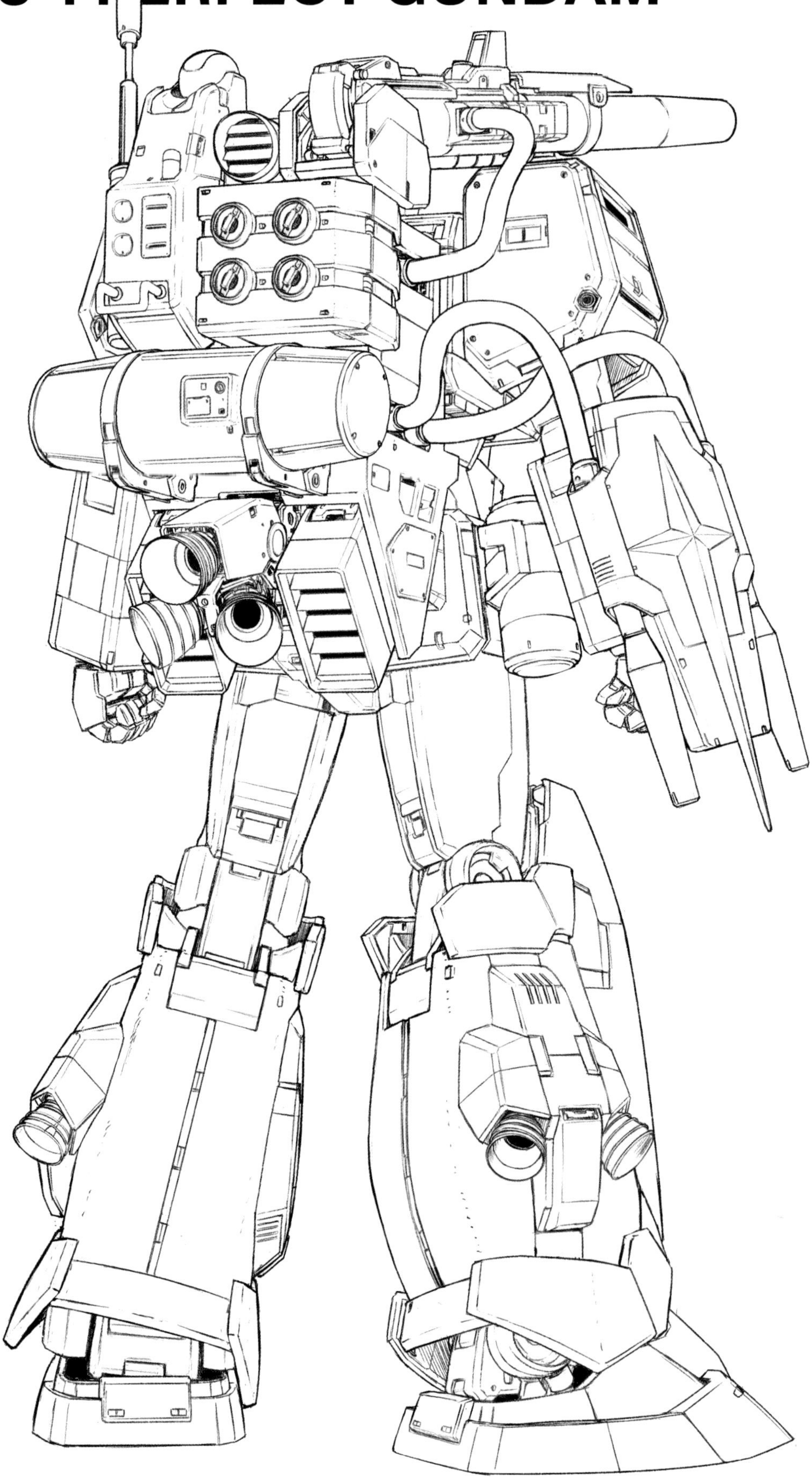

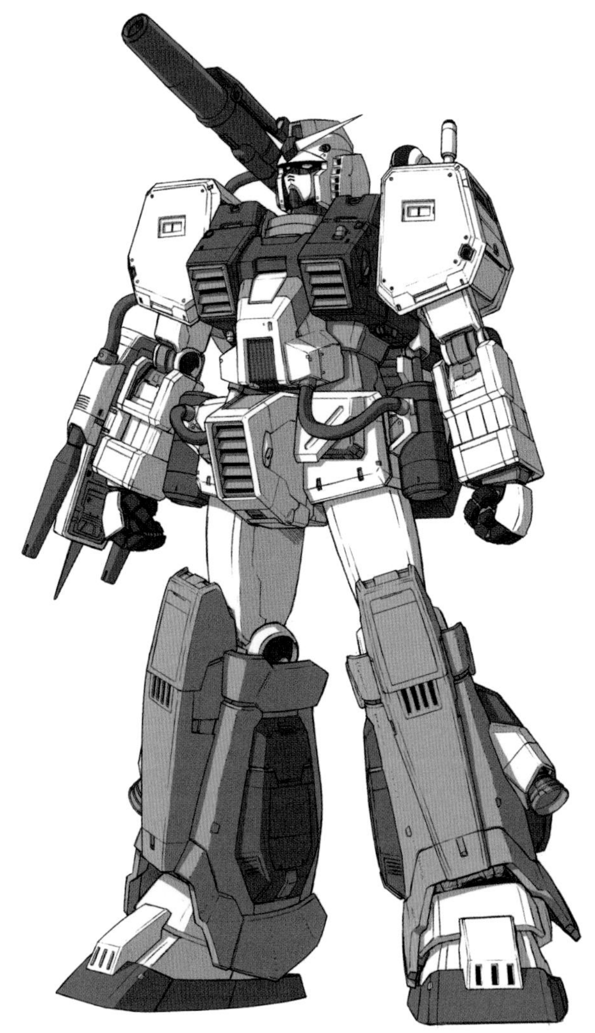
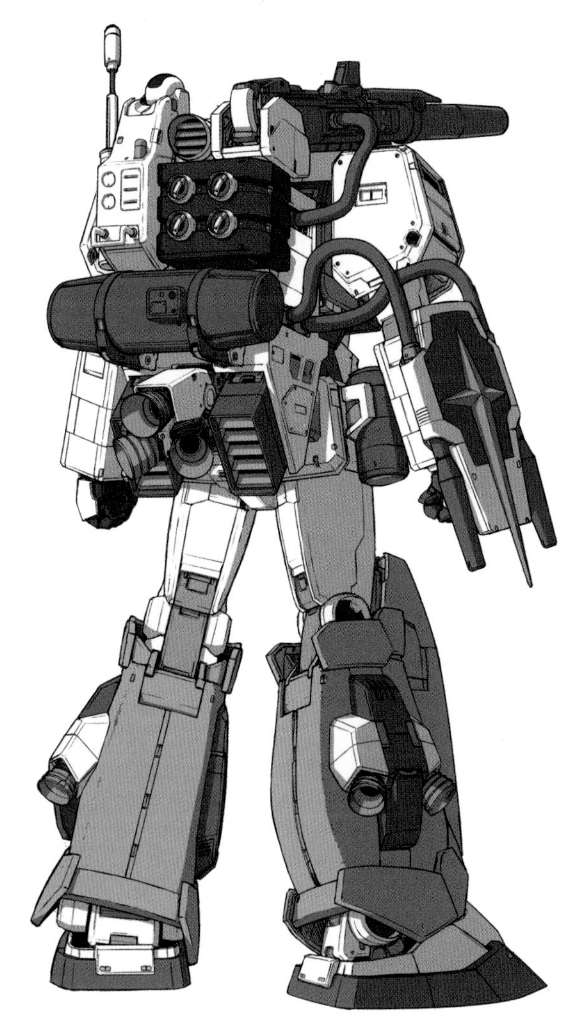

■ロー・ビジビリティ塗装

パイプを介して接続する必要があるなど、改善すべき点も多いものとなっている。そのため、別案としてFA-78-1が装備した2連装ビーム・ライフルを、側面シールドの形状を変更するなど若干の改良を加えた上で、採用する計画もあったようだ。また、右肩部にはFA-78-1と同様に、360mmロケット砲を搭載。ビーム兵器の撃ち尽くし対策を講じることとなっている。これ以外の武装としては、肩部の増加装甲パーツに内蔵されたミサイル・ベイと、大型シールドの裏面に備えられた4基の宇宙機雷、そしてビーム・サーベルが挙げられる。

このように本機の武装は、すべてが実現していたとするならばFA-78-1と同等以上の水準という充実ぶりであった。その上、増加装甲パーツの装甲厚は増しており、本体重量は76.4tにも達したという。ところが、本機が鈍重であったかと言えば、そうではない。背部ランドセルと脚部には大出力を誇るロケット・エンジンを搭載。機動性の面では、むしろRX-78-2より向上していたほどであったと記録されている。また、本機は推進器に併せて大容量のプロペラント・タンクも搭載、この処置によって宇宙空間における長時間ミッションにも対応していたようだ。ただし、あまりの高性能ぶりに、一年戦争当時の技術レベルを逸脱しているとの指摘があることも確かであり、開発計画があったとて実現は不可能であったとする意見も根強い状況である。

ちなみにPF-78-1には、一説によれば〈Gキャリアー〉なる補助航宙機を建造する計画もあったという。これは、C.F.V.の設計データを部分的に流用したもので、PF-78-1用増加装甲パーツを簡易的に装着して運搬することを目的とした機体であったようだ。また、頭部用の増加装甲パーツの設計が進められていたとも伝えられているが、こうした追加兵装を含めて、本機の実在を証明する決定的な証拠は、今のところ、得られていないのが実情である。

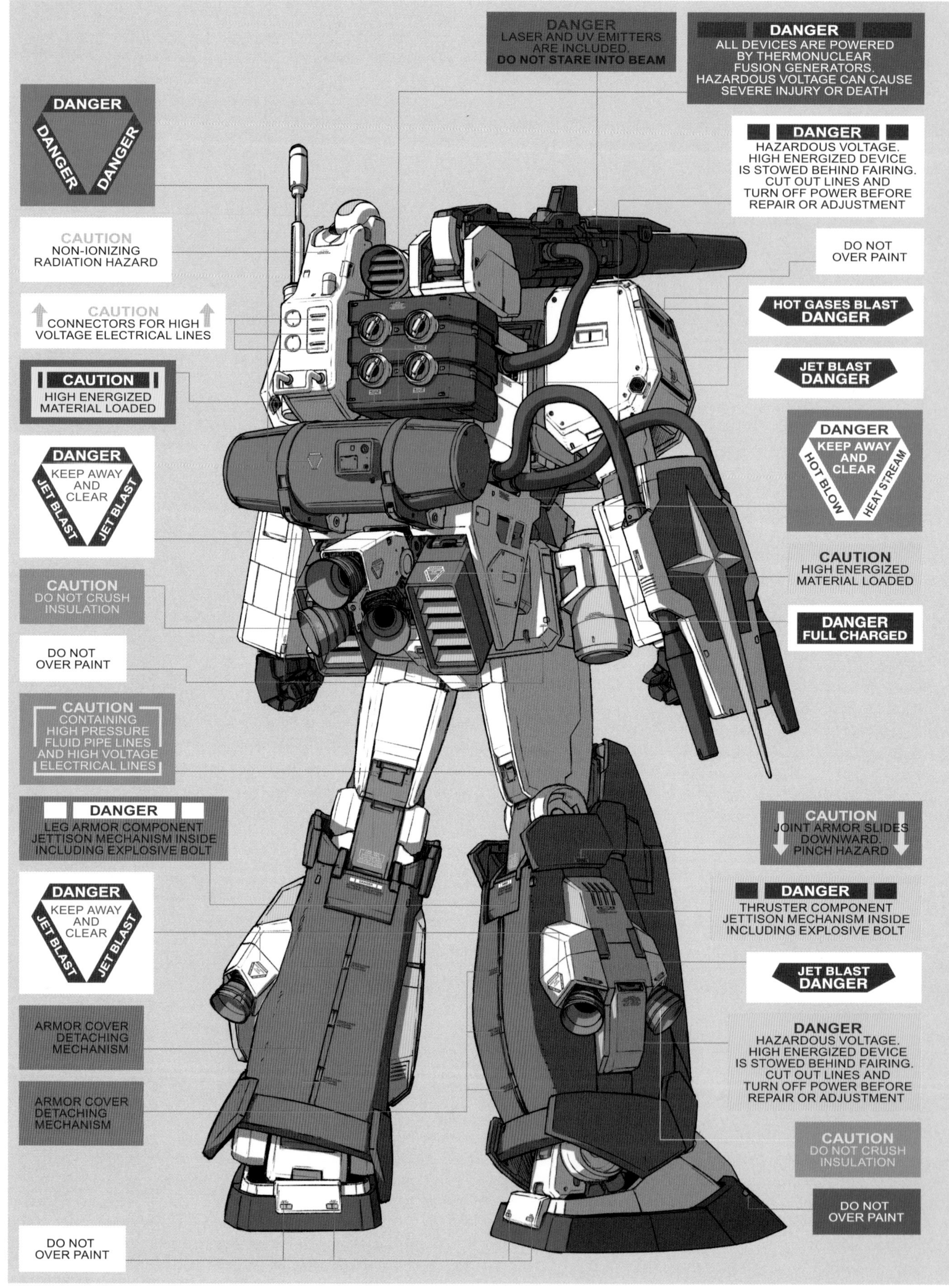
DANGER
LASER AND UV EMITTERS
ARE INCLUDED.
DO NOT STARE INTO BEAM
DANGER
ALL DEVICES ARE POWERED
BY THERMONUCLEAR
FUSION GENERATORS.
HAZARDOUS VOLTAGE CAN CAUSE
SEVERE INJURY OR DEATH
DANGER
DANGER
DANGER
DANGER
HAZARDOUS VOLTAGE.
HIGH ENERGIZED DEVICE
IS STOWED BEHIND FAIRING.
CUT OUT LINES AND
TURN OFF POWER BEFORE
REPAIR OR ADJUSTMENT
CAUTION
NON-IONIZING
RADIATION HAZARD
DO NOT
OVER PAINT
CAUTION
CONNECTORS FOR HIGH
VOLTAGE ELECTRICAL LINES
HOT GASES BLAST
DANGER
CAUTION
HIGH ENERGIZED
MATERIAL LOADED
JET BLAST
DANGER
DANGER
KEEP AWAY
AND
CLEAR
HOT BLOW
HEAT STREAM
DANGER
KEEP AWAY
AND
CLEAR
JET BLAST
JET BLAST
CAUTION
HIGH ENERGIZED
MATERIAL LOADED
CAUTION
DO NOT CRUSH
INSULATION
DANGER
FULL CHARGED
DO NOT
OVER PAINT
CAUTION
CONTAINING
HIGH PRESSURE
FLUID PIPE LINES
AND HIGH VOLTAGE
ELECTRICAL LINES
DANGER
LEG ARMOR COMPONENT
JETTISON MECHANISM INSIDE
INCLUDING EXPLOSIVE BOLT
CAUTION
JOINT ARMOR SLIDES
DOWNWARD.
PINCH HAZARD
DANGER
THRUSTER COMPONENT
JETTISON MECHANISM INSIDE
INCLUDING EXPLOSIVE BOLT
DANGER
KEEP AWAY
AND
CLEAR
JET BLAST
JET BLAST
JET BLAST
DANGER
ARMOR COVER
DETACHING
MECHANISM
DANGER
HAZARDOUS VOLTAGE.
HIGH ENERGIZED DEVICE
IS STOWED BEHIND FAIRING.
CUT OUT LINES AND
TURN OFF POWER BEFORE
REPAIR OR ADJUSTMENT
ARMOR COVER
DETACHING
MECHANISM
CAUTION
DO NOT CRUSH
INSULATION
DO NOT
OVER PAINT
DO NOT
OVER PAINT

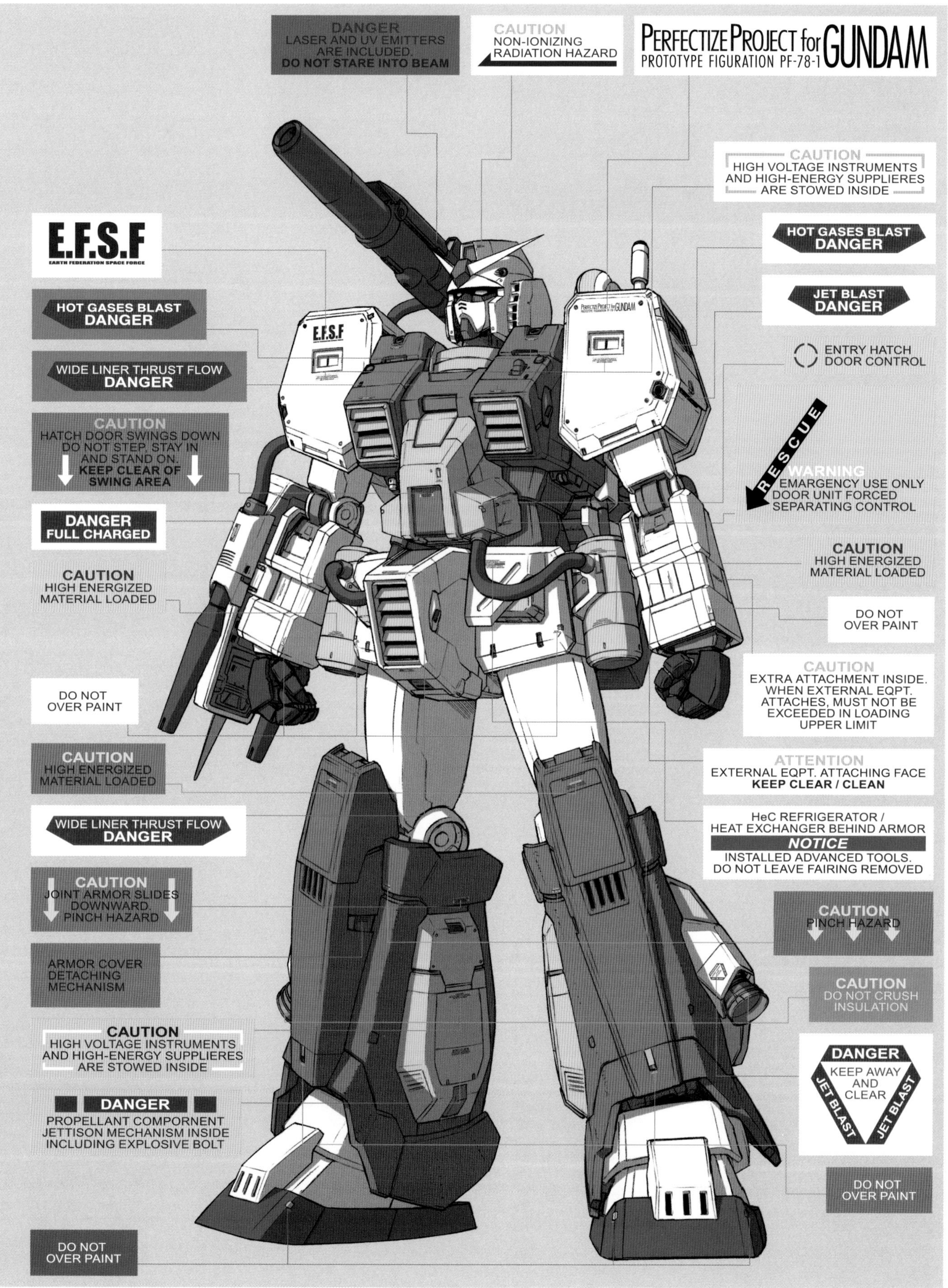
DANGER
LASER AND UV EMITTERS ARE INCLUDED.
DO NOT STARE INTO BEAM
CAUTION
NON-IONIZING RADIATION HAZARD
PERFECTIZE PROJECT for GUNDAM
PROTOTYPE FIGURATION PF-78-1
CAUTION
HIGH VOLTAGE INSTRUMENTS AND HIGH-ENERGY SUPPLIERES ARE STOWED INSIDE
E.F.S.F
EARTH FEDERATION SPACE FORCE
HOT GASES BLAST DANGER
JET BLAST DANGER
HOT GASES BLAST DANGER
ENTRY HATCH DOOR CONTROL
WIDE LINER THRUST FLOW DANGER
RESCUE
CAUTION
HATCH DOOR SWINGS DOWN DO NOT STEP, STAY IN AND STAND ON. KEEP CLEAR OF SWING AREA
WARNING
EMERGENCY USE ONLY DOOR UNIT FORCED SEPARATING CONTROL
DANGER FULL CHARGED
CAUTION
HIGH ENERGIZED MATERIAL LOADED
CAUTION
HIGH ENERGIZED MATERIAL LOADED
DO NOT OVER PAINT
CAUTION
EXTRA ATTACHMENT INSIDE. WHEN EXTERNAL EQPT. ATTACHES, MUST NOT BE EXCEEDED IN LOADING UPPER LIMIT
DO NOT OVER PAINT
CAUTION
HIGH ENERGIZED MATERIAL LOADED
ATTENTION
EXTERNAL EQPT. ATTACHING FACE KEEP CLEAR / CLEAN
WIDE LINER THRUST FLOW DANGER
HeC REFRIGERATOR / HEAT EXCHANGER BEHIND ARMOR
NOTICE
INSTALLED ADVANCED TOOLS. DO NOT LEAVE FAIRING REMOVED
CAUTION
JOINT ARMOR SLIDES DOWNWARD. PINCH HAZARD
CAUTION
PINCH HAZARD
ARMOR COVER DETACHING MECHANISM
CAUTION
DO NOT CRUSH INSULATION
CAUTION
HIGH VOLTAGE INSTRUMENTS AND HIGH-ENERGY SUPPLIERES ARE STOWED INSIDE
DANGER
KEEP AWAY AND CLEAR
JET BLAST
JET BLAST
DANGER
PROPELLANT COMPORNENT JETTISON MECHANISM INSIDE INCLUDING EXPLOSIVE BOLT
DO NOT OVER PAINT
DO NOT OVER PAINT

MASTER ARCHIVE MOBILESUIT FA-78-1 FULL ARMOR GUNDAM

STAFF

【監修】
株式会社サンライズ

【メカニカル・イラスト】
瀧川虚至
シラユキー

【テキスト】
大脇千尋
大里 元
西岡浩二郎 (リバージュ株式会社)

【CGモデリング】
ナカジマアキラ
大里 元

【コーションマークデザイン】
大里 元

【SFXワークス】
GA Graphic 編集部

【レイアウト】
橋村 空 (GA Graphic)

【アドバイザー】
巻島顎人

【編集】
佐藤 元 (GA Graphic)
村上 元 (GA Graphic)

【出版管理】
※商品管理
浦島弘行 (SBCreative)
※業務管理
正木幹男 (SBCreative)
※営業
永井 聡 (SBCreative)
伊藤和幸 (SBCreative)
※印刷管理
大野真和 (共立印刷)
瀬頭由那 (共立印刷)

【協力】
※編集協力
西岡浩二郎 (リバージュ株式会社)
※イラスト彩色協力／モデル制作
志条ユキマサ

【スペシャルサンクス】
萩原晋一 (number4 graphics)
草刈健一

■マスターアーカイブ モビルスーツ FA-78-1 フルアーマー・ガンダム

2020年4月20日　初版発行

編集　ホビー編集部
製作　GA Graphic
発行人　小川 淳
印刷　共立印刷株式会社
発行　SBクリエイティブ株式会社
〒106-0032 東京都港区六本木2-4-5
営業部　TEL 03-5549-1201

ISBN 978-4-8156-0528-5

Printed in Japan

※本書「マスターアーカイブ モビルスーツ FA-78-1 フルアーマー・ガンダム」は、「公式設定」ではなく、ガンダムシリーズ作品に登場するFA-78-1 フルアーマー・ガンダムについての歴史・技術研究書であり、作品世界において刊行された書籍、という想定に基づいて執筆されています。